Cyfres Enwau Creaduriaid a Phlanhigion: 2

PLANHIGION BLODEUOL, CONWYDD A RHEDYN

Panel Golygyddol:

Eluned Bebb-Jones
Duncan Brown
Twm Elias
William Jones
Rhisiart Hincks
Maldwyn Thomas
Goronwy Wynne

Argraffiad cyntaf: 2003

Rhif Llyfr Safonol Rhyngwladol: 0 952 22641 3

Cynlluniwyd y clawr gan Marian Delyth

Argraffwyd y llyfr gan

Wasg Carreg Gwalch

Cyhoeddwyd yr argraffiad cyntaf hwn â chymorth grant gan

GYNGOR CEFN GWLAD CYMRU

Er cof am Wil Jones, Croesor, aelod brwd, gwybodus a hynaws o'r panel enwau hwn, ac un na chafodd, gwaetha'r modd, gyfle i weld ffrwyth y gwaith.

Cynnwys

tud.

Rhagair vii
Rhagymadrodd vii
  Yr Egwyddorion a ddilynwyd yn y rhestr vii
  Meini prawf a ffynonellau vii
  Cadw dau enw? viii
  Enwau Cymraeg ar Urddau a Theuluoedd viii
  Eithriadau viii
  Ansoddeiriau ix
  Dewis rhwng ffurfiau ix
  Mynegai xii
Llyfryddiaeth xii
Diolchiadau xiii
Rhestr Byrfoddau xiii
Rhestr Enwau'r Planhigion 1
Y Mynegai i'r Rhestr Enwau 87

Rhagair

Dyma'r ail gyfrol yn y gyfres Enwau Creaduriaid a Phlanhigion a gyhoeddir gan Gymdeithas Edward Llwyd. Dilyna'r gyfrol gyntaf, *Creaduriaid Asgwrn-Cefn* (1994).

Rhagymadrodd

Yr Egwyddorion a ddilynwyd yn y rhestr

Yn y gyfrol hon, rhoddwyd enw safonol Cymraeg ar yr holl rywogaethau sydd wedi eu rhestru yn Stace (1997), ar wahân i'r rhai sy'n gyfyngedig i Ynysoedd y Sianel. Dilynwyd trefn dacsonomegol y gyfrol honno. I bob pwrpas, rhywogaethau planhigion fasgwlaidd a geir, neu a gafwyd, yn tyfu yn wyllt yn ynysoedd Prydain yw'r rhain. Cynhwyswyd yn y rhestr hefyd: (i) rhai isrywogaethau a rifwyd yn benodol gan Stace, (ii) rhai cyltifarau gardd ac amaethyddol sydd, gan amlaf ond nid bob tro, wedi eu rhestru yn Stace, (iii) hybridau gwyllt yn tyfu ar wahân i'r rhywogaethau a'u cenhedlodd ac a rifwyd gan Stace, (iv) rhaniadau neu dacsonau uwch (megis urdd, dosbarth) er mwyn amlygu cyfundrefn dosbarthu'r rhywogaethau a (v) isrywogaethau newydd i Gymru nas cofnodwyd gan Stace. Yn achos (ii) a (iii) fe'u cynhwyswyd am y byddant, yn ein tyb ni, o ddiddordeb i ddefnyddwyr y gyfrol hon, naill ai oherwydd fod ganddynt gysylltiad arbennig â Chymru (e.e. *Stellaria nemorum ssp. montana,* **serenllys y coed Cymreig**), neu am eu bod wedi ymledu yn ddiweddar (e.e. *Spartina x townsendii*, **cordwellt Townsend**; *Kniphofia x praecox*, **procer poeth mawr**), neu oherwydd eu defnydd amaethyddol (e.e. **betysen ddeiliog**, **betysen ysbigoglys**, **betysen wreiddiog** a.y.b.) a garddwriaethol (e.e. perlysiau, megis *Satureja montana* **y safri fach**, *Origanum majorana* **penrhudd yr ardd***,* a *Salvia officinalis* **saets**). Fe driniwyd hybridau rhyng-generig (e.e. x*Festulolium*) yn yr un modd â'r isrywogaethau.

Meini prawf a ffynonellau

Ar y dechrau penderfynwyd na fyddai'n fuddiol amlhau bathiadau newydd, hyd yn oed os ystyriem ein bathiadau ni yn well na'r enwau a sefydlwyd eisoes ac a gyhoeddwyd mewn mannau eraill. 'Roedd yn rhaid inni gydnabod gwaith ein rhagflaenwyr yn y maes, ond bu'n rhaid arloesi hefyd, nid wrth gasglu yn gymaint ag wrth safoni, sef ein prif amcan. Y maen prawf cyntaf wrth enwi rhywogaeth oedd ei lle yn y drefn dacsonomegol, a bu'n rhaid derbyn y gallai'r flaenoriaeth honno olygu gwrthod enw lleol neu air lliwgar. Trefn Stace a dderbyniwyd i'r perwyl hwn. Defnyddiwyd cynigion naill ai gan Davies a Jones (1995) neu gan Griffiths a Jones (1995), wrth geisio dilyn yr egwyddor wyddonol hon, ac ni fathwyd enw newydd ond pan welwyd angen. Nid ymdrechwyd i gysoni yn wyddonol lle'r oedd enw wedi hen wreiddio yn yr iaith.

Cadw dau enw?

Ambell waith, bu'n rhaid derbyn dau enw cyfarwydd neu hirsefydledig. Er nad yw hyn yn gyson ag ysbryd safoni, sefydlwyd cynsail eisoes yng nghyfrol gyntaf y gyfres hon, (*Enwau Creaduriaid a Phlanhigion : 1 Creaduriaid Asgwrn-cefn*) er enghraifft, wrth restru **llwynog** a **cadno**. Yma cynigir dewis rhwng **lili'r Wyddfa** a **brwynddail y mynydd**, rhwng **blodyn neidr** a **blodyn taranau** etc. Anodd iawn oedd penderfynu rhwng y **llygad siriol** poblogaidd a'r **effros** mwy ffurfiol, ond cadwyd yr enw **llygad siriol** am y rhywogaeth fwyaf cyffredin, a defnyddiwyd **effros** am y gweddill, er symlrwydd. Dilynwyd yr egwyddor hon mewn achosion eraill hefyd a phenderfynwyd anwybyddu'r ffurfiau a ymddangosai fel y rhai Cymreiciaf, er enghraifft, **gruw** a **perllys**, a derbyniwyd yn eu lle y ffurfiau cyfarwydd, sef **teim** a **persli**.

Enwau Cymraeg ar Urddau a Theuluoedd

Dewiswyd y rhywogaeth fwyaf adnabyddus o bob teulu wrth enwi'r teulu hwnnw (er enghraifft, **teulu'r blodyn ymenyn**). Gwnaed hyn trwy ddefnyddio'r ffurf unigol (neu lle 'roedd yn briodol, y ffurf gynnull) yn unol â'r arferiad o gydnabod pen teulu (e.e. "teulu John Jones" yn hytrach na "teulu'r Jonesiaid").

Eithriadau

Mae'n anochel fod yr arbenigwyr yn anghytuno â'i gilydd wrth drafod grŵp mor hynafol, mor fawr, ac mor ddeinamig yn esblygiadol, â'r planhigion. Fe'n hwynebwyd gan amryw anawsterau yn sgil hyn, hyd yn oed gyda gwaith mor safonol â Stace yn angor inni. Ar ben hyn, hanner ffordd trwy'r gwaith bu'n rhaid adolygu'r cyfan gan fod argraffiad newydd o Stace wedi ymddangos yn 1997, ac ynddo ragor o rywogaethau. Wrth ddefnyddio'r gwaith hwn, fe'n gorfodwyd i dderbyn rhai rhywogaethau anghyfarwydd, hyd yn oed i rai botanegwyr, gan i Stace ailddosbarthu cyfres o rywogaethau ac isrywogaethau sy'n perthyn yn agos i'w gilydd, yn ôl y ddealltwriaeth ddiweddaraf (e.e. mae *Carex demissa* Hornem wedi ei hailenwi a'i rhannu yn dair isrywogaeth).

Mae rhai grwpiau o blanhigion a elwir gan fotanegwyr yn grwpiau critigol. Ystyr hyn yw ei fod yn hynod o anodd gwahaniaethu rhyngddynt a'u dosrannu, a bod amrywiaeth barn ymhlith arbenigwyr ynglŷn â'r modd y dylid eu dosbarthu, eu rhestru a'u henwi. Y prif reswm am hyn yw eu dulliau cymhleth o epilio, sy'n cynnwys apomicsis, sef math o epilio heb ffrwythloni, sy'n golygu y gellir cael nifer mawr o feicrorywogaethau. Nid oeddem o'r farn ei bod yn ymarferol ceisio bathu enwau Cymraeg ar eu cyfer. Ceir sylwadau pellach o dan *Rubus* (Eades & Newton, 1988), *Taraxacum* (Dudman & Richards 1997) a *Hieracium* yng nghorff y rhestr. O ganlyniad bu'n rhaid rhoi mwy o sylw i'r rhywogaethau hyn gan ddewis a dethol yn ofalus, gan eu bod yn ymrannu i ffurfiau nad ydynt yn rhywogaethau yn ystyr arferol y gair. Ceir

ffurfiau arnynt sy'n astrus, amrywiol ac amhendant iawn. Cododd problemau tebyg, ond heb fod mor ddifrifol, gyda *Salix* rh., **helyg**, *Euphrasia* rh., **effros**, *Cotoneaster* rh., a *Limonium* rh., **lafant y môr**.

Derbyniwyd yr enwau Saesneg yn Stace gan amlaf, er nad oedd ei ffynonellau bob amser yn amlwg. Os nad oedd gan Stace enw Saesneg ar rywogaeth arbennig, derbyniwyd hynny gan amlaf, a gadawyd bwlch. Ambell waith ychwanegwyd enw Saesneg o ffynhonnell arall. Yn wahanol i'r arfer yn Stace, penderfynwyd peidio â rhoi prif lythyren ar ddechrau pob enw Cymraeg.

Cododd ambell anhawster o'r gwrthdaro rhwng iaith a gwyddoniaeth. Mathau o **rhonwellt**, yn ôl traddodiad Cymreig, yw'r gweiriau *Cynosurus* a *Phleum,* er nad ydynt yn perthyn yn agos yn dacsonomegol. Bodlonwyd ar yr enwau Cymraeg traddodiadol, er mor anaddas ydynt.

Ansoddeiriau

Ni ddefnyddiwyd *yr Alpau/Alpaidd* ar blanhigion sydd yn gynhenid i ynysoedd Prydain ond yn hytrach *y mynydd* neu *y Gogledd*, fel a oedd fwyaf priodol. Yn yr un modd, penderfynwyd hepgor yr ansoddair *mynyddig* (*mountainous*) fel ffurf i gyfleu perthynas â mynyddoedd (*of the mountains*), hyd yn oed lle 'roedd y defnydd hwnnw eisoes wedi ei sefydlu.

Dilyn y glust, yn hytrach na chanllaw gadarn, a wnaed wrth arfer *...yr ardd* ac *...y gerddi,* (e.e. **berwr-y-cerrig yr ardd** a **carn-yr-ebol y gerddi**). Defnyddiwyd *cyffredin* i gyfeirio at y rhywogaeth fwyaf cyffredin neu nodweddiadol o grŵp (e.e. **llaethysgallen gyffredin**). Yn achos rhywogaethau cyfarwydd sydd yn cyfeirio at un rhywogaeth benodol, ymhlith amryw sydd ag enwau tebyg, penderfynwyd hepgor yr ansoddair cyffredin, (e.e. **pidyn y gog**, ac nid pidyn y gog cyffredin.)

Dewis rhwng ffurfiau

Gan mai cynllunio rhestr o enwau safonol oedd y bwriad, rhaid oedd anelu at gysondeb, ond arfer hyblygrwydd a sylweddoli bod peth dewis mympwyol yn anorfod, yn enwedig wrth ymdrin â phlanhigion a chanddynt sawl enw, ac amryw ohonynt yn bur ddieithr i'r rhan fwyaf o Gymry Cymraeg. Codai llawer o anghysonderau o natur yr enwau a etifeddwyd gennym, ac yn enwedig o'r rhai a fabwysiadwyd gan Hugh Davies yn ei lyfr *Welsh Botanology* (1813). Teimlid na ellid gwrthod pob enw nad oedd yn taro deuddeg, yn fotanegol neu yn ieithyddol, heb greu mwy byth o ddryswch ac ansicrwydd. Yn anad dim, daeth yn amlwg ei bod yn bwysig adeiladu ar y sylfeini a osodwyd eisoes, gan gydnabod gwaith dysgedigion y gorffennol a fu'n dyfal fathu enwau planhigion. Gwnaethpwyd un benthyciad o'r Lladin

gan Edward Llwyd ei hun hyd yn oed, sef **gwifwrnwydd** (*Lladin: Viburnum opulus*), Saesneg: "guelder rose".

Fel arfer, ni fathwyd enwau newydd gan y Panel onibai fod rheswm neilltuol, e.e. i lanw bwlch neu er mwyn osgoi amwysedd neu argraff gyfeiliornus. Diwygiwyd ambell enw hefyd gan ei fod yn torri ar batrwm sefydlog neu am ei fod yn drwsgl, e.e. mabwysiadwyd **ffacbys y berth** (*Vicia cracca*), Saesneg: "tufted vetch", yn hytrach na **tagwycbys y berth**, am fod pob *Vicia* arall yn **ffacbys** a hefyd am fod **tagwycbys** yn gymharol glogyrnaidd, a phenderfynwyd ar **creulys dail eiddew** (*Deilairea odorata*), Saesneg: "German-ivy", am fod **creulys eiddewddail** yn taro ychydig yn chwithig, ac yn anghyson â'r hyn a ddefnyddiwyd gennym mewn enwau eraill.

Barnwyd ei bod yn well bathu enw newydd, neu fenthyg enw, pan nad oedd ond enwau camarweiniol i'w cael ar lafar neu mewn llyfrau a ymddangosodd eisoes. Hyn sy'n egluro arfer enw megis **cotoneaster** (*Cotoneaster*), Saesneg: "cotoneaster", yn hytrach na **creigafal**. Enw llafar yn ardal Llandudno oedd 'creigafal', ond gan nad math o afal yw'r cotoneaster penderfynwyd ei wrthod. Dewiswyd **helyglys Seland Newydd** (*Epilobium brunnescens*), Saesneg "New Zealand willowherb", yn hytrach na **helyglys gorweddol** eto am ei fod yn enw mwy addas. Gellir dadlau bod cyfeirio at Seland Newydd yn tynnu sylw at brif elfen wahaniaethol y math hwnnw o helyglys, sef ei fod wedi ei gyflwyno yma yn weddol ddiweddar o Seland Newydd.

Lle 'roedd mwy nag un enw ar gael, ceisiwyd dewis yr un mwyaf cyfarwydd, naturiol neu draddodiadol. Lle 'roedd gofyn dewis rhwng bathiad dysgedig "diweddar" a benthyciad o'r Saesneg a enillasai ei blwyf yn yr iaith lafar, ac a geir hefyd mewn gweithiau ysgrifenedig, tueddwyd i bleidio'r benthyciad. Yn y modd hwn, dewiswyd **persli** (*Petroselinum crispum*), Saesneg: "garden parsley", yn hytrach na **perllys**. Mae enghreifftiau o'r benthyciad yn mynd yn ôl i'r bymthegfed ganrif, ond ymddengys mai ym l801 y cofnodwyd **perllys** gyntaf. Cadwyd y bathiad **geuberllys** (1813) am *Aethusa cynapium* "fool's parsley", er hynny, a cheir **perllys** mewn amryw gyfuniadau eraill. Mae ambell fathiad diweddar, fel **helogan** am **seleri** (*Apium graveolens*), Saesneg: "celery", yn eithaf cyfarwydd wrth drafod bwyd a choginio, ond er cysonder, dyfarnwyd o blaid y benthyciad Saesneg tra chyfarwydd i bawb. Os oedd angen dewis rhwng dau fathiad, tueddwyd i bleidio'r un a ymddangosai fwyaf cartrefol, er nad oedd fawr o wahaniaeth rhyngddynt weithiau. Yn y modd hwn, dewiswyd yr enw amlwg ddisgrifiadol a chyfarwydd **celynnen y môr** (*Eryngium maritimum*), Saesneg: "sea-holly", yn hytrach na **boglynnon**. Rhaid pwysleisio na cheisir annog pobl i ymgyfyngu i'r enwau a restrir yma wrth gyfeirio at blanhigion mewn cyd-destunau lleol neu lle nad yw'n bwysig defnyddio enwau botanegol diamwys.

Prin yw'r enghreifftiau o bleidio enw cymharol newydd yn lle un hŷn a phurach ei dras, ond gwnaethpwyd hynny ddwywaith o leiaf, sef wrth ddewis **llaethlys** (*Euphorbia*), Saesneg: "spurge", a gwrthod **fflamgoed**, enw cytras â'r enw Llydaweg ar y planhigion hyn, sef *"flammoad"*, ac wrth bleidio **letusen** (*Lactuca sativa*), Saesneg: "garden lettuce", a gwrthod **gwylaeth**, enw brodorol, hŷn. Penderfynwyd arfer yr

enwau mwyaf cyfarwydd heddiw, ond cadwyd **gwylaeth** yn y cyfuniadau lle y ceir **gwylaeth yr oen** (*Valerianella locusta*), Saesneg: "common corn salad" ac yn y mathau eraill o *Valerianella*.

Ceisiwyd peidio â gadael i'r awydd i fod yn gyson beri inni ymwrthod ag enwau cwbl gartrefol. Felly, er bod pob "scabious" arall yn **clafrllys**, cadwyd yr enw cyfarwydd **tamaid y cythraul** ar gyfer "devil's bit scabious". Yn yr un modd rhoddwyd y dewis rhwng naill ai **pupur y fagwyr** neu **briweg boeth** ar gyfer *Sedum acre*, Saesneg: "biting stonecrop", er mai **briweg** yn unig yw pob "stonecrop" arall.

Ymdrechwyd i ddefnyddio ansoddeiriau mewn ffordd ystyrlon a chyson, gan arfer, er enghraifft, **pigog** i ddisgrifio planhigyn pigog neu arw, a **pigfain** ar gyfer enwau planhigion sy'n mynd yn bigyn. Lle y ceir "great", "greater" neu "giant" yn y Saesneg, arferwyd **mawr** fel arfer yn y Gymraeg, a cheir bod **bach** yn cyfateb, gan amlaf, i "small" ac i "lesser". Barnwyd bod gwir angen gradd eithaf yr ansoddair mewn ambell ffurf, megis *Leucanthemum x superbum*, **y llygad-llo mwyaf**, er mwyn gwahaniaethu rhyngddo a *Leucanthemum vulgare*, **llygad-llo mawr**. Wrth ddefnyddio ansoddeiriau, cynhwyswyd y ffurf luosog (e.e. **gleision**) yn ogystal â'r unigol (e.e. **glas**), ond ni roddwyd ffurf luosog ansoddeiriau cyfansawdd, fel **pengrwn** a **penlas**.

Mewn ambell enw, lle y teimlid ei bod yn bwysig atgoffa'r darllenydd ei bod i'w chael o flaen yr enw fel arfer, cynhwyswyd y fannod bendant, er enghraifft **y ganrhi goch** (*Centaurium erythraea*) Saesneg: "common centaury" ac **y wermod wen** (*Tanacetum parthenium*) Saesneg: "feverfew".

Codai llawer o anawsterau wrth ddynodi rhif enwau, yn enwedig am fod cynifer ohonynt yn ymddwyn yn debyg i enwau priod nad oes iddynt yr un ffurf luosog. Penderfynwyd galw'r enwau hyn yn "enwau cynnull" (gweler Thomas, 1996), e.e. **melyn y gors** (*g.cynn.*). Er bod gan ambell enw ffurf unigol benodol, fel **gwelltyn**, neu enw lluosog penodol, fel **grugoedd**, barnwyd mai gorgymhlethu yn ddianghenraid fyddai cynnwys amrywiadau o'r fath. Yn *Creaduriaid Asgwrn-cefn* diffiniwyd enwau 'lluosog' a gymer y terfyniad unigol **-en** (e.e. llygod) neu **-yn** (e.e. pysgod, moch) fel rhai torfol, ond yma dilynwyd confensiwn arferol y Gymraeg, sef eu galw yn enwau lluosog.

Dynodwyd cenedl pob enw, ac fel arfer dewiswyd un genedl lle y ceir anghysonder, yn dafodieithol neu yn hanesyddol. Cafwyd bod cynnwys dwy genedl yn cymhlethu'r rhestr yn ddianghenraid, yn enwedig am fod y treigladau yn aml yn golygu ei bod yn rhaid ailysgrifennu ffurfiau hir. Dewiswyd y genedl wrywaidd fel yr un fwyaf safonol yn achos **llygad** a **troed**, a'r genedl fenywaidd yn achos **crafanc**. Yn achos rhai enwau, sy'n debyg o ran eu ffurfiant, fel y rhai cyfansawdd hynny sy'n terfynu â'r elfen **-llys**, mae rhai ohonynt yn wrywaidd ac eraill yn fenywaidd. Ceisiwyd dilyn ffynonellau ysgrifenedig yma ac nid eu cysoni.

Penderfynwyd defnyddio cyplysnodau mewn enwau a allai ymddangos yn amwys eu hystyr (e.e. **pys-y-ceirw mawr** a **troed-yr-aderyn oren**). Ni ddefnyddir y cyplysnod i'r perwyl hwn fel arfer, ond fe'i cynigir yma er mwyn osgoi amwysedd. Caniataodd y defnydd hwn o'r cyplysnod i ffurfiau cymhleth megis **crafanc y frân** gael eu cadw pan ychwanegir ansoddair (e.e. **crafanc-y-frân y dŵr**) yn hytrach na **crafanc frân y dŵr.**

Mynegai

Yn groes i'r arfer yn y gyfrol gyntaf, penderfynwyd darparu un rhestr amlieithog yn y mynegai. Hyderwn y bydd hyn yn ei gwneud yn hwylusach cael hyd i'r rhywogaeth a geisir yn y brif restr. Er mwyn osgoi cymhlethdodau, penderfynwyd, ar ôl hir ystyried, mai trefn yr wyddor Saesneg a oedd fwyaf priodol i'r perwyl hwn.

Llyfryddiaeth

Defnyddiwyd nifer helaeth o gyhoeddiadau wrth baratoi'r gwaith hwn. Dyma'r prif ffynonellau:

Awbrey, G. (1995) *Blodau'r Maes a'r Ardd ar Lafar Gwlad* Gwasg Carreg Gwalch.
Blamey, M.& Grey-Wilson,C. (1989) *The Illustrated Flora of Britain and Northern Europe* Hodder & Stoughton.
Davies, D. & Jones, A. (1995) *Enwau Cymraeg ar Blanhigion/Welsh Names of Plants* Amgueddfa Genedlaethol Cymru, Caerdydd.
Davies, H. (1813) *Welsh Botanology.*
Gledhill, D. (1989) *The Names of Plants* Cambridge University Press.
Griffiths, B. & Jones, D.G. (1995) *The Welsh Academy English-Welsh Dictionary - Geiriadur yr Academi* Gwasg Prifysgol Cymru.
Geiriadur Prifysgol Cymru.
Hayes, D. (1995) *Planhigion Cymru a'r Byd* Gwasg Maes Onn.
Parry, M. (1969) *Enwau Blodau, Llysiau a Choed* Gwasg Prifysgol Cymru.
Perring, F. H. & Walters, S. M. (Ed.)(1962) *Atlas of the British Flora* Nelson.
Stace, C. (1997) *New Flora of the British Isles* (*ed. 2*) Cambridge University Press.
Stearn, W.T. (1992) *Dictionary of Plant Names for Gardeners* Casell.
Thomas, P. W. (1996) *Gramadeg y Gymraeg* Gwasg Prifysgol Cymru.

Diolchiadau

Dymuna'r panel ddiolch i'r nifer mawr o bobl yr ymgynghorwyd â hwy yn achlysurol ac yn enwedig i Bruce Griffiths ac Iwan Edgar. Ar ysgwyddau'r Panel Golygyddol yn unig y disgynna'r cyfrifoldeb am y penderfyniadau terfynol. Diolch hefyd i Blas Tan-y-bwlch, Canolfan Astudio Parc Cenedlaethol Eryri, am ddarparu man cyfarfod i'r panel dros y blynyddoedd, i Gwyn Williams am gysodi'r gwaith ar y cyfrifiadur ac i Siân Evans am ei gwaith ysgrifenyddol.

Rhestr Byrfoddau

g.	gwrywaidd	*masculine*
b	benywaidd	*feminine*
llu.	lluosog	*plural*
cynn.	cynnull	*general*
ssp.	isrywogaeth	*sub-species*
cylt.	cyltifar	*cultivar*
amr.	amrywiad	*variety*
hyb.	hybrid	*hybrid*

Rhestr Enwau'r Planhigion

PTERIDOPHYTA - cnwp-fwsoglau, marchrawn a rhedyn

LYCOPODIOPSIDA - cnwp-fwsoglau a gweiriau merllyn

LYCOPODIACEAE - teulu'r cnwp-fwsogl

Huperzia selago	fir clubmoss	cnwp-fwsogl mawr (*g.cynn.*)
Lycopodiella inundata	marsh clubmoss	cnwp-fwsogl y gors (*g.cynn.*)
Lycopodium clavatum	stag's-horn clubmoss	cnwp-fwsogl corn carw(*g.cynn.*)
Lycopodium annotinum	interrupted clubmoss	cnwp-fwsogl bylchog (*g.cynn.*)
Diphasiastrum alpinum	Alpine clubmoss	cnwp-fwsogl Alpaidd (*g.cynn.*)
Diphasiastrum complanatum	Issler's clubmoss	cnwp-fwsogl Issler (*g.cynn.*)

SELAGINELLACEAE - teulu'r cnwp-fwsogl bach

Selaginella selaginoides	lesser clubmoss	cnwp-fwsogl bach (*g.cynn.*)
Selaginella kraussiana	Krauss's clubmoss	cnwp-fwsogl Krauss (*g.cynn.*)

ISOETACEAE - teulu'r gwair merllyn

Isoetes lacustris	quillwort	gwair merllyn (*g.cynn.*)
Isoetes echinospora	spring quillwort	gwair merllyn bach (*g.cynn.*)
Isoetes histrix	land quillwort	gwair merllyn y tir (*g.cynn.*)

EQUISETOPSIDA - marchrawn

EQUISETACEAE - teulu'r farchrawnen

Equisetum hyemale	rough horsetail	marchrawnen y gaeaf (*b.*) marchrawn y gaeaf
Equisetum x moorei	Moore's horsetail	marchrawnen Moore (*b.*) marchrawn Moore
Equisetum robertsii		marchrawnen Roberts (*b.*) marchrawn Roberts
Equisetum x trachyodon	Mackay's horsetail	marchrawnen Mackay (*b.*) marchrawn Mackay
Equisetum ramosissimum	branched horsetail	marchrawnen ganghennog (*b.*) marchrawn canghennog
Equisetum variegatum	variegated horsetail	marchrawnen fraith (*b.*) marchrawn brith (-ion)
Equisetum fluviatile	water horsetail	marchrawnen y dŵr (*b.*) marchrawn y dŵr
Equisetum x litorale	shore horsetail	marchrawnen y glennydd (*b.*) marchrawn y glennydd
Equisetum arvense	field horsetail	marchrawnen yr ardir (*b.*) marchrawn yr ardir
Equisetum pratense	shady horsetail	marchrawnen y cysgod (*b.*) marchrawn y cysgod

Equisetum sylvaticum	wood horsetail	marchrawnen y coed (*b.*) marchrawn y coed
Equisetum palustre	marsh horsetail	marchrawnen y gors (*b.*) marchrawn y gors
Equisetum telmateia	great horsetail	marchrawnen fawr (*b.*) marchrawn mawr

PTEROPSIDA - rhedyn

OPHIOGLOSSACEAE - teulu tafod y neidr

Ophioglossum vulgatum	adder's-tongue	tafod y neidr (*g.cynn.*)
Ophioglossum azoricum	small adder's-tongue	tafod-y-neidr bach (*g.cynn.*)
Ophioglossum lusitanicum	least adder's-tongue	y tafod-y-neidr lleiaf (*g.cynn.*)
Botrychium lunaria	moonwort	lloer-redynen (*b.*) lloer-redyn

OSMUNDACEAE - teulu'r rhedynen gyfrdwy

Osmunda regalis	royal fern	rhedynen gyfrdwy (*b.*) rhedyn cyfrdwy

ADIANTACEAE - teulu briger Gwener

Cryptogramma crispa	parsley fern	rhedynen bersli (*b.*) rhedyn persli
Adiantum capillus-veneris	maidenhair fern	briger Gwener (*g.cynn.*)

PTERIDACEAE - teulu rhedynen Creta

Pteris cretica	ribbon fern	rhedynen Creta (*b.*) rhedyn Creta

MARSILEACEAE - teulu'r pelenllys

Pilularia globulifera	pillwort	pelenllys gronynnog (*g.cynn.*)

HYMENOPHYLLACEAE - teulu'r rhedynach teneuwe

Hymenophyllum tunbrigense	Tunbridge filmy-fern	rhedynach teneuwe Tunbridge (*llu.*)
Hymenophyllum wilsonii	Wilson's filmy-fern	rhedynach teneuwe Wilson (*llu.*)
Trichomanes speciosum	Killarney fern	rhedynen Cilarne (*b.*) rhedyn Cilarne/llugwe fawr (*b.cynn.*)

POLYPODIACEAE - teulu'r llawredynen

Polypodium vulgare	polypody	llawredynen gyffredin (*b.*) llawredyn cyffredin
Polypodium interjectum	intermediate polypody	llawredynen ganolig (*b.*) llawredyn canolig
Polypodium cambricum	southern polypody	llawredynen Gymreig (*b.*) llawredyn Cymreig
Phymatosorus diversifolius	kangaroo fern	rhedynen gangarŵ (*b.*) rhedyn cangarŵ

DICKSONIACEAE - teulu'r goedredynen

Dicksonia antartica	Australian tree-fern	coedredynen Awstralia (*b.*) coedredyn Awstralia

DENNSTAEDTIACEAE - teulu rhedynen ungoes

Pteridium aquilinum	bracken	rhedynen ungoes (*b.*) rhedyn ungoes

THELYPTERIDACEAE - teulu rhedynen y gors

Thelypteris palustris	marsh fern	rhedynen y gors (*b.*) rhedyn y gors
Phegopteris connectilis	beech fern	rhedynen gorniog (*b.*) rhedyn corniog
Oreopteris limbosperma	lemon-scented fern	rhedynen bêr y mynydd (*b.*) rhedyn pêr y mynydd

ASPLENIACEAE - teulu'r dduegredynen

Phyllitis scolopendrium	hart's-tongue	tafod yr hydd (*g.cynn.*)
Asplenium adiantum-nigrum	black spleenwort	duegredynen goesddu (*b.*) duegredyn coesddu
Asplenium onopteris	Irish spleenwort	duegredynen Wyddelig (*b.*) duegredyn Gwyddelig
Asplenium obovatum	lanceolate spleenwort	duegredynen hirgul (*b.*) duegredyn hirgul
Asplenium marinum	sea spleenwort	duegredynen arfor (*b.*) duegredyn arfor
Asplenium trichomanes	maidenhair spleenwort	duegredynen gwallt y forwyn (*b.*) duegredyn gwallt y forwyn
Asplenium x alternifolium		duegredynen bob yn eilddail (*b.*) duegredyn bob yn eilddail
Asplenium viride	green spleenwort	duegredynen werdd (*b.*) duegredyn gwyrdd (-ion)
Asplenium ruta-muraria	wall-rue	duegredynen y muriau (*b.*) duegredyn y muriau
Asplenium septentrionale	forked spleenwort	duegredynen fforchog (*b.*) duegredyn fforchog
Ceterach officinarum	rustyback	duegredynen gefngoch (*b.*) duegredyn cefngoch

WOODSIACEAE (Athyriaceae) - teulu rhedynen Fair

Matteuccia struthiopteris	ostrich fern	rhedynen estrys (*b.*) rhedyn estrys
Onoclea sensibilis	sensitive fern	rhedynen leiniog (*b.*) rhedyn gleiniog
Athyrium filix-femina	lady-fern	rhedynen Fair (*b.*) rhedyn Mair
Athyrium distentifolium	Alpine lady-fern	rhedynen-Fair Alpaidd (*b.*) rhedyn-Mair Alpaidd
Athyrium flexile	Newman's lady-fern	rhedynen-Fair Newman (*b.*) rhedyn-Mair Newman
Gymnocarpium dryopteris	oak fern	rhedynen dridarn (*b.*) rhedyn tridarn

Gymnocarpium robertianum	limestone fern	rhedynen y calchfaen (*b.*) rhedyn y calchfaen
Cystopteris fragilis	brittle bladder-fern	ffiolredynen frau (*b.*) ffiolredyn brau
Cystopteris dickieana	Dickie's bladder-fern	ffiolredynen Dickie (*b.*) ffiolredyn Dickie
Cystopteris montana	mountain bladder-fern	ffiolredynen y mynydd (*b.*) ffiolredyn y mynydd
Woodsia ilvensis	oblong woodsia	rhedynen-Woodsia hirgul (*b.*) rhedyn-Woodsia hirgul
Woodsia alpina	Alpine woodsia	rhedynen-Woodsia Alpaidd (*b.*) rhedyn-Woodsia Alpaidd

DRYOPTERIDACEAE **- teulu'r farchredynen**

Polystichum setiferum	soft-shield fern	gwrychredynen feddal (*b.*) gwrychredyn meddal
Polystichum aculeatum	hard-shield fern	gwrychredynen galed (*b.*) gwrychredyn caled
Polystichum lonchitis	holly fern	rhedynen gelyn (*b.*) rhedyn celyn
Polystichum munitum	western sword-fern	gwrychredynen y cledd (*b.*) gwrychredyn y cledd
Cyrtomium falcatum	house holly-fern	gwrychredynen-y-celyn y tŷ (*b.*) gwrychredyn-y-celyn y tŷ
Dryopteris oreades	mountain male-fern	marchredynen y mynydd (*b.*) marchredyn y mynydd
Dryopteris filix-mas	male-fern	marchredynen gyffredin (*b.*) marchredyn cyffredin
Dryopteris affinis	scaly male-fern	marchredynen euraid (*b.*) marchredyn euraid
Dryopteris remota	scaly buckler-fern	marchredynen gennog (*b.*) marchredyn cennog
Dryopteris aemula	hay-scented buckler-fern	marchredynen bêr (*b.*) marchredyn pêr
Dryopteris submontana	rigid buckler-fern	marchredynen y calchfaen (*b.*) marchredyn y calchfaen
Dryopteris cristata	crested buckler-fern	marchredynen gribog (*b.*) marchredyn cribog
Dryopteris carthusiana	narrow buckler-fern	marchredynen gul (*b.*) marchredyn cul(-ion)
Dryopteris dilatata	broad buckler-fern	marchredynen lydan (*b.*) marchredyn llydan/llydain
Dryopteris expansa	northern buckler-fern	marchredynen y Gogledd (*b.*) marchredyn y Gogledd

BLECHNACEAE **- teulu'r wibredynen**

Blechnum spicant	hard-fern	gwibredynen (*b.*) gwibredyn
Blechnum cordatum	Chilean hard-fern	gwibredynen Chile (*b.*) gwibredyn Chile

AZOLLACEAE **- teulu rhedynen y dŵr**

Azolla filiculoides	water fern	rhedynen y dŵr (*b.*) rhedyn y dŵr

SPERMATOPHYTA - conwydd a phlanhigion blodeuol

PINOPSIDA - conwydd

PINACEAE - teulu'r binwydden

Abies alba	European silver-fir	ffynidwydden arian (*b.*) ffynidwydd arian
Abies nordmanniana	Caucasian fir	ffynidwydden y Cawcasws (*b.*) ffynidwydd y Cawcasws
Abies grandis	giant fir	ffynidwydden fawr (*b.*) ffynidwydd mawr
Abies procera	noble fir	ffynidwydden urddasol (*b.*) ffynidwydd urddasol
Pseudotsuga menziesii	Douglas fir	ffynidwydden Douglas (*b.*) ffynidwydd Douglas
Tsuga heterophylla	western hemlock-spruce	sbriwsen-hemlog y Gorllewin (*b.*) sbriws-hemlog y Gorllewin
Picea sitchensis	Sitka spruce	sbriwsen Sitca (*b.*) sbriws Sitca
Picea omorika	Serbian spruce	sbriwsen Serbia (*b.*) sbriws Serbia
Picea abies	Norway spruce	sbriwsen Norwy (*b.*) sbriws Norwy
Picea glauca	white spruce	sbriwsen wen (*b.*) sbriws gwyn (-ion)
Picea engelmannii	Engelmann spruce	sbriwsen Engelmann (*b.*) sbriws Engelmann
Larix decidua	European larch	llarwydden Ewrop (*b.*) llarwydd Ewrop
Larix x marschlinsii	hybrid larch	llarwydden groesryw (*b.*) llarwydd croesryw
Larix kaempferi	Japanese larch	llarwydden Japan (*b.*) llarwydd Japan
Cedrus deodara	deodar	cedrwydden ddeodar (*b.*) cedrwydd deodar
Cedrus libani	cedar-of-Lebanon	cedrwydden Libanus (*b.*) cedrwydd Libanus
Cedrus atlantica	Atlas cedar	cedrwydden yr Atlas (*b.*) cedrwydd yr Atlas
Pinus sylvestris	Scots pine	pinwydden yr Alban (*b.*) pinwydd yr Alban
Pinus nigra:		
Pinus ssp. nigra	Austrian pine	pinwydden Awstria (*b.*) pinwydd Awstria
Pinus ssp. laricio	Corsican pine	pinwydden Corsica (*b.*) pinwydd Corsica
Pinus mugo	dwarf mountain-pine	pinwydden y mynydd (*b.*) pinwydd y mynydd
Pinus contorta	lodgepole pine	pinwydden gamfrig (*b.*) pinwydd camfrig
Pinus pinaster	maritime pine	pinwydden arfor (*b.*) pinwydd arfor
Pinus radiata	Monterey pine	pinwydden Monterey (*b.*) pinwydd Monterey
Pinus ponderosa	western yellow-pine	pinwydden gochfrig (*b.*) pinwydd cochfrig
Pinus strobus	Weymouth pine	pinwydden wen (b.)

		pinwydd gwyn (-ion)
Pinus peuce	Macedonian pine	pinwydden Macedonia (*b.*) pinwydd Macedonia
Pinus wallichiana	Bhutan pine	pinwydden Bhwtan (*b.*) pinwydd Bhwtan

TAXODIACEAE - teulu'r gochwydden

Sequoia sempervirens	coastal redwood	cochwydden California (*b.*) cochwydd California
Sequoiadendron giganteum	Wellingtonia	welingtonia (*b.*) welingtoniâu
Cryptomeria japonica	Japanese red-cedar	cochwydden Japan (*b.*) cochwydd Japan

CUPRESSACEAE - teulu'r gypreswydden

Cupressus macrocarpa	Monterey cypress	cypreswydden Monterey (*b.*) cypreswydd Monterey
x Cupressocyparis leylandii	Leyland cypress	cypreswydden Leyland (*b.*) cypreswydd Leyland
Chamaecyparis lawsoniana	Lawson's cypress	cypreswydden Lawson (*b.*) cypreswydd Lawson
Chamaecyparis pisifera	Sawara cypress	cypreswydden Sawara (*b.*) cypreswydd Sawara
Chamaecyparis nootkatensis	Nootka cypress	cypreswydden Nootka (*b.*) cypreswydd Nootka
Thuja plicata	western red-cedar	cedrwydden goch (*b.*) cedrwydd coch (-ion)
Juniperus communis	common juniper	merywen (*b.*) meryw
Juniperus ssp. nana		merywen y mynydd (*b.*) meryw'r mynydd

ARAUCARIACEAE - teulu pinwydden Chile

Araucaria araucana	monkey-puzzle	cas gan fwnci (*g.cynn.*)

TAXACEAE - teulu'r ywen

Taxus baccata	yew	ywen (*b.*) yw

MAGNOLIOPSIDA

MAGNOLIIDAE (dicotyledonau - planhigion blodeuol â dwy had-ddeilen)

LAURACEAE - teulu'r llawrwydden

Laurus nobilis	bay	llawrwydden (*b.*) llawrwydd

ARISTOLOCHIACEAE - teulu'r esgorlys

Asarum europaeum	asarabacca	carn-yr-ebol y gerddi (*g.cynn.*)
Aristolochia clematitis	birthwort	esgorlys (*g.cynn.*)
Aristolochia rotunda	smear wort	yr esgorlys lleiaf (*g.cynn.*)

NYMPHAEACEAE - teulu lili'r dŵr

Nymphaea alba	white water-lily	alaw (*b.cynn.*)
Nuphar lutea	yellow water-lily	lili'r-dŵr felen (*b.*) lilïau'r-dŵr melyn (-ion)
Nuphar spenneriana	hybrid water lily	lili'r-dŵr felen groesryw (*b.*) lilïau'r-dŵr melyn croesryw
Nuphar pumila	least water-lily	lili'r-dŵr fach (*b.*) lilïau'r-dŵr bach
Nuphar advena	spatter-dock	lili'r-dŵr felen ddeilsyth (*b.*) lilïau'r-dŵr melyn (-ion) deilsyth

CABOMBACEAE - teulu tarian y dŵr

Cabomba caroliniana	Carolina water shield	tarian-y-dŵr Carolina (*b.*) -au'r-dŵr Carolina

CERATOPHYLLACEAE - teulu'r cyrnddail

Ceratophyllum demersum	rigid hornwort	cyrnddail caled (*llu.*)
Ceratophyllum submersum	soft hornwort	cyrnddail meddal (*llu.*)

RANUNCULACEAE - teulu'r blodyn ymenyn

Caltha palustris	marsh-marigold	gold y gors (*g.cynn.*)
Trollius europaeus	globeflower	cronnell (*b.*) cronellau
Helleborus foetidus	stinking hellebore	crafanc-yr-arth ddrewllyd (*b.cynn.*)
Helleborus argutifolius	Corsican hellebore	crafanc-yr-arth Corsica (*b.cynn.*)
Helleborus viridis	green hellebore	crafanc-yr-arth werdd (*b.cynn.*)
Helleborus orientalis	lenten-rose	crafanc-yr-arth y grawys (*b.cynn.*)
Eranthis hyemalis	winter aconite	bleidd-dag y gaeaf (*g.cynn.*)
Nigella damascena	love-in-a-mist	glas y niwl (*g.cynn.*)
Aconitum napellus	monk's hood	cwcwll y mynach (*g.cynn.*)
Aconitum x cammarum	hybrid monk's-hood	cwcwll-y-mynach croesryw (*g.cynn.*)
Aconitum lycoctonum	wolf's-bane	cwcwll-y-mynach melyn (*g.cynn.*)
Consolida ajacis	larkspur	troed yr ehedydd (*g.cynn.*)
Actaea spicata	baneberry	llysiau Cristoffis (*llu.*)
Anemone nemorosa	wood anemone	blodyn y gwynt (*g.*) blodau'r gwynt
Anemone apennina	blue anemone	blodyn-y-gwynt glas (*g.*) blodau'r-gwynt glas/gleision
Anemone blanda	Balkan anemone	blodyn-y-gwynt y Balcanau (*g.*) blodau-y-gwynt y Balcanau
Anemone ranunculoides	yellow anemone	blodyn-y-gwynt melyn (*g.*) blodau'r-gwynt melyn (-ion)
Anemone x hybrida	Japanese anemone	blodyn-y-gwynt Japaneaidd (*g.*)

		blodau'r-gwynt Japaneaidd
Hepatica nobilis	liverleaf	deilen yr afu (*b.*) dail yr afu
Pulsatilla vulgaris	pasque-flower	blodyn y Pasg (*g.*) blodau'r Pasg
Clematis vitalba	traveller's-joy	barf yr hen ŵr (*b.cynn.*)
Clematis flammula	virgin's-bower	barf-yr-hen-ŵr wen (*b.cynn.*)
Clematis tangutica	orange-peel clematis	barf-yr-hen-ŵr oren (*b.cynn.*)
Clematis montana	Himalayan clematis	barf-yr-hen-ŵr Himalaiaidd (*b.cynn.*)
Clematis viticella	purple clematis	barf-yr-hen-ŵr borffor (*b.cynn.*)
Ranunculus acris	meadow buttercup	blodyn ymenyn (*g.*) blodau ymenyn
Ranunculus repens	creeping buttercup	blodyn-ymenyn ymlusgol (*g.*) blodau-ymenyn ymlusgol
Ranunculus bulbosus	bulbous buttercup	blodyn-ymenyn bondew (*g.*) blodau-ymenyn bondew
Ranunculus sardous	hairy buttercup	blodyn-ymenyn blewog (*g.*) blodau-ymenyn blewog
Ranunculus marginatus	St Martin's buttercup	blodyn-ymenyn Sant Marthin (*g.*) blodau-ymenyn Sant Marthin
Ranunculus muricatus	rough-fruited buttercup	blodyn-ymenyn ffrwythau garw/geirwon (*g.*) blodau-ymenyn ffrwythau garw/geirwon
Ranunculus parviflorus	small-flowered buttercup	blodyn-ymenyn mân-flodeuog (*g.*) blodau-ymenyn mân-flodeuog
Ranunculus arvensis	corn buttercup	blodyn-ymenyn yr ŷd (*g.*) blodau-ymenyn yr ŷd
Ranunculus paludosus	Jersey buttercup	blodyn-ymenyn Jersey (*g.*) blodau-ymenyn Jersey
Ranunculus auricomus	goldilocks buttercup	blodyn-ymenyn peneuraid (*g.*) blodau-ymenyn peneuraid
Ranunculus sceleratus	celery-leaved buttercup	crafanc yr eryr (*b.cynn.*)
Ranunculus lingua	greater spearwort	llafnlys mawr (*g.cynn.*)
Ranunculus flammula	lesser spearwort	llafnlys bach (*g.cynn.*)
Ranunculus x levenensis	Loch Leven spearwort	llafnlys Loch Leven (*g.cynn.*)
Ranunculus reptans	creeping spearwort	llafnlys ymlusgol (*g.cynn.*)
Ranunculus ophioglossifolius	adder's-tongue spearwort	llafnlys tafod y neidr (*g.cynn.*)
Ranunculus aconitifolius	aconite-leaved buttercup	blodyn-ymenyn y gerddi (*g.*) blodau-ymenyn y gerddi
Ranunculus ficaria	lesser celandine	llygad Ebrill (*g.cynn.*)
Ranunculus hederaceus	ivy-leaved crowfoot	crafanc-y-frân dail eiddew (*b.cynn.*)
Ranunculus omiophyllus	round-leaved crowfoot	crafanc-y-frân y rhostir (*b.cynn.*)
Ranunculus novae-forestae	New Forest crowfoot	crafanc-y-frân y New Forest (*b.cynn.*)
Ranunculus tripartitus	three-lobed crowfoot	crafanc-y-frân dridarn (*b.cynn.*)
Ranunculus baudotii	brackish water-crowfoot	crafanc-y-frân y morfa (*b.cynn.*)
Ranunculus trichophyllus	thread-leaved water-crowfoot	crafanc-y-frân feinddail (*b.cynn.*)
Ranunculus aquatilis	common water-crowfoot	crafanc-y-frân y dŵr (*b.cynn.*)
Ranunculus peltatus	pond water-crowfoot	crafanc-y-frân y llyn (*b.cynn.*)
Ranunculus x kelchoensis	kelso water-crowfoot	crafanc-y-frân Kelso (*b.cynn.*)
Ranunculus penicillatus	stream water-crowfoot	crafanc-y-frân y nant (*b.cynn.*)
Ranunculus x bachii	Wirtgen's water-crowfoot	crafanc-y-frân Wirtgen (*b.cynn.*)
Ranunculus fluitans	river water-crowfoot	crafanc-y-frân yr afon (*b.cynn.*)
Ranunculus circinatus	fan-leaved water-crowfoot	crafanc-y-frân wyntyllog (*b.cynn.*)
Adonis annua	pheasant's-eye	llygad y ffesant (*g.cynn.*)
Myosurus minimus	mousetail	cynffon y llygoden (*b.cynn.*)
Aquilegia vulgaris	columbine	troed y golomen (*g.cynn.*)

Aquilegia pyrenaica	Pyrenean columbine	troed-y-golomen Pyreneaidd (*g.cynn.*)
Thalictrum aquilegiifolium	French meadow-rue	arianllys Ffrainc (*g.cynn.*)
Thalictrum delavayi	Chinese meadow-rue	arianllys Tsieina (*g.cynn.*)
Thalictrum flavum	common meadow-rue	arianllys (*g.cynn.*)
Thalictrum minus	lesser meadow-rue	arianllys bach (*g.cynn.*)
Thalictrum alpinum	alpine meadow-rue	arianllys y mynydd (*g. cynn.*)

BERBERIDACEAE - teulu'r pren melyn

Berberis vulgaris	barberry	pren melyn (*g.*) -nau melyn(-ion)
Berberis thunbergii	Thunberg's barberry	pren melyn Thunberg (*g.*) -nau melyn Thunberg
Berberis glaucocarpa	great barberry	pren melyn mawr (*g.*) -nau melyn mawr(-ion)
Berberis wilsoniae	Mrs Wilson's barberry	pren melyn Wilson (*g.*) -nau melyn Wilson
Berberis aggregata	clustered barberry	pren melyn clystyrog (*g.*) -nau melyn clystyrog
Berberis gagnepainii	Gagnepain's barberry	pren melyn Gagnepain (*g.*) -nau melyn Gagnepain
Berberis julianae	Chinese barberry	pren melyn Tsieina (*g.*) -nau melyn Tsieina
Berberis buxifolia	box-leaved barberry	pren melyn dail bocs (*g.*) -nau melyn dail bocs
Berberis darwinii	Darwin's barberry	pren melyn Darwin (*g.*) -nau melyn Darwin
Berberis stenophylla	hedge barberry	pren melyn culddail (*g.*) -nau melyn culddail
Mahonia aquifolium	Oregon-grape	mahonia dail celynnog (*g.cynn.*)
Mahonia x decumbens	Newmarket Oregon-grape	mahonia Newmarket (*g.cynn.*)

PAPAVERACEAE - teulu'r pabi

Papaver pseudoorientale	oriental poppy	llygad y bwgan (*g.cynn.*)
Papaver atlanticum	Atlas poppy	pabi'r Atlas (*g.*) pabïau'r Atlas
Papaver somniferum	opium poppy	llysiau cwsg (*llu.*)
Papaver rhoeas	common poppy	pabi coch (*g.*) pabïau coch (-ion)
Papaver dubium	long-headed poppy	pabi hirben (*g.*) pabïau hirben
Papaver hybridum	rough poppy	pabi penbigog (*g.*) pabïau penbigog
Papaver argemone	prickly poppy	pabi penwrychog (*g.*) pabïau penwrychog
Meconopsis cambrica	Welsh poppy	pabi Cymreig (*g.*) pabïau Cymreig
Argemone mexicana	Mexican poppy	pabi Mecsico (*g.*) pabïau Mecsico
Glaucium flavum	yellow horned-poppy	pabi corniog melyn (*g.*) pabïau corniog melyn(-ion)
Chelidonium majus	greater celandine	llysiau'r wennol (*llu.*)
Eschscholzia californica	Californian poppy	pabi Califfornia (*g.*) pabïau Califfornia
Macleaya x kewensis	hybrid plume-poppy	pabi pluog croesryw (*g.*) pabïau pluog croesryw

FUMARIACEAE - teulu mwg y ddaear

Dicentra formosa	bleeding-heart	calon waedlyd (*b.cynn.*)

Corydalis solida	bird-in-a-bush	corydalis caledwraidd (*g.cynn.*)
Corydalis cava	hollow root	corydalis gwagwraidd (*g.cynn.*)
Corydalis cheilanthifolia	fern-leaved corydalis	corydalis dail rhedyn (*g. cynn.*)
Pseudofumaria lutea	yellow corydalis	mwg-y-ddaear melyn (*g.cynn.*)
Pseudofumaria alba	pale corydalis	mwg-y-ddaear gwelw (*g.cynn.*)
Ceratocapnos claviculata	climbing corydalis	mwg-y-ddaear dringol (*g.cynn.*)
Fumaria capreolata	white ramping-fumitory	mwg-y-ddaear gwyn (*g.cynn.*)
Fumaria occidentalis	western ramping-fumitory	mwg-y-ddaear gorllewinol (*g.cynn.*)
Fumaria bastardii	tall ramping-fumitory	mwg-y-ddaear grymus (*g.cynn.*)
Fumaria reuteri	Martin's ramping-fumitory	mwg-y-ddaear Marthin (*g.cynn.*)
Fumaria muralis	common ramping-fumitory	mwg-y-ddaear amrywiol (*g.cynn.*)
Fumaria purpurea	purple ramping-fumitory	mwg-y-ddaear glasgoch (*g.cynn.*)
Fumaria officinalis	common fumitory	mwg-y-ddaear cyffredin (*g.cynn.*)
Fumaria densiflora	dense-flowered fumitory	mwg-y-ddaear dwysflodeuog (*g.cynn.*)
Fumaria parviflora	fine-leaved fumitory	mwg-y-ddaear mân-flodeuog (*g.cynn.*)
Fumaria vaillantii	few-flowered fumitory	mwg-y-ddaear prinflodeuog (*g.cynn.*)

PLATANACEAE - teulu'r blanwydden

Platanus x hispanica	London plane	planwydden Llundain (*b.*) planwydd Llundain

ULMACEAE - teulu'r llwyfen

Ulmus glabra	wych elm	llwyfen lydanddail (*b.*) -ni llydanddail
Ulmus x vegeta	Huntingdon elm	llwyfen Huntingdon (*b.*) -ni Huntingdon
Ulmus x hollandica	Dutch elm	llwyfen yr Iseldiroedd (*b.*) -ni'r Iseldiroedd
Ulmus procera	English elm	llwyfen Lloegr (*b.*) -ni Lloegr
Ulmus minor	small leaved elm	llwyfen fanddail (*b.*) -ni manddail
Ulmus plotii	Plot's elm	llwyfen Plot (*b.*) -ni Plot
Ulmus laevis	European white-elm	llwyfen Ewropeaidd (*b.*) -ni Ewropeaidd

CANNABACEAE - teulu'r hopys

Cannabis sativa	hemp	cywarch (*llu.*)
Humulus lupulus	hop	hopys (*llu.*)

MORACEAE - teulu'r forwydden

Morus nigra	black mulberry	morwydden (*b.*) morwydd
Ficus carica	fig	ffigysbren (*g.*) -nau

URTICACEAE - teulu'r ddanhadlen

Urtica dioica	common nettle	danhadlen boeth (*b.*) danadl poethion
Urtica urens	small nettle	danhadlen fach (*b.*) danadl bach
Parietaria judaica	pellitory-of-the-wall	paladr y wal (*g.cynn.*)

Parietaria officinalis	eastern pellitory-of-the-wall	paladr-y-wal dwyreiniol (*g.cynn.*)
Soleirolia soleirolii	mind-your-own-business	mam miloedd (*b.cynn.*)

JUGLANDACEAE -teulu'r goeden gnau Ffrengig

Juglans regia	walnut	coeden cnau Ffrengig (*b.*) coed cnau Ffrengig
Pterocarya fraxinifolia	Caucasian wingnut	coeden cnau adeiniog (*b.*) coed cnau adeiniog

MYRICACEAE - teulu helygen Fair

Myrica gale	bog myrtle	gwyrddling (*g.cynn.*)/helygen Fair (*b.*) helyg Mair
Myrica pensylvanica	bayberry	gwerwydden (*b.*) gwerwydd

FAGACEAE - teulu'r ffawydden

Fagus sylvatica	beech	ffawydden (*b.*) ffawydd
Nothofagus obliqua	roble	ffawydden ddeheuol roble (*b.*) ffawydd deheuol roble
Nothofagus nervosa	rauli	ffawydden ddeheuol rauli (*b.*) ffawydd deheuol rauli
Castanea sativa	sweet chestnut	castanwydden bêr (*b.*) castanwydd pêr
Quercus cerris	turkey oak	derwen Twrci (*b.*) derw Twrci
Quercus x crenata	Lucombe oak	derwen Lucombe (*b.*) derw Lucombe
Quercus ilex	evergreen oak	derwen fythwyrdd (*b.*) derw bythwyrdd
Quercus canariensis	Algerian oak	derwen Algeria (*b.*) derw Algeria
Quercus petraea	sessile oak	derwen mes di-goes (*b.*) derw mes di-goes
Quercus robur	pedunculate oak	derwen mes coesynnog (*b.*) derw mes coesynnog
Quercus rubra	red oak	derwen goch (*b.*) derw coch (-ion)

BETULACEAE - teulu'r fedwen

Betula pendula	silver birch	bedwen arian (*b.*) bedw arian
Betula pubescens	downy birch	bedwen lwyd (*b.*) bedw llwyd
Betula nana	dwarf birch	corfedwen (*b.*) corfedw
Alnus glutinosa	alder	gwernen (*b.*) gwern
Alnus incana	grey alder	gwernen lwyd (*b.*) gwern llwyd (-ion)
Alnus rubra	red alder	gwernen goch (*b.*) gwern coch (-ion)
Alnus cordata	Italian alder	gwernen yr Eidal (*b.*) gwern yr Eidal
Carpinus betulus	hornbeam	oestrwydden (*b.*) oestrwydd
Corylus avellana	hazel	collen (*b.*) cyll
Corylus maxima	filbert	collen farfog (*b.*) cyll barfog
Corylus colurna	Turkish hazel	collen Twrci (*b.*) cyll Twrci

PHYTOLACCACEAE - teulu'r llysiau inc coch

Phytolacca acinosa	Indian pokeweed	llysiau-inc-coch India (*llu.*)
Phytolacca polyandra	Chinese pokeweed	llysiau-inc-coch Tsieina (*llu.*)

AIZOACEAE - teulu'r llysiau gwlithog

Aptenia cordifolia	heart-leaf ice-plant	rhewlysiau (*llu.*)
Ruschia caroli	shrubby dewplant	llysiau gwlithog prysgoediog (*llu.*)
Lampranthus falciformis	sickle-leaved dewplant	llysiau gwlithog crymanddail (*llu.*)
Lampranthus roseus	rosy dewplant	llysiau gwlithog coch (-ion) (*llu.*)
Oscularia deltoides	deltoid-leaved dewplant	llysiau gwlithog trionglog (*llu.*)
Disphyma crassifolium	purple dewplant	llysiau gwlithog porffor (*llu.*)
Drosanthemum floribundum	pale dewplant	llysiau gwlithog gwelw (*llu.*)
Erepsia heteropetala	lesser sea-fig	môr-ffigysen fach (*b.*) môr-ffigys bach
Carpobrotus acinaciformis	Sally-my-handsome	môr-ffigysen binc (*b.*) môr-ffigys pinc
Carpobrotus edulis	Hottentot-fig	ffigysen yr Hotentot (*b.*) ffigys yr Hotentot
Carpobrotus glaucescens	angular sea fig	môr-ffigysen onglog (*b.*) môr-ffigys onglog
Tetragonia tetragonioides	New Zealand spinach	ysbigoglys Seland Newydd (*g.cynn.*)

CHENOPODIACEAE - teulu troed yr ŵydd

Chenopodium ambrosioides	Mexican tea	te Mecsico (*g.cynn.*)
Chenopodium multifidum	scented goosefoot	troed-yr-ŵydd sawrus (*g.cynn.*)
Chenopodium pumilio	clammy goosefoot	troed-yr-ŵydd Awstralia (*g.cynn.*)
Chenopodium carinatum	keeled goosefoot	troed-yr-ŵydd gwrymiog (*g.cynn.*)
Chenopodium cristatum	crested goosefoot	troed-yr-ŵydd cribog (*g.cynn.*)
Chenopodium capitatum	strawberry-blite	troed-yr-ŵydd gwritgoch (*g.cynn.*)
Chenopodium nitrariaceum	nitre goosefoot	troed-yr-ŵydd nitr (*g.cynn.*)
Chenopodium bonus-henricus	Good King Henry	llysiau'r gwrda (*llu.*)
Chenopodium glaucum	oak-leaved goosefoot	troed-yr-ŵydd dail derw (*g.cynn.*)
Chenopodium rubrum	red goosefoot	troed-yr-ŵydd coch (*g.cynn.*)
Chenopodium chenopodioides	salt-marsh goosefoot	troed-yr-ŵydd arfor (*g. cynn.*)
Chenopodium polyspermum	many-seeded goosefoot	troed-yr-ŵydd amlhadog (*g.cynn.*)
Chenopodium vulvaria	stinking goosefoot	troed-yr-ŵydd drewllyd (*g.cynn.*)
Chenopodium hybridum	maple-leaved goosefoot	troed-yr-ŵydd dail masarn (*g.cynn.*)
Chenopodium urbicum	upright goosefoot	troed-yr-ŵydd talsyth (*g.cynn.*)
Chenopodium murale	nettle-leaved goosefoot	troed-yr-ŵydd dail danadl (*g.cynn.*)
Chenopodium desiccatum	slimleaf goosefoot	troed-yr-ŵydd meinddail (*g.cynn.*)
Chenopodium ficifolium	fig-leaved goosefoot	troed-yr-ŵydd dail ffigys (*g.cynn.*)
Chenopodium hircinum	foetid goosefoot	troed-yr-ŵydd drycsawrus (*g.cynn.*)
Chenopodium berlandieri	pitseed goosefoot	troed-yr-ŵydd Berlandier (*g.cynn.*)
Chenopodium bushianum	soyabean goosefoot	troed-yr-ŵydd ffa soia (*g.cynn.*)
Chenopodium opulifolium	grey goosefoot	troed-yr-ŵydd llwyd (*g.cynn.*)
Chenopodium album	fat hen	troed-yr-ŵydd gwyn (*g.cynn.*)
Chenopodium strictum	striped goosefoot	troed-yr-ŵydd stribedog (*g.cynn.*)
Chenopodium suecicum	Swedish goosefoot	troed-yr-ŵydd Sweden (*g.cynn.*)
Chenopodium probstii	Probst's goosefoot	troed-yr-ŵydd Probst (*g.cynn.*)
Chenopodium giganteum	tree spinach	troed-yr-ŵydd mawr (*g.cynn.*)
Bassia scoparia	summer-cypress	troed-yr-ŵydd ysgubellog (*g.cynn.*)
Corispermum leptopterum	bugseed	llygwyn had garw (-geirwon) (*g.cynn.*)

Spinacia oleracea	spinach	ysbigoglys (*g.cynn.*)
Atriplex hortensis	garden orache	llygwyn yr ardd (*g.cynn.*)
Atriplex prostrata	spear-leaved orache	llygwyn tryfal (*g.cynn.*)
Atriplex x gustafssoniana	Kattegat orache	llygwyn Kattegat (*g.cynn.*)
Atriplex glabriuscula	Babington's orache	llygwyn y tywod (*g.cynn.*)
Atriplex x taschereaui	Taschereau's orache	llygwyn Taschereau (*g.cynn.*)
Atriplex longipes	long-stalked orache	llygwyn hirgoes (*g.cynn.*)
Atriplex praecox	early orache	llygwyn cynnar (*g.cynn.*)
Atriplex littoralis	grass-leaved orache	llygwyn arfor (*g.cynn.*)
Atriplex patula	common orache	llygwyn culddail (*g.cynn.*)
Atriplex suberecta	Australian orache	llygwyn Awstralia (*g.cynn.*)
Atriplex laciniata	frosted orache	llygwyn ariannaid (*g.cynn.*)
Atriplex halimus	shrubby orache	llwyn llygwyn (*g.*) -i llygwyn
Atriplex portulacoides	sea-purslane	llygwyn llwydwyn (*g.cynn.*)
Atriplex pedunculata	pedunculate sea-purslane	llygwyn ffrwythau coesynnog (*g.cynn.*)
Beta vulgaris	beet	betysen (*b.*) betys
Beta ssp. maritima	sea beet	betysen arfor (*b.*) betys arfor
Beta ssp. cicla	foliage beet	betysen ddeiliog (*b.*) betys deiliog
yn cynnwys		
		betysen ysbigoglys (spinach beet) (*b.*) betys ysbigoglys
Beta ssp. vulgaris	root beet	betysen wreiddiog (*b.*) betys gwreiddiog
yn cynnwys		
	beetroot	betysen goch (*b.*) betys coch (-ion)
	sugar beet	betysen siwgr (*b.*) betys siwgr
	fodder beet	betysen borthi (*b.*) betys porthi
	mangle-wurzel	manglen (*b.*)mangls
Beta trigyna	Caucasian beet	betysen y Cawcasws (*b.*) betys y Cawcasws
Sarcocornia perennis	perennial glasswort	llyrlys parhaol (*g.cynn.*)
Salicornia pusilla	one-flowered glasswort	llyrlys unflodeuog (*g.cynn.*)
Salicornia ramosissima	purple glasswort	llyrlys porffor (*g.cynn.*)
Salicornia europaea	common glasswort	llyrlys cyffredin (*g.cynn.*)
Salicornia obscura	glaucous glasswort	llyrlys llwydlas (*g.cynn.*)
Salicornia nitens	shiny glasswort	llyrlys gloyw (*g.cynn.*)
Salicornia fragilis	yellow glasswort	llyrlys melyn (*g.cynn.*)
Salicornia dolichostachya	long-spiked glasswort	llyrlys canghennog (*g.cynn.*)
Suaeda vera	shrubby sea-blite	llwyn helys (*g.*) llwyni helys
Suaeda maritima	annual sea-blite	helys unflwydd (*g.cynn.*)
Salsola kali	prickly saltwort	helys pigog (*g.cynn.*)

AMARANTHACEAE - teulu'r blodyn amor

Amaranthus retroflexus	common amaranth	blodyn amor (*g.*) blodau amor
Amaranthus hybridus	green amaranth	blodyn amor gwyrdd (*g.*) blodau amor gwyrdd (-ion)
Amaranthus cruentus	purple amaranth	blodyn amor porffor (*g.*) blodau amor porffor
Amaranthus quitensis	mucronate amaranth	blodyn amor blaenfain (*g.*) blodau amor blaenfain
Amaranthus caudatus	love-lies-bleeding	Mari waedlyd (*b.cynn.*)
Amaranthus powellii	Powell's amaranth	blodyn amor Powell (*g.*)

		blodau amor Powell
Amaranthus bouchonii	indehiscent amaranth	blodyn amor anymagorol (*g.*) blodau amor anymagorol
Amaranthus hypochondriacus	prince's-feather	blodyn amor pruddglwyfus (*g.*) blodau amor pruddglwyfus
Amaranthus palmeri	dioecious amaranth	blodyn amor deuoecaidd (*g.*) blodau amor deuoecaidd
Amaranthus deflexus	perennial pigweed	blodyn amor parhaol (*g.*) blodau amor parhaol
Amaranthus blitum	Guernsey pigweed	blodyn amor Guernsey (*g.*) blodau amor Guernsey
Amaranthus albus	white pigweed	blodyn amor gwyn (*g.*) blodau amor gwyn (-ion)
Amaranthus blitoides	prostrate pigweed	blodyn amor gorweddol (*g.*) blodau amor gorweddol
Amaranthus thunbergii	Thunberg's pigweed	blodyn amor Thunberg (*g.*) blodau amor Thunberg
Amaranthus capensis	Cape pigweed	blodyn amor De Affrica (*g.*) blodau amor De Affrica
Amaranthus graecizans	short-tepalled pigweed	blodyn amor byr-depalog (*g.*) blodau amor byr-depalog
Amaranthus standleyanus	indehiscent pigweed	blodyn amor Standley (*g.*) blodau amor Standley

PORTULACACEAE - teulu'r porpin

Portulaca oleracea	common purslane	porpin (*g.cynn.*)
Claytonia perfoliata	springbeauty	porpin y gwanwyn (*g.cynn.*)
Claytonia sibirica	pink purslane	porpin pinc (*g.cynn.*)
Montia fontana	blinks	porpin y ffynnon (*g.cynn.*)
Montia parvifolia	small-leaved blinks	porpin manddail (*g.cynn.*)

CARYOPHYLLACEAE - teulu'r penigan

Arenaria serpyllifolia	thyme-leaved sandwort	tywodlys dail teim (*g.cynn.*)
Arenaria norvegica		
ssp. norvegica	Arctic sandwort	tywodlys y Gogledd (*g.cynn.*)
ssp. anglica	English sandwort	tywodlys Lloegr (*g.cynn.*)
Arenaria ciliata	fringed sandwort	tywodlys eddïog (*g.cynn.*)
Arenaria balearica	mossy sandwort	tywodlys mwsoglog (*g.cynn.*)
Arenaria montana	mountain sandwort	tywodlys y mynydd (*g.cynn.*)
Moehringia trinervia	three-nerved sandwort	tywodlys teirnerf (*g.cynn.*)
Honckenya peploides	sea sandwort	tywodlys arfor (*g.cynn.*)
Minuartia recurva	recurved sandwort	tywodlys atro (*g.cynn.*)
Minuartia verna	spring sandwort	tywodlys y gwanwyn (*g.cynn.*)
Minuartia rubella	mountain sandwort	tywodlys bach coch (*g.cynn.*)
Minuartia stricta	Teesdale sandwort	tywodlys unionsyth (*g.cynn.*)
Minuartia hybrida	fine-leaved sandwort	tywodlys meindwf (*g.cynn.*)
Minuartia sedoides	cyphel	eilun briweg (*g.cynn.*)
Stellaria nemorum	wood stitchwort	serenllys y coed (*g.cynn.*)
ssp. montana		serenllys-y-coed Cymreig (*g.cynn.*)
Stellaria media	common chickweed	gwlyddyn y dom (*g.*) gwlydd y dom
Stellaria pallida	lesser chickweed	gwlyddyn-y-dom bach (*g.*)

		gwlydd-y-dom bach
Stellaria neglecta	greater chickweed	gwlyddyn-y-dom mawr (*g.*)
		gwlydd-y-dom mawr (-ion)
Stellaria holostea	greater stitchwort	serenllys mawr (*g.cynn.*)
Stellaria palustris	marsh stitchwort	serenllys llwydlas (*g.cynn.*)
Stellaria graminea	lesser stitchwort	serenllys bach (*g.cynn.*)
Stellaria uliginosa	bog stitchwort	serenllys y gors (*g.cynn.*)
Holosteum umbellatum	jagged chickweed	gwlyddyn-y-dom wmbelog (*g.*)
		gwlydd-y-dom wmbelog
Cerastium cerastoides	starwort mouse-ear	clust-y-llygoden y mynydd (*b.cynn.*)
Cerastium arvense	field mouse-ear	clust-y-llygoden y meysydd (*b.cynn.*)
Cerastium tomentosum	snow-in-summer	clust-y-llygoden y felin (*b.cynn.*)
Cerastium alpinum	alpine mouse-ear	clust-y-llygoden Alpaidd (*b.cynn.*)
Cerastium arcticum	Arctic mouse-ear	clust-y-llygoden ogleddol (*b.cynn.*)
Cerastium nigrescens	Shetland mouse-ear	clust-y-llygoden Shetland (*b.cynn.*)
Cerastium fontanum	common mouse-ear	clust-y-llygoden gulddail (*b.cynn.*)
Cerastium glomeratum	sticky mouse-ear	clust-y-llygoden lydanddail (*b.cynn.*)
Cerastium brachypetalum	grey mouse-ear	clust-y-llygoden lwyd (*b.cynn.*)
Cerastium diffusum	sea mouse-ear	clust-y-llygoden arfor (*b.cynn.*)
Cerastium pumilum	dwarf mouse-ear	clust-y-llygoden bitw (*b.cynn.*)
Cerastium semidecandrum	little mouse-ear	clust-y-llygoden fach (*b.cynn.*)
Myosoton aquaticum	water chickweed	llinesg y dŵr (*llu.*)
Moenchia erecta	upright chickweed	clust-y-llygoden seth/syth (*b.*)
Sagina nodosa	knotted pearlwort	corwlyddyn clymog (*g.*)
		corwlydd clymog
Sagina nivalis	snow pearlwort	corwlyddyn yr eira (*g.*)
		corwlydd yr eira
Sagina subulata	heath pearlwort	corwlyddyn mynawydaidd (*g.*)
		corwlydd mynawydaidd
Sagina x micrantha		corwlyddyn mân-flodeuog (*g.*)
		corwlydd mân-flodeuog
Sagina saginoides	alpine pearlwort	corwlyddyn y mynydd (*g.*)
		corwlydd y mynydd
Sagina x normaniana	Scottish pearlwort	corwlyddyn yr Alban (*g.*)
		corwlydd yr Alban
Sagina procumbens	procumbent pearlwort	corwlyddyn gorweddol (*g.*)
		corwlydd gorweddol
Sagina boydii	Boyd's pearlwort	corwlyddyn Boyd (*g.*)
		corwlydd Boyd
Sagina apetala	annual pearlwort	corwlyddyn unflwydd (*g.*)
		corwlydd unflwydd
Sagina maritima	sea pearlwort	corwlyddyn arfor (*g.*)
		corwlydd arfor
Scleranthus perennis	perennial knawel	dinodd parhaol (*g.cynn.*)
ssp. perennis		dinodd parhaol Maesyfed (*g.cynn.*)
Scleranthus annuus	annual knawel	dinodd unflwydd (*g.cynn.*)
Corrigiola litoralis	strapwort	y gorglymog (*b.cynn.*)
Herniaria glabra	smooth rupturewort	llysiau'r-fors llyfn (-ion) (*llu.*)
Herniaria ciliolata	fringed rupturewort	llysiau'r-fors eddïog (*llu.*)
Herniaria hirsuta	hairy rupturewort	llysiau'r-fors blewog (*llu.*)
Illecebrum verticillatum	coral necklace	y glymog droellennog (*b.cynn.*)
Polycarpon tetraphyllum	four-leaved allseed	gorhadog (*g.cynn.*)
Spergula arvensis	corn spurrey	troellig yr ŷd (*g.cynn.*)
Spergula morisonii	pearlwort spurrey	troellig-yr-ŷd llyfn (*g.cynn.*)

Spergularia rupicola	rock sea-spurrey	troellig arfor y clogwyn (*g.cynn.*)
Spergularia media	greater sea-spurrey	troellig arfor mawr (*g.cynn.*)
Spergularia marina	lesser sea-spurrey	troellig arfor bach (*g.cynn.*)
Spergularia rubra	sand spurrey	troellig arfor coch (*g.cynn.*)
Spergularia bocconei	Greek sea-spurrey	troellig arfor Groegaidd (*g.cynn.*)
Lychnis coronaria	rose campion	lluglys gwridog (*g.cynn.*)
Lychnis flos-cuculi	ragged-robin	carpiog y gors (*g.cynn.*)
Lychnis chalcedonica	Maltese-cross	croes Malta (*b.cynn.*)
Lychnis viscaria	sticky catchfly	lluglys gludiog (*g.cynn.*)
Lychnis alpina	Alpine catchfly	lluglys y mynydd (*g.cynn.*)
Agrostemma githago	corncockle	bulwg yr ŷd (*g.cynn.*)
Silene italica	Italian catchfly	gludlys yr Eidal (*g.cynn.*)
Silene nutans	Nottingham catchfly	gludlys gogwyddol (*g.cynn.*)
Silene otites	Spanish catchfly	gludlys Sbaen (*g.cynn.*)
Silene vulgaris	bladder campion	gludlys codrwth (*g.cynn.*)
Silene uniflora	sea campion	gludlys arfor (*g.cynn.*)
Silene acaulis	moss campion	gludlys mwsoglog (*g.cynn.*)
Silene quadrifida	Alpine campion	gludlys Alpaidd (*g.cynn.*)
Silene armeria	sweet-William catchfly	gludlys clystyrog (*g.cynn.*)
Silene noctiflora	night-flowering catchfly	gludlys nos-flodeuol (*g.cynn.*)
Silene latifolia	white campion	gludlys gwyn (*g.cynn.*)
Silene dioica	red campion	blodyn neidr (*g.*) blodau neidr/blodyn taranau (*g.*) blodau taranau
Silene coeli-rosa	rose-of-heaven	rhosyn y nefoedd (*g.cynn.*) -nau'r nefoedd
Silene pendula	nodding catchfly	gludlys pendrwm (*g.cynn.*)
Silene gallica	small-flowered catchfly	gludlys amryliw (*g.cynn.*)
Silene conica	sand catchfly	gludlys y tywod (*g.cynn.*)
Cucubalus baccifer	berry catchfly	gludlys gronynnog (*g.cynn.*)
Saponaria officinalis	soapwort	sebonllys (*g.cynn.*)
Saponaria ocymoides	rock soapwort	sebonllys y graig (*g.cynn.*)
Vaccaria hispanica	cowherb	llysiau'r fuwch (*llu.*)
Petrorhagia nanteuilii	childing pink	penigan epilgar (*g.*) -au epilgar
Petrorhagia prolifera	proliferous pink	penigan toreithiog (*g.*) -au toreithiog
Petrorhagia saxifraga	tunic-flower	penigan tormaen (*g.*) -au tormaen
Gypsophila paniculata	baby's breath	gypsoffila (*g.cynn.*)
Dianthus gratianopolitanus	Cheddar pink	penigan Gwlad yr Haf (*g.*) -au Gwlad yr Haf
Dianthus caryophyllus	clove pink	penigan pêr (*g.*) -au pêr
Dianthus plumarius	pink	penigan cyffredin (*g.cynn.*) -au cyffredin
Dianthus gallicus	Jersey pink	penigan Ffrainc (*g.*) -au Ffrainc
Dianthus deltoides	maiden pink	penigan y forwyn (*g.*) -au'r forwyn
Dianthus barbatus	sweet-William	penigan barfog (*g.*) -au barfog
Dianthus armeria	Deptford pink	penigan y porfeydd (*g.*) -au'r porfeydd

POLYGONACEAE **- teulu'r canclwm**

Persicaria alpina	Alpine knotweed	y ganwraidd Alpaidd (*b.cynn.*)
Persicaria campanulata	lesser knotweed	y ganwraidd fach (*b.cynn.*)
Persicaria wallichii	Himalayan knotweed	y ganwraidd Himalaiaidd (*b.cynn.*)
Persicaria weyrichii	Chinese knotweed	canwraidd Tsieina (*b.cynn.*)
Persicaria mollis	soft knotweed	y ganwraidd wlanog (*b.cynn.*)
Persicaria bistorta	common bistort	llysiau'r neidr (*llu.*)

Persicaria amplexicaulis	red bistort	y ganwraidd goch (*b.cynn.*)
Persicaria vivipara	Alpine bistort	canwraidd y mynydd (*b.cynn.*)
Persicaria amphibia	amphibious bistort	canwraidd y dŵr (*b.cynn.*)
Persicaria nepalensis	Nepal persicaria	canwraidd Nepal (*b.cynn.*)
Persicaria maculosa	redshank	y ganwraidd goesgoch (*b.cynn.*)
Persicaria lapathifolia	pale persicaria	canwraidd y dom (*b.cynn.*)
Persicaria pensylvanica	pinkweed	y ganwraidd rosliw (*b.cynn.*)
Persicaria hydropiper	water-pepper	y dinboeth (*b.cynn.*)
Persicaria mitis	tasteless water-pepper	y dinboeth ddi-flas (*b.cynn.*)
Persicaria minor	small water-pepper	y dinboeth fach (*b.cynn.*)
Persicaria sagittata	American tear-thumb	canwraidd America (*b.cynn.*)
Koenigia islandica	Iceland-purslane	porpin Gwlad yr Iâ (*g.cynn.*)
Fagopyrum esculentum	buckwheat	gwenith yr hydd (*g.cynn.*)
Fagopyrum dibotrys	tall buckwheat	gwenith-yr-hydd tal (*g.cynn.*)
Polygonum maritimum	sea knotgrass	canclwm yr arfor (*g.cynn.*)
Polygonum oxyspermum	Ray's knotgrass	canclwm Ray (*g.cynn.*)
Polygonum arenastrum	equal-leaved knotgrass	y canclwm manddail (*g.cynn.*)
Polygonum aviculare	knotgrass	y canclwm (*g.cynn.*)
Polygonum boreale	northern knotgrass	canclwm y Gogledd (*g.cynn.*)
Polygonum rurivagum	cornfield knotgrass	canclwm y tir âr (*g.cynn.*)
Polygonum patulum	red-knotgrass	y canclwm coch (*g.cynn.*)
Polygonum arenarium	lesser red-knotgrass	y canclwm coch bach (*g.cynn.*)
Fallopia japonica	Japanese knotweed	clymog Japan (*b.cynn.*)/ llysiau'r cythraul (*llu.*)
Fallopia sachalinensis	giant knotweed	y glymog fawr (*b.cynn.*)
Fallopia baldschuanica	Russian vine	clymog Rwsia (*b.cynn.*)
Fallopia convolvulus	black-bindweed	y glymog ddu (*b.cynn.*)
Fallopia dumetorum	copse-bindweed	clymog y berth (*b.cynn.*)
Muehlenbeckia complexa	wire plant	llwyn gwifrau (*g.*) -i gwifrau
Rheum x hybridum	rhubarb	rhiwbob (*g.cynn.*)
Rheum palmatum	ornamental rhubarb	rhiwbob addurniadol (*g.cynn.*)
Rumex acetosella	sheep's sorrel	suran yr ŷd (*b.cynn.*)
Rumex scutatus	French sorrel	suran Ffrainc (*b.cynn.*)
Rumex acetosa	common sorrel	suran y cŵn (*b.cynn.*)
Rumex salicifolius	willow-leaved dock	tafolen dail helyg (*b.*) tafol dail helyg
Rumex frutescens	Argentine dock	tafolen yr Ariannin (*b.*) tafol yr Ariannin
Rumex pseudoalpinus	monk's rhubarb	tafolen y mynach (*b.*) tafol y mynach
Rumex aquaticus	Scottish dock	tafolen yr Alban (*b.cynn.*) tafol yr Alban
Rumex longifolius	northern dock	tafolen y Gogledd (*b.*) tafol y Gogledd
Rumex confertus	Russian dock	tafolen Rwsia (*b.*) tafol Rwsia
Rumex hydrolapathum	water dock	tafolen y dŵr (*b.*) tafol y dŵr
Rumex cristatus	Greek dock	tafolen Groeg (*b.*) tafol Groeg
Rumex patientia	patience dock	tafolen oddefus (*b.*) tafol goddefus
Rumex crispus	curled dock	tafolen grech (*b.*) tafol crych (-ion)
Rumex conglomeratus	clustered dock	tafolen Fair (*b.*) tafol Mair
Rumex sanguineus	wood dock	tafolen y coed (*b.*) tafol y coed
Rumex rupestris	shore dock	tafolen y traeth (*b.*) tafol y traeth
Rumex brownii	hooked dock	tafolen fachog (*b.*) tafol bachog
Rumex pulcher	fiddle dock	tafolen ganolfain (*b.*) tafol canolfain
Rumex obtusifolius	broad-leaved dock	dail tafol (*llu.*)

Rumex dentatus	Aegean dock	tafolen ddanheddog (*b.*) tafol danheddog
Rumex obovatus	obovate-leaved dock	tafolen wrthwyffurf (*b.*) tafol gwrthwyffurf
Rumex palustris	marsh dock	tafolen y gors (*b.*) tafol y gors
Rumex maritimus	golden dock	tafolen felen (*b.*) tafol melyn (-ion)
Oxyria digyna	mountain sorrel	suran y mynydd (*b.cynn.*)

PLUMBAGINACEAE **- teulu clustog Fair**

Limonium vulgare	common sea-lavender	lafant y môr (*g.cynn.*)
Limonium humile	lax-flowered sea-lavender	lafant-y-môr blodau llac (*g.cynn.*)
Limonium latifolium	florist's sea lavender	lafant-y-môr y gerddi (*g.cynn.*)
Limonium bellidifolium	matted sea-lavender	lafant-y-môr gorweddol (*g.cynn.*)
Limonium auriculae-ursifolium	broad-leaved sea lavender	lafant-y-môr llydanddail (*g.cynn.*)
Lmonium normannicum	Alderney sea-lavender	lafant-y-môr Alderney (*g.cynn.*)
Limonium hyblaeum	Rottingdean sea-lavender	lafant-y-môr Rottingdean (*g.cynn.*)
Limonium binervosum	rock sea-lavender	lafant-y-môr y creigiau (*g.cynn.*)
Limonium paradoxum		lafant-y-môr Tyddewi (*g.cynn.*)
Limonium procerum		lafant-y-môr Penfro (*g.cynn.*)
Limonium britannicum		lafant-y-môr Prydeinig (*g.cynn.*)
Limonium parvum		corlafant-y-môr Penfro (*g.cynn.*)
Limonium loganicum		lafant-y-môr Cernyw (*g.cynn.*)
Limonium transwallianum		lafant-y-môr Trwyn Giltar (*g.cynn.*)
Limonium dodartiforme		lafant-y-môr Dinbych-y-pysgod (*g.cynn.*)
Limonium recurvum		lafant-y-môr Portland (*g.cynn.*)
Armeria maritima	thrift	clustog Fair (*b.*) -au Mair

PAEONIACEAE **- teulu rhosyn y mynydd**

Paeonia mascula	peony	rhosyn-y-mynydd gwyllt (*g.*) -nau'r-mynydd gwyllt (-ion)
Paeonia officinalis	garden peony	rhosyn-y-mynydd y gerddi (*g.*) -nau'r-mynydd y gerddi

ELATINACEAE **- teulu'r gwybybyr**

Elatine hexandra	six-stamened waterwort	gwybybyr chwebrigerog (*g.cynn.*)
Elatine hydropiper	eight-stamened waterwort	gwybybyr wythfrigerog (*g.cynn.*)

CLUSIACEAE **- teulu'r eurinllys**

Hypericum calycinum	Rose-of-Sharon	rhosyn Saron (*g.*) -nau Saron
Hypericum pseudohenryi	Irish tutsan	dail-y-Beiblau Iwerddon (*llu.*)
Hypericum forrestii	Forrest's tutsan	dail-y-Beiblau Forrest (*llu.*)
Hypericum androsaemum	tutsan	dail y Beiblau (*llu.*)
Hypericum x inodorum	tall tutsan	dail-y-Beiblau tal (*llu.*)
Hypericum hircinum	stinking tutsan	dail-y-Beiblau drewllyd (*llu.*)
Hypericum xylosteifolium	Turkish tutsan	dail-y-Beiblau Twrci (*llu.*)
Hypericum perforatum	perforate St John's-wort	eurinllys trydwll (*g.cynn.*)
Hypericum x desetangsii	Des Etangs' St John's wort	eurinllys Des Etangs (*g.cynn.*)

Hypericum maculatum	imperforate St John's-wort	eurinllys mawr (*g.cynn.*)
Hypericum undulatum	wavy St John's-wort	eurinllys tonnog (*g.cynn.*)
Hypericum tetrapterum	square-stalked St John's-wort	eurinllys pedronglog (*g.cynn.*)
Hypericum humifusum	trailing St John's-wort	eurinllys ymdaenol (*g.cynn.*)
Hypericum linariifolium	toadflax-leaved St John's-wort	eurinllys culddail (*g.cynn.*)
Hypericum pulchrum	slender St John's-wort	eurinllys meinsyth (*g.cynn.*)
Hypericum nummularium	round-leaved St John's-wort	eurinllys deilgrwn (*g.cynn.*)
Hypericum hirsutum	hairy St John's-wort	eurinllys blewog (*g.cynn.*)
Hypericum montanum	pale St John's-wort	eurinllys gwelw (*g.cynn.*)
Hypericum elodes	marsh St John's-wort	eurinllys y gors (*g.cynn.*)
Hypericum canadense	Irish St John's-wort	eurinllys Iwerddon (*g.cynn.*)

TILIACEAE - teulu'r bisgwydden

Tilia platyphyllos	large-leaved lime	pisgwydden dail mawr (-ion) (*b.*) pisgwydd dail mawr (-ion)
Tilia x europaea	lime	pisgwydden (*b.*) pisgwydd
Tilia cordata	small-leaved lime	pisgwydden dail bach (*b.*) pisgwydd dail bach

MALVACEAE - teulu'r hocysen

Sida spinosa	prickly mallow	hocysen bigog (*b.*) hocys pigog
Sida rhombifolia	Queensland hemp	hocysen Queensland (*b.*) hocys Queensland
Hoheria populnea	New Zealand mallow	hocyswydden Seland Newydd (*b.*) hocyswydd Seland Newydd
Malva moschata	musk-mallow	hocysen fwsg (*b.*) hocys mwsg
Malva alcea	greater musk-mallow	hocysen-fwsg fawr (*b.*) hocys-mwsg mawr (-ion)
Malva sylvestris	common mallow	hocysen (*b.*) hocys
Malva nicaeensis	French mallow	hocysen Ffrainc (*b.*) hocys Ffrainc
Malva parviflora	least mallow	hocysen fach (*b.*) hocys bach
Malva pusilla	small mallow	hocysen fân-flodeuog (*b.*) hocys mân-flodeuog
Malva neglecta	dwarf mallow	corhocysen (*b.*) corhocys
Malva verticillata	Chinese mallow	hocysen droellog (*b.*) hocys troellog
Lavatera arborea	tree mallow	hocyswydden (*b.*) hocyswydd
Lavatera cretica	smaller tree-mallow	hocyswydden fach (*b.*) hocyswydd bach
Lavatera plebeia	Australian hollyhock	hocyswydden Awstralia (*b.*) hocyswydd Awstralia
Lavatera thuringiaca	garden tree-mallow	hocyswydden yr ardd (*b.*) hocyswydd yr ardd
Lavatera trimestris	royal mallow	hocyswydden frenhinol (*b.*) hocyswydd brenhinol
Althaea officinalis	marsh-mallow	hocysen y morfa (*b.*) hocys y morfa
Althaea hirsuta	rough marsh-mallow	hocysen-y-morfa flewog (*b.*) hocys-y-morfa blewog
Alcea rosea	hollyhock	hocysen fendigaid (*b.*) hocys bendigaid

Sidalcea malviflora	Greek mallow	coeg-hocysen Groeg (*b.*) coeg-hocys Groeg
Sidalcea candida	prairie mallow	coeg-hocysen y paith (*b.*) coeg-hocys y paith
Abutilon theophrasti	velvetleaf	deilen felfed (*b.*) dail melfed
Hibiscus trionum	bladder ketmia	cetmia chwysigennog (*g.*)

SARRACENIACEAE **- teulu'r piserlys**

Sarracenia purpurea	pitcherplant	piserlys (*g.cynn.*)

DROSERACEAE **- teulu'r gwlithlys**

Drosera rotundifolia	round-leaved sundew	gwlithlys (*g.cynn.*)
Drosera anglica	great sundew	gwlithlys mawr (*g.cynn.*)
Drosera intermedia	oblong-leaved sundew	gwlithlys hirddail (*g.cynn.*)

CISTACEAE **- teulu'r cor-rosyn**

Tuberaria guttata	spotted rock-rose	cor-rosyn rhuddfannog (*g.*) cor-rosod rhuddfannog
Helianthemum nummularium	common rock-rose	cor-rosyn cyffredin (*g.*) cor-rosod cyffredin
Helianthemum apenninum	white rock-rose	cor-rosyn gwyn (*g.*) corosod gwyn (-ion)
Helianthemum oelandicum	hoary rock-rose	cor-rosyn lledlwyd (*g.*) cor-rosod lledlwyd

VIOLACEAE **- teulu'r fioled**

Viola odorata	sweet violet	fioled bêr (*b.*) -au pêr
Viola hirta	hairy violet	fioled flewog (*b.*) -au blewog
Viola rupestris	Teesdale violet	fioled y graig (*b.*) -au'r graig
Viola riviniana	common dog-violet	fioled gyffredin (*b.*) -au cyffredin
Viola reichenbachiana	early dog-violet	fioled y coed (*b.*) -au'r coed
Viola canina	heath dog-violet	fioled y cŵn (*b.*) -au'r cŵn
Viola lactea	pale dog-violet	fioled welw (*b.*) -au gwelw (-on)
Viola persicifolia	fen violet	fioled y fignen galchog (*b.*) -au'r fignen galchog
Viola palustris	marsh violet	fioled y gors (*b.*) -au'r gors
Viola cornuta	horned pansy	trilliw corniog (*g.cynn.*)
Viola lutea	mountain pansy	trilliw y mynydd (*g.cynn.*)
Viola tricolor	wild pansy	trilliw (*g.cynn.*)
Viola x wittrockiana	garden pansy	trilliw'r gerddi (*g.cynn.*) /caru'n ofer (*g.cynn.*)
Viola arvensis	field pansy	trilliw'r tir âr (*g.cynn.*)
Viola kitaibeliana	dwarf violet	trilliw mân-flodeuog (*g.cynn.*)

TAMARICACEAE - teulu'r grugbren

Tamarix gallica	tamarisk	grugbren (*g.cynn.*)
Tamarix africana	African tamarisk	grugwydden Affrica (*b.*) grugwydd Affrica

FRANKENIACEAE - teulu'r grugeilun

Frankenia laevis	sea-heath	grugeilun llyfn (*g.cynn.*)

CUCURBITACEAE - teulu bloneg y ddaear

Bryonia dioica	white bryony	bloneg y ddaear (*g.cynn.*)
Ecballium elaterium	squirting cucumber	cucumer chwystrellol (*g.*) -au chwystrellol
Cucumis melo	melon	melon (*g.*) -au
Cucumis sativus	cucumber	cucumer (*g.*) -au
Citrullus lanatus	water melon	melon dŵr (*g.*) -au dŵr
Cucurbita pepo	marrow	maro (*g.*) -s
Cucurbita maxima	pumpkin	pwmpen (*b.*) -ni

SALICACEAE - teulu'r helygen

Populus alba	white poplar	poplysen wen (*b.*) poplys gwyn (-ion)
Populus x canescens	grey poplar	poplysen lwyd (*b.*) poplys llwyd (-ion)
Populus tremula	aspen	aethnen (*b.*) -ni
Populus nigra	black-poplar	poplysen ddu (*b.*) poplys du (-on)
Populus nigra 'Italica'	Lombardy poplar	poplysen Lombardi (*b.*) poplys Lombardi
Populus 'Gigantea'	giant Lombardy poplar	poplysen enfawr (*b.*) poplys enfawr
Populus x canadensis	hybrid black-poplar	poplysen ddu groesryw (*b.*) poplys du (-on) croesryw
Populus x canadensis cylt.*Serotina*	black-Italian poplar	poplysen ddu groesryw'r Eidal (*b.*) poplys du (-on) croesryw'r Eidal
Populus x berolinensis	Berlin poplar	poplysen Berlin (*b.*) poplys Berlin
Populus x generosa	generous poplar	poplysen hael (*b.*) poplys hael
Populus x jackii	balm-of-Gilead	poplysen balm Gilead (*b.*) poplys balm Gilead
Populus trichocarpa	western balsam poplar	poplysen falmaidd y Gorllewin (*b.*) poplys balmaidd y Gorllewin
Populus 'Balsam Spire'	hybrid balsam-poplar	poplysen "Gigantea" (*b.*) poplys "Gigantea"
Populus balsamifera	eastern balsam-poplar	poplysen falmaidd y Dwyrain (*b.*) poplys balmaidd y Dwyrain
Salix pentandra	bay willow	helygen bêr (*b.*) helyg pêr
Salix x meyeriana	shiny-leaved willow	helygen loywddail (*b.*) helyg gloywddail
Salix x ehrhartiana	Ehrhart's willow	helygen Ehrhart (*b.*) helyg Ehrhart
Salix fragilis	crack-willow	helygen frau (*b.*) helyg brau
Salix x rubens	hybrid crack-willow	helygen frau groesryw (*b.*) helyg brau croesryw
Salix x pendulina	weeping crack-willow	helygen frau wylofus (*b.*) helyg brau wylofus
Salix alba	white willow	helygen wen (*b.*) helyg gwyn (-ion)
Salix x sepulcralis	weeping willow	helygen wylofus (*b.*) helyg wylofus

Salix triandra	almond willow	helygen dribrigerog (*b.*) helyg tribrigerog
Salix x mollissima	sharp-stipuled willow	helygen stipylau miniog (*b.*) helyg stipylau miniog
Salix purpurea	purple willow	helygen gochlas (*b.*) helyg cochlas
Salix x rubra	green-leaved willow	helygen werdd (*b.*) helyg gwyrdd (-ion)
Salix x forbyana	fine osier	helygen wiail fain (*b.*) helyg gwiail main
Salix daphnoides	European violet-willow	helygen borffor (*b.*) helyg porffor
Salix acutifolia	Siberian violet-willow	helygen borffor Siberia (*b.*) helyg porffor Siberia
Salix viminalis	osier	helygen wiail (*b.*) helyg gwiail
Salix elaeagnos	olive willow	helygen dail olewydd (*b.*) helyg dail olewydd
Salix udensis	Sachalin willow	helygen Sachalin (*b.*) helyg Sachalin
Salix x sericans	broad-leaved osier	helygen-wiail lydanddail (*b.*) helyg-gwiail llydanddail
Salix x calodendron	Holme willow	helygen Holme (*b.*) helyg Holme
Salix x stipularis	eared osier	helygen-wiail glustiog (*b.*) helyg-gwiail clustiog
Salix x smithiana	silky-leaved osier	helygen dail sidan (*b.*) helyg dail sidan
Salix x fruticosa	shrubby osier	helygen-wiail brysgwyddog (*b.*) helyg-gwiail prysgwyddog
Salix caprea	goat willow	helygen ddeilgron (*b.*) helyg deilgrwn
Salix cinerea	grey willow	helygen lwyd (*b.*) helyg llwyd (-ion)
Salix x laurina	laurel-leaved willow	helygen dail llawryf (*b.*) helyg dail llawryf
Salix aurita	eared willow	helygen glustiog (*b.*) helyg clustiog
Salix eriocephala	heart-leaved willow	helygen dail calon (*b.*) helyg dail calon
Salix myrsinifolia	dark-leaved willow	helygen dywyll (*b.*) helyg tywyll
Salix phylicifolia	tea-leaved willow	helygen dail te (*b.*) helyg dail te
Salix repens	creeping willow	corhelygen (*b.*) corhelyg
Salix lapponum	downy willow	helygen bannog (*b.*) helyg pannog
Salix lanata	woolly willow	helygen wlanog (*b.*) helyg gwlanog
Salix arbuscula	mountain willow	helygen y mynydd (*b.*) helyg y mynydd
Salix myrsinites	whortle-leaved willow	helygen dail llus (*b.*) helyg dail llus
Salix herbacea	dwarf willow	helygen fach (*b.*) helyg bach
Salix reticulata	net-leaved willow	helygen rwyllog (*b.*) helyg rhwyllog

BRASSICACEAE - teulu'r fresychen

Sisymbrium strictissimum	perennial rocket	roced fythol (*b.cynn.*)
Sisymbrium irio	London-rocket	roced Llundain (*b.cynn.*)
Sisymbrium loeselii	false London-rocket	coeg-roced Llundain (*b.cynn.*)
Sisymbrium volgense	Russian mustard	roced Rwsia (*b.cynn.*)
Sisymbrium altissimum	tall rocket	roced dal (*b.cynn.*)
Sisymbrium orientale	eastern rocket	roced y Dwyrain (*b.cynn.*)
Sisymbrium erysimoides	French rocket	roced Ffrainc (*b.cynn.*)
Sisymbrium officinale	hedge mustard	roced y berth (*b.cynn.*)
Descurainia sophia	flixweed	piblys (*g.cynn.*)
Alliaria petiolata	garlic mustard	garlleg y berth (*g.cynn.*)
Arabidopsis thaliana	thale cress	berwr y fagwyr (*g.cynn.*)
Isatis tinctoria	woad	llysiau lliw (*llu.*)

Bunias orientalis	warty-cabbage	bresychen ddafadennog (*b.*) bresych dafadennog
Erysimum cheiranthoides	treacle-mustard	triagl arfog (*g.cynn.*)
Erysimum marshallii	Siberian wallflower	blodyn-y-fagwyr Siberia (*g.*) blodau'r-fagwyr Siberia
Erysimum cheiri	wallflower	blodyn y fagwyr (*g.*) blodau'r fagwyr
Hesperis matronalis	dame's-violet	croes yr hwyr (*b.cynn.*)
Malcolmia maritima	Virginia stock	murwyll Virginia (*g.cynn.*)
Matthiola incana	hoary stock	murwyll lledlwyd (*g.cynn.*)
Matthiola sinuata	sea stock	murwyll arfor (*g.cynn.*)
Matthiola longipetala	night-scented stock	murwyll yr hwyr (*g.cynn.*)
Barbarea vulgaris	winter cress	berwr y gaeaf (*g.cynn.*)
Barbarea stricta	small-flowered winter-cress	berwr-y-gaeaf mân-flodeuog (*g.cynn.*)
Barbarea intermedia	medium-flowered winter-cress	berwr-y-gaeaf canolig (*g.cynn.*)
Barbarea verna	American winter-cress	berwr-y-gaeaf cynnar (*g.cynn.*)
Rorippa nasturtium-aquaticum	water-cress	berwr y dŵr (*g.cynn.*)
Rorippa x sterilis	hybrid water-cress	berwr-y-dŵr croesryw (*g.cynn.*)
Rorippa microphylla	narrow-fruited water-cress	berwr-y-dŵr bach (*g.cynn.*)
Rorippa islandica	northern yellow-cress	berwr melyn gogleddol (*g.cynn.*)
Rorippa palustris	marsh yellow cress	berwr melyn y gors (*g.cynn.*)
Rorippa x erythrocaulis	Thames yellow cress	berwr melyn Tafwys (*g.cynn.*)
Rorippa sylvestris	creeping yellow-cress	berwr melyn ymlusgol (*g.cynn.*)
Rorippa x anceps	hybrid yellow-cress	berwr melyn croesryw (*g.cynn.*)
Rorippa x armoracioides	Walthamstow yellow-cress	berwr melyn Walthamstow (*g.cynn.*)
Rorippa amphibia	great yellow-cress	berwr melyn mawr (*g.cynn.*)
Rorippa austriaca	Austrian yellow-cress	berwr melyn Awstria (*g.cynn.*)
Armoracia rusticana	horse-radish	rhuddygl poeth (*g.cynn.*)
Cardamine bulbifera	coralroot	deintwraidd (*g.cynn.*)
Cardamine heptaphylla	pinnate coralroot	deintwraidd saith deilig (*g.cynn.*)
Cardamine trifolia	trefoil cress	berwr chwerw tribys (*g.cynn.*)
Cardamine amara	large bitter-cress	berwr chwerw mawr (*g.cynn.*)
Cardamine raphanifolia	greater cuckooflower	blodyn llefrith mawr (*g.*) blodau'r llefrith mawr
Cardamine pratensis	cuckoo flower	blodyn llefrith (*g.*) blodau'r llefrith
Cardamine impatiens	narrow-leaved bitter-cress	berwr chwerw culddail (*g.cynn.*)
Cardamine flexuosa	wavy bitter-cress	berwr chwerw hyblyg (*g.cynn.*)
Cardamine hirsuta	hairy bitter-cress	berwr chwerw blewog (*g.cynn.*)
Cardamine corymbosa	New Zealand bitter-cress	berwr chwerw Seland Newydd (*g.cynn.*)
Arabis petraea	northern rock-cress	berwr-y-cerrig y Gogledd (*g.cynn.*)
Arabis arenosa	sand rock-cress	berwr-y-cerrig y tywod (*g.cynn.*)
Arabis glabra	tower mustard	berwr y cerrig (*g.cynn.*)
Arabis turrita	tower cress	berwr-y-cerrig tyrog (*g.cynn.*)
Arabis alpina	Alpine rock-cress	berwr-y-cerrig y mynydd (*g.cynn.*)
Arabis caucasica	garden arabis	berwr-y-cerrig yr ardd (*g.cynn.*)
Arabis hirsuta	hairy rock-cress	berwr-y-cerrig blewog (*g.cynn.*)
Arabis collina	rosy cress	berwr-y-cerrig gwridog (*g.cynn.*)
Arabis scabra	Bristol rock-cress	berwr-y-cerrig Bryste (*g.cynn.*)
Aubrieta deltoidea	aubretia	cynfas biws (*b.cynn.*)
Lunaria annua	honesty	swllt dyn tlawd (*g.cynn.*)
Alyssum alyssoides	small alison	alyswm bach (*g.cynn.*)
Alyssum saxatile	golden alison	alyswm aur (*g.cynn.*)
Berteroa incana	hoary alison	alyswm lledlwyd (*g.cynn.*)
Lobularia maritima	sweet alison	alyswm pêr (*g.cynn.*)

Draba aizoides	yellow whitlowgrass	llysiau'r-bystwn melyn (*llu.*)
Draba norvegica	rock whitlowgrass	llysiau'r bystwn y graig (*llu.*)
Draba incana	hoary whitlowgrass	llysiau'r-bystwn lledlwyd (*llu.*)
Draba muralis	wall whitlowgrass	llysiau'r-bystwn y muriau (*llu.*)
Erophila majuscula	hairy whitlowgrass	llysiau'r-bystwn blewog (*llu.*)
Erophila verna	common whitlowgrass	llysiau'r-bystwn cynnar (*llu.*)
Erophila glabrescens	glabrous whitlowgrass	llysiau'r-bystwn llyfn (-ion) (*llu.*)
Cochlearia megalosperma	tall scurvygrass	llwylys tal (*g.cynn.*)
Cochlearia anglica	English scurvygrass	llwylys Seisnig (*g.cynn.*)
Cochlearia pyrenaica	Pyrenean scurvygrass	llwylys y Pyreneau (*g.cynn.*)
Cochlearia officinalis	common scurvygrass	llwylys cyffredin (*g.cynn.*)
Cochlearia micacea	mountain scurvygrass	llwylys y mynydd (*g.cynn.*)
Cochlearia danica	Danish scurvygrass	llwylys Denmarc (*g.cynn.*)
Camelina sativa	gold of pleasure	cydlin (*g.cynn.*)
Camelina microcarpa	lesser gold of pleasure	cydlin bach (*g.cynn.*)
Neslia paniculata	ball mustard	neslia bellennog (*b.cynn.*)
Capsella bursa-pastoris	shepherd's purse	pwrs y bugail (*g.cynn.*)
Capsella rubella	pink shepherd's purse	pwrs-y-bugail gwridog (*g.cynn.*)
Hornungia petraea	hutchinsia	beryn y graig (*g.cynn.*)
Jonopsidium acaule	violet cress	berwr penlas (*g.cynn.*)
Teesdalia nudicaulis	shepherd's cress	berwr y bugail (*g.cynn.*)
Thlaspi arvense	field penny-cress	codywasg y maes (*g.cynn.*)
Thlaspi alliaceum	garlic penny-cress	codywasg garllegog (*g.cynn.*)
Thlaspi perfoliatum	perfoliate penny-cress	codywasg trydwll (*g.cynn.*)
Thlaspi caerulescens	alpine penny-cress	codywasg y mwynfeydd (*g.cynn.*)
Thlaspi macrophyllum	Caucasian penny-cress	codywasg y Cawcasws (*g.cynn.*)
Iberis sempervirens	perennial candytuft	beryn bytholwyrdd (*g.cynn.*)
Iberis amara	wild candytuft	beryn chwerw (*g.cynn.*)
Iberis umbellata	garden candytuft	beryn yr ardd (*g.cynn.*)
Lepidium sativum	garden cress	pupurlys yr ardd (*g.cynn.*)
Lepidium campestre	field pepperwort	pupurlys y maes (*g.cynn.*)
Lepidium heterophyllum	Smith's pepperwort	pupurlys amryddail (*g.cynn.*)
Lepidium virginicum	least pepperwort	pupurlys bach (*g.cynn.*)
Lepidium bonariense	Argentine pepperwort	pupurlys yr Ariannin (*g.cynn.*)
Lepidium ruderale	narrow-leaved pepperwort	pupurlys culddail (*g.cynn.*)
Lepidium hyssopifolium	African pepperwort	pupurlys Affrica (*g.cynn.*)
Lepidium perfoliatum	perfoliate pepperwort	pupurlys trydwll (*g.cynn.*)
Lepidium latifolium	dittander	pupurlys llydanddail (*g.cynn.*)
Lepidium graminifolium	tall pepperwort	pupurlys tal (*g.cynn.*)
Lepidium draba	hoary cress	pupurlys llwyd (*g.cynn.*)
Coronopus squamatus	swine-cress	olbrain (*g.cynn.*)
Coronopus didymus	lesser swine-cress	olbrain bach (*g.cynn.*)
Subularia aquatica	awlwort	mynawydlys (*g.cynn.*)
Conringia orientalis	hare's ear mustard	roced clust ysgyfarnog (*b.cynn.*)
Diplotaxis tenuifolia	perennial wall-rocket	roced-y-muriau meinddail (*b.cynn.*)
Diplotaxis muralis	annual wall-rocket	roced-y-muriau'r tywod (*b.cynn.*)
Diplotaxis erucoides	white wall-rocket	roced wen (*b.cynn.*)
Brassica oleracea	cabbage	bresychen wyllt (*b.*) bresych gwyllt (-ion)
Brassica napus	rape	rêp (*g.cynn.*)
ssp. oleifera	oil-seed rape	rêp had olew (*g.cynn.*)
ssp. rapifera	swede	rwden (*b.*) rwdins /swedsen (*b.*) swêds
Brassica rapa		

ssp. campestris	wild turnip	erfinen wyllt (*b.*) erfin gwyllt (-ion)
ssp. oleifera	turnip rape	meipen rêp (*b.*) maip rêp / erfinen rêp (*b.*) erfin rêp
ssp. rapa	turnip	meipen (*b.*) maip /erfinen (*b.*) erfin
Brassica tournefortii	pale cabbage	bresychen welw (*b.*) bresych gwelw (-on)
Brassica juncea	Chinese mustard	mwstard Tsieina (*g.cynn.*)
Brassica carinata	Ethiopian rape	rêp Ethiopia (*g.cynn.*)
Brassica elongata	long-stalked rape	rêp hirgoes (*g.cynn.*)
Brassica nigra	black mustard	mwstard du (*g.cynn.*)
Sinapis arvensis	charlock	mwstard gwyllt (*g.cynn.*)
Sinapis alba	white mustard	mwstard gwyn (*g.cynn.*)
Eruca vesicaria	garden rocket	roced yr ardd (*b.cynn.*)
Erucastrum gallicum	hairy rocket	roced flewog (*b.cynn.*)
Coincya monensis		
ssp. monensis	Isle of Man cabbage	bresychen Manaw (*b.*) bresych Manaw
ssp. cheiranthos	wallflower cabbage	bresychen y fagwyr (*b.*) bresych y fagwyr
Coincya wrightii	Lundy cabbage	bresychen Ynys Wair (*b.*) bresych Ynys Wair
Hirschfeldia incana	hoary mustard	mwstard llwyd (*g.cynn.*)
Cakile maritima	sea rocket	hegydd arfor (*g.cynn.*)
Rapistrum rugosum	bastard cabbage	bresychen ddeilgrech (*b.*) bresych deilgrych
Rapistrum perenne	steppe cabbage	bresychen y paith (*b.*) bresych y paith
Crambe maritima	sea-kale	ysgedd arfor (*g.cynn.*)
Crambe cordifolia	greater sea-kale	ysgedd arfor mawr (*g.cynn.*)
Raphanus raphanistrum	radish	rhuddygl (*llu.*)
ssp. raphanistrum	wild radish	rhuddygl gwyllt (-ion) (*llu.*)
ssp. maritimus	sea radish	rhuddygl arfor (*llu.*)
Raphanus sativus	garden radish	rhuddygl y gerddi (*llu.*)

RESEDACEAE — teulu'r felengu

Reseda luteola	weld	melengu (*b.cynn.*)
Reseda alba	white mignonette	melengu wen (*b.cynn.*)
Reseda lutea	wild mignonette	melengu wyllt ddi-sawr (*b.cynn.*)
Reseda phyteuma	corn mignonette	melengu'r ŷd (*b.cynn.*)
Reseda odorata	garden mignonette	melengu bêr (*b.cynn.*)

EMPETRACEAE — teulu'r greiglusen

Empetrum nigrum	crowberry	creiglusen (*g.*) creiglus
ssp. nigrum	crowberry	creiglusen (*b.*) creiglus/ llus y brain (*llu.*)
ssp. hermaphroditum	mountain crowberry	creiglusen ddeurywiol (*b.*) creiglus deurywiol

ERICACEAE — teulu'r grug

Ledum palustre	Labrador-tea	te Labrador (*g.cynn.*)
Rhododendron ponticum	rhododendron	rhododendron wyllt (*b.*)

Sorbus devoniensis		cerddinen Dyfnaint (*b.*) cerddin Dyfnaint
Sorbus croceocarpa		cerddinen ffrwythau saffrwm (*b.*) cerddin ffrwythau saffrwm
Sorbus bristoliensis		cerddinen Bryste (*b.*) cerddin Bryste
Sorbus latifolia		cerddinen lydanddail (*b.*) cerddin llydanddail
Sorbus torminalis	wild service-tree	cerddinen wyllt (*b.*) cerddin gwyllt (-ion)
Aronia arbutifolia	red chokeberry	llwyn aeron tagu coch (-ion) (*g.*) -i aeron tagu coch (-ion)
Aronia melanocarpa	black chokeberry	llwyn aeron tagu du (-on) (*g.*) -i aeron tagu du (-on)
Amelanchier lamarckii	Juneberry	criafolen Mehefin (*b.*) criafol Mehefin
Photinia davidiana	stranvaesia	stranfaesia (*g.cynn.*)
Cotoneaster monopyrenus	one-stoned cotoneaster	cotoneaster ungarreg (*g.cynn.*)
Cotoneaster tomentellus	short-felted cotoneaster	cotoneaster pannog (*g.cynn.*)
Cotoneaster ellipticus	Lindley's cotoneaster	cotoneaster Lindley (*g.cynn.*)
Cotoneaster hissaricus	circular-leaved cotoneaster	cotoneaster Hisar (*g.cynn.*)
Cotoneaster ignotus	black-grape cotoneaster	cotoneaster aeron dulas (*g.cynn.*)
Cotoneaster affinis	purpleberry cotoneaster	cotoneaster aeron porffor (*g.cynn.*)
Cotoneaster obtusus	Dartford cotoneaster	cotoneaster Dartford (*g.cynn.*)
Cotoneaster bacillaris	open-fruited cotoneaster	cotoneaster aeron penagored (*g.cynn.*)
Cotoneaster transens	Godalming cotoneaster	cotoneaster Godalming (*g.cynn.*)
Cotoneaster cooperi	Cooper's cotoneaster	cotoneaster Cooper (*g.cynn.*)
Cotoneaster frigidus	tree cotoneaster	cotoneaster talsyth (*g.cynn.*)
Cotoneaster x watereri	Waterer's cotoneaster	cotoneaster Waterer (*g.cynn.*)
Cotoneaster salicifolius	willow-leaved cotoneaster	cotoneaster dail helyg (*g.cynn.*)
Cotoneaster 'Hybridus Pendulus'	weeping cotoneaster	cotoneaster wylofus (*g.cynn.*)
Cotoneaster henryanus	Henry's cotoneaster	cotoneaster Henry (*g.cynn.*)
Cotoneaster hylmoei	Hylmö's cotoneaster	cotoneaster Hylmö (*g.cynn.*)
Cotoneaster dammeri	bearberry cotoneaster	cotoneaster Dammer (*g.cynn.*)
Cotoneaster x suecicus	Swedish cotoneaster	cotoneaster Sweden (*g.cynn.*)
Cotoneaster pannosus	silverleaf cotoneaster	cotoneaster arianddail (*g.cynn.*)
Cotoneaster lacteus	late cotoneaster	cotoneaster diweddar (*g.cynn.*)
Cotoneaster microphyllus	small-leaved cotoneaster	cotoneaster manddail (*g.cynn.*)
Cotoneaster conspicuus	Tibetan cotoneaster	cotoneaster Tibet (*g.cynn.*)
Cotoneaster astrophoros	starry cotoneaster	cotoneaster serennog (*g.cynn.*)
Cotoneaster sherriffii	Sherriff's cotoneaster	cotoneaster Sherriff (*g.cynn.*)
Cotoneaster rotundifolius	round-leaved cotoneaster	cotoneaster deilgrwn (*g.cynn.*)
Cotoneaster cochleatus	Yunnan cotoneaster	cotoneaster Yunnan (*g.cynn.*)
Cotoneaster cashmiriensis	Kashmir cotoneaster	cotoneaster Cashmir (*g.cynn.*)
Cotoneaster prostratus	procumbent cotoneaster	cotoneaster dail bocs (*g.cynn.*)
Cotoneaster marginatus	fringed cotoneaster	cotoneaster eddïog (*g.cynn.*)
Cotoneaster congestus	congested cotoneaster	cotoneaster trwchus (*g.cynn.*)
Cotoneaster integrifolius	entire-leaved cotoneaster	cotoneaster cyfanddail (*g.cynn.*)
Cotoneaster linearifolius	thyme-leaved cotoneaster	cotoneaster culddail (*g.cynn.*)
Cotoneaster nitidus	distichous cotoneaster	cotoneaster dwyres (*g. cynn.*)
Cotoneaster adpressus	creeping cotoneaster	cotoneaster ymgripiol (*g. cynn.*)
Cotoneaster apiculatus	apiculate cotoneaster	cotoneaster pigfain (*g.cynn.*)
Cotoneaster nanshan	dwarf cotoneaster	cotoneaster corraidd (*g.cynn.*)
Cotoneaster horizontalis	wall cotoneaster	cotoneaster asgwrn pysgodyn (*g.cynn.*)

Cotoneaster atropurpureus	purple-flowered cotoneaster	cotoneaster blodau porffor (*g.cynn.*)
Cotoneaster hjelmqvistii	Hjelmqvist's cotoneaster	cotoneaster Hjelmqvist (*g.cynn.*)
Cotoneaster ascendens	ascending cotoneaster	cotoneaster esgynnol (*g.cynn.*)
Cotoneaster divaricatus	spreading cotoneaster	cotoneaster ymledol (*g.cynn.*)
Cotoneaster nitens	few-flowered cotoneaster	cotoneaster prinflodeuog (*g.cynn.*)
Cotoneaster lucidus	shiny cotoneaster	cotoneaster gloywddail (*g.cynn.*)
Cotoneaster villosulus	Lleyn cotoneaster	cotoneaster Llŷn (*g.cynn.*)
Cotoneaster laetevirens	Ampfield cotoneaster	cotoneaster irddail (*g.cynn.*)
Cotoneaster pseudoambiguus	Kangting cotoneaster	cotoneaster Kangting (*g.cynn.*)
Cotoneaster hummelii	Hummel's cotoneaster	cotoneaster Hummel (*g.cynn.*)
Cotoneaster hsingshangensis	Hsing-Shan cotoneaster	cotoneaster Hsing-Shan (*g.cynn.*)
Cotoneaster cambricus	wild cotoneaster	cotoneaster y Gogarth (*g.cynn.*)
Cotoneaster mucronatus	mucronate cotoneaster	cotoneaster blaenfain (*g.cynn.*)
Cotoneaster simonsii	Himalayan cotoneaster	cotoneaster Simons (*g.cynn.*)
Cotoneaster tengyuehensis	Tengyueh cotoneaster	cotoneaster Tengyueh (*g.cynn.*)
Cotoneaster bullatus	hollyberry cotoneaster	cotoneaster deilgrych (*g.cynn.*)
Cotoneaster rehderi	bullate cotoneaster	cotoneaster deilgrych Rehder (*g.cynn.*)
Cotoneaster boisianus	Bois's Cotoneaster	cotoneaster Bois (*g.cynn.*)
Cotoneaster obscurus	obscure Cotoneaster	cotoneaster tywyll (*g.cynn.*)
Cotoneaster moupinensis	Moupin cotoneaster	cotoneaster Moupin (*g.cynn.*)
Cotoneaster franchetii	Franchet's cotoneaster	cotoneaster Franchet (*g.cynn.*)
Cotoneaster wardii	Ward's cotoneaster	cotoneaster Ward (*g.cynn.*)
Cotoneaster mairei	Maire cotoneaster	cotoneaster Maire (*g.cynn.*)
Cotoneaster sternianus	Stern's cotoneaster	cotoneaster Stern (*g.cynn.*)
Cotoneaster vilmorinianus	Vilmorin's cotoneaster	cotoneaster Vilmorin (*g.cynn.*)
Cotoneaster insculptus	engraved cotoneaster	cotoneaster ysgythrog (*g.cynn.*)
Cotoneaster amoenus	beautiful cotoneaster	cotoneaster hardd (*g.cynn.*)
Cotoneaster dielsianus	Diels' cotoneaster	cotoneaster Diels (*g.cynn.*)
Cotoneaster splendens	showy cotoneaster	cotoneaster gwych (*g.cynn.*)
Cotoneaster zabelii	cherryred cotoneaster	cotoneaster Zabel (*g.cynn.*)
Cotoneaster fangianus	Fang's cotoneaster	cotoneaster Fang (*g.cynn.*)
Pyracantha coccinea	firethorn	llosgddraenen (*b.*) llosgddrain
Pyracantha rogersiana	Asian firethorn	llosgddraenen Asia (*b.*) llosgddrain Asia
Mespilus germanica	medlar	merysbren (*g.*) -nau
Crataegus submollis	hairy cockspurthorn	draenen wen flewog (*b.*) drain gwyn (-ion) blewog
Crataegus coccinioides	large-flowered cockspurthorn	draenen wen fras-flodeuog (*b.*) drain gwyn (-ion) bras-flodeuog
Crataegus pedicellata	pear-fruited cockspurthorn	draenen wen aeron gellygaidd (*b.*) drain gwyn(-ion) aeron gellygaidd
Crataegus crus-galli	cockspurthorn	draenen wen sbardunog (*b.*) drain gwyn (-ion) sbardunog
Crataegus persimilis	broad-leaved cockspurthorn	draenen wen lydanddail (*b.*) drain gwyn (-ion) llydanddail
Crataegus succulenta	round-fruited cockspurthorn	draenen wen aeron crynion (*b.*) drain gwyn (-ion) aeron crynion
Crataegus monogyna	hawthorn	draenen wen (*b.*) drain gwyn (-ion)
Crataegus laevigata	Midland hawthorn	draenen wen lefn (*b.*) drain gwyn (-ion) llyfn (-ion)
Crataegus heterophylla	various-leaved hawthorn	draenen wen amryddail (*b.*) drain gwyn (-ion) amryddail

Crataegus orientalis	Oriental hawthorn	draenen wen y Dwyrain (*b.*) drain gwyn (-ion) y Dwyrain

MIMOSACEAE - teulu'r mimosa

Acacia melanoxylon	Australian blackwood	acasia pren du (*b./g.*) acasiâu pren du

FABACEAE - teulu'r bysen

Robinia pseudoacacia	false-acacia	coeg-acasia (*g.*) coeg-acasiâu
Phaseolus vulgaris	French bean	ffeuen Ffrengig (*b.*) ffa Ffrengig
Phaseolus coccineus	runner bean	ffeuen ddringo (*b.*) ffa dringo
Vigna radiata	mung bean	ffeuen fwng (*b.*) ffa mwng
Glycine max	soyabean	ffeuen soia (*b.*) ffa soia
Psoralea americana	scurfy bean	pysen gramennog (*b.*) pys cramennog
Galega officinalis	goat's rue	ruw'r geifr (*g.cynn.*)
Colutea arborescens	bladder-senna	senna codog (*g.cynn.*)
Colutea x media	orange bladder-senna	senna codog oren (*g.cynn.*)
Astragalus cicer	chick-pea milk-vetch	llaethwyg ffacbys (*g.cynn.*)
Astragalus danicus	purple milk-vetch	llaethwyg rhuddlas (*g.cynn.*)
Astragalus alpinus	Alpine milk-vetch	llaethwyg y mynydd (*g.cynn.*)
Astragalus glycyphyllos	wild liquorice	llaethwyg licoris (*g. cynn.*)
Astragalus odoratus	lesser milk-vetch	llaethwyg bach (*g. cynn.*)
Oxytropis halleri	purple oxytropis	meingel porffor (*g. cynn.*)
Oxytropis campestris	yellow oxytropis	meingel gwelw (*g. cynn.*)
Onobrychis viciifolia	sainfoin	y godog (*b.cynn.*)
Anthyllis vulneraria	kidney vetch	plucen felen (*b.cynn.*)
Lotus glaber	narrow-leaved bird's-foot-trefoil	pysen-y-ceirw gulddail (*b.cynn.*) pys-y-ceirw culddail
Lotus corniculatus	common bird's-foot-trefoil	pysen-y-ceirw (*b.cynn.*) pys-y-ceirw
Lotus pedunculatus	greater bird's-foot-trefoil	pysen-y-ceirw fawr (*b.cynn.*) pys-y-ceirw mawr (-ion)
Lotus subbiflorus	hairy bird's-foot-trefoil	pysen-y-ceirw flewog (*b.cynn.*) pys-y-ceirw blewog
Lotus angustissimus	slender bird's-foot trefoil	pysen-y-ceirw eiddil (*b.cynn.*) pys-y-ceirw eiddil
Tetragonolobus maritimus	dragon's-teeth	coden onglog (*b.*) codau onglog
Ornithopus compressus	yellow serradella	troed-yr-aderyn melyn (*g.cynn.*)
Ornithopus sativus	seradella	seradela (*g.cynn.*)
Ornithopus perpusillus	bird's-foot	troed yr aderyn (*g.cynn.*)
Ornithopus pinnatus	orange bird's-foot	troed-yr-aderyn oren (*g.cynn.*)
Coronilla valentina	shrubby scorpion-vetch	ffacbysen sgorpion (*b.*) ffacbys sgorpion
Coronilla scorpioides	annual scorpion-vetch	ffacbysen sgorpion unflwydd (*b.*) ffacbys sgorpion unflwydd
Hippocrepis emerus	scorpion senna	ffacbysen bedol brysgwyddog (*b.*) ffacbys pedol prysgwyddog
Hippocrepis comosa	horseshoe vetch	ffacbysen bedol (*b.*) ffacbys pedol
Securigera varia	crown vetch	ffacbysen goronog (*b.*) ffacbys coronog
Scorpiurus muricatus	caterpillar plant	ffacbysen arw (*b.*) ffacbys garw/geirwon
Vicia orobus	wood bitter-vetch	ffacbysen chwerw (*b.*)

		ffacbys chwerw
Vicia cracca	tufted vetch	ffacbysen y berth (*b.*) ffacbys y berth
Vicia tenuifolia	fine-leaved vetch	ffacbysen feinddail (*b.*) ffacbys meinddail
Vicia sylvatica	wood vetch	ffacbysen y coed (*b.*) ffacbys y coed
Vicia villosa	fodder vetch	ffacbysen y tir âr (*b.*) ffacbys y tir âr
Vicia benghalensis	purple vetch	ffacbysen borffor (*b.*) ffacbys porffor
Vicia hirsuta	hairy tare	ffacbysen flewog (*b.*) ffacbys blewog
Vicia parviflora	slender tare	ffacbysen fân-flodeuog (*b.*) ffacbys mân-flodeuog
Vicia tetrasperma	smooth tare	ffacbysen lefn (*b.*) ffacbys llyfn (-ion)
Vicia sepium	bush vetch	ffacbysen y cloddiau (*b.*) ffacbys y cloddiau
Vicia pannonica	Hungarian vetch	ffacbysen Hwngaria (*b.*) ffacbys Hwngaria
Vicia sativa	common vetch	ffacbysen (*b.*) ffacbys
ssp. sativa	cultivated vetch	pupysen (*b.*) pupys
Vicia lathyroides	spring vetch	ffacbysen y gwanwyn (*b.*) ffacbys y gwanwyn
Vicia lutea	yellow vetch	ffacbysen felen (*b.*) ffacbys melyn (-ion)
Vicia bithynica	Bythinian vetch	ffacbysen ruddlas (*b.*) ffacbys rhuddlas
Vicia narbonensis	Narbonne vetch	ffacbysen Narbonne (*b.*) ffacbys Narbonne
Vicia faba	broad bean	ffeuen y gerddi (*b.*) ffa'r gerddi
Lens culinaris	lentil	corbysen (*b.*) corbys
Lathyrus niger	black pea	ytbysen ddu (*b.*) ytbys du (-on)
Lathyrusjaponicus ssp. maritimus	sea pea	ytbysen arfor
Lathyrus linifolius	bitter vetch	ytbysen y coed (*b.*) ytbys y coed
Lathyrus pratensis	meadow vetchling	ytbysen y ddôl (*b.*) ytbys y ddôl
Lathyrus palustris	marsh pea	ytbysen y gors (*b.*) ytbys y gors
Lathyrus tuberosus	tuberous pea	ytbysen gnapiog (*b.*) ytbys cnapiog
Lathyrus grandiflorus	two-flowered everlasting-pea	ytbysen fythol fawr-flodeuog (*b.*) ytbys bythol mawr-flodeuog
Lathyrus sylvestris	narrow-leaved everlasting-pea	ytbysen fythol gulddail (*b.*) ytbys bythol culddail
Lathyrus latifolius	broad-leaved everlasting-pea	ytbysen fythol lydanddail (*b.*) ytbys fythol llydanddail
Lathyrus heterophyllus	Norfolk everlasting-pea	ytbysen Norfolk (*b.*) ytbys Norfolk
Lathyrus odoratus	sweet pea	pysen bêr (*b.*) pys pêr
Lathyrus sativus	Indian pea	ytbysen India (*b.*) ytbys India
Lathyrus annuus	fodder pea	ytbysen tir âr (*b.*) ytbys tir âr
Lathyrus hirsutus	hairy vetchling	ytbysen flewog (*b.*) ytbys blewog
Lathyrus nissolia	grass vetchling	ytbysen feinddail (*b.*) ytbys meinddail
Lathyrus aphaca	yellow vetchling	ytbysen felen (*b.*) ytbys melyn (-ion)
Pisum sativum	garden pea	pysen yr ardd (*b.*) pys yr ardd
Cicer arietinum	chick pea	gwygbysen (*b.*) gwygbys
Ononis natrix	yellow restharrow	tagaradr melyn (*g.cynn.*)
Ononis reclinata	small restharrow	tagaradr bach (*g.cynn.*)
Ononis spinosa	spiny restharrow	tagaradr pigog (*g.cynn.*)
Ononis repens	common restharrow	tagaradr (*g.cynn.*)

Ononis mitissima	Mediterranean restharrow	tagaradr Môr y Canoldir (*g.cynn.*)
Ononis alopecuroides	Salzmann's restharrow	tagaradr Salzmann (*g.cynn.*)
Ononis baetica	Andalucian restharrow	tagaradr Andalucia (*g.cynn.*)
Melilotus altissimus	tall melilot	yr wydro dal (*b.cynn.*)
Melilotus albus	white melilot	yr wydro wen (*b.cynn.*)
Melilotus officinalis	ribbed melilot	yr wydro resog (*b.cynn.*)
Melilotus indicus	small melilot	yr wydro blodau mân (*b.cynn.*)
Melilotus sulcatus	furrowed melilot	yr wydro rychog (*b.cynn.*)
Trigonella corniculata	sickle-fruited fenugreek	ffenigrig corniog (*g.cynn.*)
Trigonella caerulea	blue fenugreek	ffenigrig glas (*g.cynn.*)
Trigonella foenum-graecum	fenugreek	ffenigrig (*g.cynn.*)
Medicago lupulina	black medick	maglys du (*g.cynn.*)
Medicago sativa		
ssp. falcata	sickle medick	maglys corniog (*g.cynn.*)
ssp. varia	sand lucerne	maglys y tywod (*g.cynn.*)
ssp. sativa	lucerne	maglys rhuddlas (*g.cynn.*)/ alffalffa (*g.cynn.*)
Medicago truncatula	strong-spined medick	maglys pigog (*g.cynn.*)
Medicago laciniata	tattered medick	maglys carpiog (*g.cynn.*)
Medicago minima	bur medick	maglys bach (*g.cynn.*)
Medicago praecox	early medick	maglys cynnar (*g.cynn.*)
Medicago polymorpha	toothed medick	maglys eddïog (*g.cynn.*)
Medicago arabica	spotted medick	maglys brith (*g.cynn.*)
Trifolium ornithopodioides	bird's foot clover	corfeillionen wen (*b.*) corfeillion gwyn (-ion)
Trifolium repens	white clover	meillionen wen (*b.*) meillion gwyn (-ion)
Trifolium occidentale	western clover	meillionen y Gorllewin (*b.*) meillion y Gorllewin
Trifolium hybridum	Alsike clover	meillionen Sweden (*b.*) meillion Sweden
Trifolium cernuum	nodding clover	meillionen bendrom (*b.*) meillion pendrwm
Trifolium glomeratum	clustered clover	meillionen glystyrog (*b.*) meillion clystyrog
Trifolium suffocatum	suffocated clover	meillionen fygedig (*b.*) meillion mygedig
Trifolium strictum	upright clover	meillionen unionsyth (*b.*) meillion unionsyth
Trifolium fragiferum	strawberry clover	meillionen fefusaidd (*b.*) meillion mefusaidd
Trifolium resupinatum	reversed clover	meillionen wrthdro (*b.*) meillion gwrthdro
Trifolium tomentosum	woolly clover	meillionen wlanog (*b.*) meillion gwlanog
Trifolium aureum	large trefoil	meillionen hopysaidd fawr (*b.*) meillion hopysaidd mawr (-ion)
Trifolium campestre	hop trefoil	meillionen hopysaidd (*b.*) meillion hopysaidd
Trifolium dubium	lesser trefoil	meillionen hopysaidd fach (*b.*) meillion hopysaidd bach
Trifolium micranthum	slender trefoil	meillionen hopysaidd eiddil (*b.*) meillion hopysaidd eiddil
Trifolium pratense	red clover	meillionen goch (*b.*)

		meillion coch (-ion)
Trifolium medium	zigzag clover	meillionen igam-ogam (*b.*) meillion igam-ogam
Trifolium ochroleucon	sulphur clover	meillionen welw (*b.*) meillion gwelw
Trifolium pannonicum	Hungarian clover	meillionen Hwngaria (*b.*) meillion Hwngaria
Trifolium stellatum	starry clover	meillionen serennog (*b.*) meillion serennog
Trifolium incarnatum *ssp. incarnatum*	crimson clover	meillionen waetgoch (*b.*) meillion gwaetgoch
Trifolium striatum	knotted clover	meillionen rychog (*b.*) meillion rhychog
Trifolium bocconei	twin-headed clover	meillionen ddeuben (*b.*) meillion deuben
Trifolium scabrum	rough clover	meillionen arw (*b.*) meillion garw/geirwon
Trifolium hirtum	rose clover	meillionen flewog (*b.*) meillion blewog
Trifolium lappaceum	bur clover	meillionen wrychog (*b.*) meillion gwrychog
Trifolium arvense	hare's foot clover	meillionen gedennog (*b.*) meillion cedennog
Trifolium angustifolium	narrow clover	meillionen gulddail (*b.*) meillion culddail
Trifolium squamosum	sea clover	meillionen y morfa (*b.*) meillion y morfa
Trifolium alexandrinum	Egyptian clover	meillionen yr Aifft (*b.*) meillion yr Aifft
Trifolium echinatum	hedgehog clover	meillionen bigog (*b.*) meilllion pigog
Trifolium subterraneum	subterranean clover	meillionen ymguddiol (*b.*) meillion ymguddiol
Thermopsis montana	false lupin	ffug fysedd-y-blaidd (*llu.*)
Lupinus arboreus	tree lupin	coeden bysedd y blaidd (*b.*) coed bysedd y blaidd
Lupinus x regalis	Russell lupin	bysedd-y-blaidd Russell (*llu.*)
Lupinus polyphyllus	garden lupin	bysedd-y-blaidd y gerddi (*llu.*)
Lupinus nootkatensis	Nootka lupin	bysedd-y-blaidd gwyllt (-ion) (*llu.*)
Lupinus albus	white lupin	bysedd-y-blaidd gwyn (-ion) (*llu.*)
Lupinus angustifolius	narrow-leaved lupin	bysedd-y-blaidd culddail (*llu.*)
Laburnum anagyroides	laburnum	tresi aur (*llu.*)
Laburnum alpinum	Scottish laburnum	tresi aur Alpaidd (*llu.*)
Cytisus nigricans	black broom	banhadlen ddu (*b.*) banadl du (-on)
Cytisus multiflorus	white broom	banhadlen wen (*b.*) banadl gwyn (-ion)
Cytisus striatus	hairy fruited broom	banhadlen godflewog (*b.*) banadl codflewog
Cytisus scoparius	broom	banhadlen (*b.*) banadl
Spartium junceum	Spanish broom	banhadlen Sbaen (*b.*) banadl Sbaen
Genista monspessulana	Montpellier broom	banhadlen Montpellier (*b.*) banadl Montpellier
Genista tinctoria	dyer's greenweed	melynog y waun (*g.cynn.*)
Genista pilosa	hairy greenweed	corfanhadlen flewog (*b.*) corfanadl blewog
Genista anglica	petty whin	cracheithinen (*b.*) cracheithin
Genista hispanica	Spanish gorse	eithinen Sbaen (*b.*) eithin Sbaen
Genista aetnensis	Mount Etna broom	banhadlen Etna (*b.*)

		banadl Etna
Ulex europaeus	gorse	eithinen Ffrengig (*b.*) eithin Ffrengig
Ulex gallii	western gorse	eithinen fân (*b.*) eithin mân
Ulex minor	dwarf gorse	coreithinen (*b.*) coreithin

ELAEAGNACEAE - teulu rhafnwydden y môr

Hippophae rhamnoides	sea buckthorn	rhafnwydden y môr (*b.*) rhafnwydd y môr
Elaeagnus umbellata	spreading oleaster	oleaster (*g.cynn.*)
Elaeagnus macrophylla	broad-leaved oleaster	oleaster llydanddail (*g.cynn.*)

HALORAGACEAE - teulu'r myrdd-ddail

Haloragis micrantha	creeping raspwort	haloragis (*g.cynn.*)
Myriophyllum verticillatum	whorled milfoil	myrdd-ddail troellennog (*llu.*)
Myriophyllum aquaticum	parrot's feather	pluen parot (*b.cynn.*)
Myriophyllum spicatum	spiked water milfoil	myrdd-ddail ysbigog (*llu.*)
Myriophyllum alterniflorum	alternate water milfoil	myrdd-ddail blodau bob yn ail (*llu.*)

GUNNERACEAE - teulu'r rheonllys mawr

Gunnera tinctoria	giant-rhubarb	rheonllys mawr (*g.cynn.*)
Gunnera manicata	Brazilian giant-rhubarb	rheonllys mawr Brasil (*g.cynn.*)

LYTHRACEAE - teulu llysiau'r milwr

Lythrum salicaria	purple loosestrife	llysiau'r-milwr coch (*llu.*)
Lythrum junceum	false grass-poly	ffug-wyarllys (*g.cynn.*)
Lythrum hyssopifolium	grass-poly	gwyarllys dail isop (*g.cynn.*)
Lythrum portula	water purslane	troed y gywen (*g.cynn.*)

THYMELAEACEAE - teulu'r bliwlys

Daphne mezereum	mezereon	bliwlys (*g.cynn.*)
Daphne laureola	spurge laurel	clust yr ewig (*b.cynn.*)

MYRTACEAE - teulu'r fyrtwydden

Leptospermum scoparium	broom tea-tree	llwyn te (*g.*) -i te
Leptospermum lanigerum	woolly tea-tree	llwyn-te gwlanog (*g.*) -i-te gwlanog
Eucalyptus gunnii	cider gum	ewcalyptws Gunn (*g.cynn.*)
Eucalyptus urnigera	urn-fruited gum	ewcalyptws ffrwythau wrn (*g.cynn.*)
Eucalyptus globulus	southern blue-gum	ewcalyptws glas (*g.cynn.*)
Eucalyptus johnstonii	Johnston's gum	ewcalyptws Johnston (*g.cynn.*)
Eucalyptus viminalis	ribbon gum	ewcalyptws gwialennog (*g.cynn.*)
Eucalyptus pulchella	white peppermint-gum	ewcalyptws hardd (*g.cynn.*)
Luma apiculata	Chilean myrtle	myrtwydden Chile (*b.*) myrtwydd Chile

ONAGRACEAE - teulu'r helyglys

Epilobium hirsutum	great willowherb	helyglys pêr (*g.cynn.*)
Epilobium parviflorum	hoary willowherb	helyglys lledlwyd (*g.cynn.*)
Epilobium montanum	broad-leaved willowherb	helyglys llydanddail (*g.cynn.*)
Epilobium lanceolatum	spear-leaved willowherb	helyglys gwaywddail (*g.cynn.*)
Epilobium tetragonum	square-stalked willowherb	helyglys pedronglog (*g.cynn.*)
Epilobium obscurum	short-fruited willowherb	helyglys byrgodog (*g.cynn.*)
Epilobium roseum	pale willowherb	helyglys gwelw (*g.cynn.*)
Epilobium ciliatum	American willowherb	helyglys America (*g.cynn.*)
Epilobium palustre	marsh willowherb	helyglys y gors (*g.cynn.*)
Epilobium anagallidifolium	Alpine willowherb	helyglys y mynydd (*g.cynn.*)
Epilobium alsinifolium	chickweed willowherb	helyglys dail gwlydd (*g.cynn.*)
Epilobium brunnescens	New Zealand willowherb	helyglys Seland Newydd (*g.cynn.*)
Epilobium pedunculare	rockery willowherb	helyglys yr ardd gerrig (*g.cynn.*)
Epilobium komarovianum	bronzy willowherb	helyglys dail efydd (*g.cynn.*)
Chamerion angustifolium	rosebay willowherb	helyglys hardd (*g.cynn.*)
Ludwigia palustris	Hampshire purslane	helyglys y Fforest Newydd (*g.cynn.*)
Oenothera glazioviana	large-flowered evening-primrose	melyn-yr-hwyr mawr (*g.cynn.*)
Oenothera x fallax	intermediate evening-primrose	melyn-yr-hwyr canolig (*g.cynn.*)
Oenothera biennis	common evening-primrose	melyn yr hwyr (*g.cynn.*)
Oenothera cambrica	small-flowered evening-primrose	melyn-yr-hwyr mân-flodeuog (*g.cynn.*)
Oenothera stricta	fragrant evening-primrose	melyn-yr-hwyr pêr (*g.cynn.*)
Clarkia unguiculata	clarkia	clarcia (*g.cynn.*)
Clarkia amoena	godetia	godetia (*g.cynn.*)
Fuchsia magellanica	fuchsia	ffiwsia (*g.*) ffiwsiâu/coeden ddrops (*b.*) coed drops
Fuchsia 'Corallina'	largeflowered fuchsia	ffiwsia Llŷn (*g.cynn.*) ffiwsiâu Llŷn
Circaea lutetiana	enchanter's nightshade	llysiau Steffan (*llu.*)
Circaea intermediate	upland enchanter's nightshade	llysiau-Steffan yr ucheldir (*llu.*)
Circaea alpina	Alpine enchanter's-nightshade	llysiau-Steffan y mynydd (*llu.*)

CORNACEAE - teulu'r cwyrosyn

Cornus sanguinea	dogwood	cwyrosyn (*g.*) cwyros
Cornus sericea	red-osier dogwood	cwyrosyn cochfrig (*g.*) cwyros cochfrig
Cornus alba	white dogwood	cwyrosyn rhisgl coch (*g.*) cwyros rhisgl coch
Cornus mas	cornelian-cherry	cwyrosyn y ceirios (*g.*) cwyros y ceirios
Cornus suecica	dwarf cornel	corgwyrosyn (*g.*) corgwyros
Aucuba japonica	spotted laurel	coeden frech felen (*b.*) coed brych (-ion)melyn(-ion)
Griselinia littoralis	New Zealand broadleaf	griselinia (*g.cynn.*)

SANTALACEAE - teulu'r geulin

Thesium humifusum	bastard-toadflax	geulin y forwyn (*g.cynn.*)

VISCACEAE - teulu'r uchelwydd

Viscum album	mistletoe	uchelwydd (*g.cynn.*)

CELASTRACEAE - teulu'r biswydden

Euonymus europaeus	spindle	piswydden (*b.*) piswydd
Euonymus latifolius	large-leaved spindle	piswydden ddeilfawr (*b.*) piswydd deilfawr
Euonymus japonicus	evergreen spindle	piswydden fythwyrdd (*b.*) piswydd bythwyrdd
Celastrus orbiculatus	staff vine	celastrws (*g.cynn.*)

AQUIFOLIACEAE - teulu'r gelynnen

Ilex aquifolium	holly	celynnen (*b.*) celyn
Ilex x altaclerensis	Highclere holly	celynnen Highclere (*b.*) celyn Highclere

BUXACEAE - teulu'r pren bocs

Buxus sempervirens	box	pren bocs (*g.*) -nau bocs
Pachysandra terminalis	carpet box	pren bocs carped (*g.*) -nau bocs carped

EUPHORBIACEAE - teulu'r llaethlys

Mercurialis perennis	dog's mercury	bresychen y cŵn (*b.*) bresych y cŵn
Mercurialis annua	annual dog's mercury	bresychen-y-cŵn flynyddol (*b.*) bresych-y-cŵn blynyddol
Ricinus communis	castor-oil-plant	trogenllys (*g.cynn.*)
Euphorbia peplis	purple spurge	llaethlys rhuddlas (*g.cynn.*)
Euphorbia maculata	spotted spurge	llaethlys brych (*g.cynn.*)
Euphorbia corallioides	coral spurge	llaethlys cwrelaidd (*g.cynn.*)
Euphorbia hyberna	Irish spurge	llaethlys Iwerddon (*g.cynn.*)
Euphorbia dulcis	sweet spurge	llaethlys pêr (*g.cynn.*)
Euphorbia oblongata	Balkan Spurge	llaethlys y Balcanau (*g.cynn.*)
Euphorbia platyphyllos	broad-leaved spurge	llaethlys llydanddail (*g.cynn.*)
Euphorbia serrulata	upright spurge	llaethlys syth (*g.cynn.*)
Euphorbia helioscopia	sun spurge	llaethlys yr ysgyfarnog (*g.cynn.*)
Euphorbia lathyris	caper spurge	llaethlys caprys (*g.cynn.*)
Euphorbia exigua	dwarf spurge	corlaethlys (*g.cynn.*)
Euphorbia peplus	petty spurge	llaethlys bach (*g.cynn.*)
Euphorbia portlandica	Portland spurge	llaethlys Portland (*g.cynn.*)
Euphorbia paralias	sea spurge	llaethlys y môr (*g.cynn.*)
Euphorbia waldsteinii	Waldsteinii spurge	llaethlys Waldstein (*g.cynn.*)
Euphorbia x pseudovirgata	twiggy spurge	llaethlys brigog (*g.cynn.*)
Euphorbia x gayeri	Gáyer's spurge	llaethlys Gáyer (*g.cynn.*)
Euphorbia esula	leafy spurge	llaethlys deiliog (*g.cynn.*)
Euphorbia pseudoesula	Figert's spurge	llaethlys Figert (*g.cynn.*)
Euphorbia cyparissias	cypress spurge	llaethlys cypreswydd (*g.cynn.*)
Euphorbia amygdaloides	wood spurge	llaethlys y coed (*g.cynn.*)
Euphorbia characias	Mediterranean spurge	llaethlys Môr y Canoldir (*g.cynn.*)

RHAMNACEAE - teulu'r rhafnwydden

Rhamnus cathartica	buckthorn	rhafnwydden (*b.*) rhafnwydd
Rhamnus alaternus	Mediterranean buckthorn	rhafnwydden fythwyrdd (*b.*) rhafnwydd bythwyrdd
Frangula alnus	alder buckthorn	breuwydden (*b.*) breuwydd

VITACEAE - teulu'r winwydden

Vitis vinifera	grape-vine	gwinwydden (*b.*) gwinwydd
Parthenocissus quinquefolia	Virginia-creeper	dringwr fflamgoch (*g.cynn.*)
Parthenocissus inserta	false Virginia-creeper	dringwr fflamgoch ffug (*g.cynn.*)
Parthenocissus tricuspidata	Boston-ivy	dringwr fflamgoch tri phigyn (*g.cynn.*)

LINACEAE - teulu'r llin

Linum bienne	pale flax	llin culddail (*g.cynn.*)
Linum usitatissimum	flax	llin (*g.cynn.*)
Linum perenne	perennial flax	llin parhaol (*g.cynn.*)
Linum catharticum	fairy flax	llin y tylwyth teg (*g.cynn.*)
Radiola linoides	allseed	llin gorhadog (*g.cynn.*)

POLYGALACEAE - teulu'r amlaethai

Polygala vulgaris	common milkwort	amlaethai cyffredin (*g.cynn.*)
Polygala serpyllifolia	heath milkwort	amlaethai'r waun (*g.cynn.*)
Polygala calcarea	chalk milkwort	amlaethai cerrig calch (*g.cynn.*)
Polygala amarella	dwarf milkwort	cor-amlaethai (*g.cynn.*)

STAPHYLEACEAE - teulu'r gneuen godog

Staphylea pinnata	bladdernut	cneuen godog (*b.*) cnau codog

SAPINDACEAE - teulu balchder India

Koelreuteria paniculata	pride-of-India	balchder India (*g.cynn.*)

HIPPOCASTANACEAE - teulu castanwydden y meirch

Aesculus hippocastanum	horse-chestnut	castanwydden y meirch (*b.*) castanwydd y meirch
Aesculus carnea	red horse-chestnut	castanwydden-y-meirch goch (*b.*) castanwydd-y-meirch coch (-ion)
Aesculus indica	Indian horse-chestnut	castanwydden-y-meirch Indiaidd (*b.*) castanwydd-y-meirch India

ACERACEAE - teulu'r fasarnen

Acer platanoides	Norway maple	masarnen Norwy (*b.*) masarn Norwy
Acer cappadocicum	Cappadocian maple	masarnen Capadocia (*b.*)

		masarn Capadocia
Acer campestre	field maple	masarnen fach (*b.*) masarn bach
Acer pseudoplatanus	sycamore	masarnen (*b.*) masarn
Acer saccharinum	silver maple	masarnen arian (*b.*) masarn arian
Acer negundo	ashleaf maple	masarnen dail ynn (*b.*) masarn dail ynn

ANACARDIACEAE - teulu'r siwmac

Rhus typhina	stag's-horn sumach	siwmac (*g.cynn.*) / coeden gorn carw (*b.*) coed corn carw

SIMAROUBACEAE - teulu coeden y nefoedd

Ailanthus altissima	tree-of-heaven	coeden y nefoedd (*b.*) coed y nefoedd

RUTACEAE - teulu'r ruw

Ruta graveolens	rue	rhuw (*g.cynn.*)
Choisya ternata	Mexican orange	llwyn oren Mecsico (*g.*) -i oren Mecsico
Correa backhousiana	Tasmanian-fuchsia	correa (*g.cynn.*)

OXALIDACEAE - teulu suran y coed

Oxalis valdiviensis	Chilean yellow-sorrel	suran Chile (*b.cynn.*)
Oxalis rosea	annual pink-sorrel	suran rosliw (*b.cynn.*)
Oxalis corniculata	procumbent yellow-sorrel	suran orweddol (*b.cynn.*)
Oxalis exilis	least yellow-sorrel	suran felen fach (*b.cynn.*)
Oxalis dillenii	Sussex yellow-sorrel	suran felen Sussex (*b.cynn.*)
Oxalis stricta	upright yellow-sorrel	suran felen unionsyth (*b.cynn.*)
Oxalis megalorrhiza	fleshy yellow-sorrel	suran felen wreiddfawr (*b.cynn.*)
Oxalis articulata	pink-sorrel	suran ruddgoch (*b.cynn.*)
Oxalis acetosella	wood-sorrel	suran y coed (*b.cynn.*)
Oxalis debilis	large-flowered pink-sorrel	suran oddfog (*b.cynn.*)
Oxalis latifolia	garden pink-sorrel	suran ruddgoch yr ardd (*b.cynn.*)
Oxalis tetraphylla	four-leaved pink-sorrel	suran bedair deilen (*b.cynn.*)
Oxalis decaphylla	ten-leaved pink-sorrel	suran ddeg deilen (*b.cynn.*)
Oxalis pes-caprae	Bermuda buttercup	suran felen Bermuda (*b.cynn.*)
Oxalis incarnata	pale pink-sorrel	suran welw (*b.cynn.*)

GERANIACEAE - teulu pig yr aran

Geranium endressii	French crane's-bill	pig-yr-aran Ffrainc(*b.cynn.*)
Geranium x oxonianum	Druce's crane's-bill	pig-yr-aran Druce (*b.cynn.*)
Geranium versicolor	pencilled crane's-bill	pig-yr-aran resog (*b.cynn.*)
Geranium nodosum	knotted crane's-bill	pig-yr-aran glymog (*b.cynn.*)
Geranium rotundifolium	round-leaved crane's-bill	pig-yr-aran grynddail (*b.cynn.*)
Geranium sylvaticum	wood crane's-bill	pig-yr-aran y coed (*b.cynn.*)
Geranium psilostemon	Armenian crane's-bill	pig-yr-aran lygatddu (*b.cynn.*)
Geranium pratense	meadow crane's-bill	pig-yr-aran y weirglodd (*b.cynn.*)
Geranium himalayense	Himalayan crane's-bill	pig-yr-aran Himalaiaidd (*b.cynn.*)

Geranium sanguineum	bloody crane's-bill	pig-yr-aran ruddgoch (*b.cynn.*)
Geranium columbinum	long-stalked crane's-bill	pig-yr-aran hirgoes (*b.cynn.*)
Geranium dissectum	cut-leaved crane's-bill	pig-yr-aran larpiog (*b.cynn.*)
Geranium submolle	Alderney crane's-bill	pig-yr-aran Alderney (*b.cynn.*)
Geranium ibericum	Caucasian crane's-bill	pig-yr-aran y Cawcasws (*b.cynn.*)
Geranium x magnificum	purple crane's-bill	pig-yr-aran borffor (*b.cynn.*)
Geranium platypetalum	glandular crane's-bill	pig-yr-aran chwarennol (*b.cynn.*)
Geranium pyrenaicum	hedgerow crane's-bill	pig-yr-aran y gwrych (*b.cynn.*)
Geranium pusillum	small-flowered crane's-bill	pig-yr-aran fân-flodeuog (*b.cynn.*)
Geranium molle	dovesfoot crane's-bill	pig yr aran (*b.cynn.*)
Geranium macrorrhizum	rock crane's-bill	pig-yr-aran wreiddfawr (*b.cynn.*)
Geranium lucidum	shining crane's-bill	pig-yr-aran loywddail (*b.cynn.*)
Geranium robertianum	herb robert	y goesgoch (*b.cynn.*)
Geranium purpureum	little robin	y goesgoch fach (*b.cynn.*)
Geranium rubescens	greater herb-robert	y goesgoch fawr (*b.cynn.*)
Geranium maderense	giant herb-robert	y goesgoch fwyaf (*b.cynn.*)
Geranium phaeum	dusky crane's-bill	gweddw alarus (*b.cynn.*)
Geranium x monacense	Munich crane's-bill	pig-yr-aran Munich (*b.cynn.*)
Monsonia brevirostrata	short-fruited dysentery herb	monsonia (*g.cynn.*)
Erodium chium	three-lobed stork's-bill	pig-y-crëyr dair llabed (*b.cynn.*)
Erodium malachoides	soft stork's-bill	pig-y-crëyr dail hocys (*b.cynn.*)
Erodium maritimum	sea stork's-bill	pig-y-crëyr arfor (*b.cynn.*)
Erodium botrys	Mediterranean stork's-bill	pig-y-crëyr sypiog (*b.cynn.*)
Erodium brachycarpum	hairy-pitted stork's-bill	pig-y-crëyr fer-ffrwythog (*b.cynn.*)
Erodium crinitum	eastern stork's-bill	pig-y-crëyr ddwyreiniol (*b.cynn.*)
Erodium cygnorum	western stork's-bill	pig-y-crëyr orllewinol (*b.cynn.*)
Erodium moschatum	musk stork's-bill	pig-y-crëyr fwsg (*b.cynn.*)
Erodium cicutarium	common stork's-bill	pig y crëyr (*b.cynn.*)
Erodium lebelii	sticky stork's-bill	pig-y-crëyr ludiog (*b.cynn.*)
Erodium manescavii	garden stork's-bill	pig-y-crëyr Manescau (*b.cynn.*)
Pelargonium tomentosum	peppermint-scented geranium	mynawyd y bugail (*g.cynn.*)

LIMNANTHACEAE **- teulu'r melynwy**

Limnanthes douglasii	meadow-foam	melynwy (*g.cynn.*)

TROPAEOLACEAE **- teulu'r capan cornicyll**

Tropaeolum speciosum	flame nasturtium	capan-cornicyll dringol (*g.cynn.*)
Tropaeolum majus	nasturtium	capan cornicyll (*g.cynn.*)

BALSAMINACEAE **- teulu'r ffromlys**

Impatiens noli-tangere	touch-me-not balsam	ffromlys melyn (*g.cynn.*)
Impatiens capensis	orange balsam	ffromlys oren (*g.cynn.*)
Impatiens parviflora	small balsam	ffromlys bach (*g.cynn.*)
Impatiens glandulifera	Indian balsam	jac y neidiwr (*g.cynn.*)

ARALIACEAE **- teulu'r eiddew / teulu'r iorwg**

Hedera colchica	Persian ivy	iorwg Persia (*g.cynn.*)/ eiddew Persia (*g.cynn.*)
Hedera algeriensis	Algerian ivy	iorwg Algeria (*g.cynn.*) /

		eiddew Algeria (*g.cynn.*)
Hedera helix	ivy	iorwg (*g.cynn.*) /eiddew (*g.cynn.*)
ssp. helix	common ivy	iorwg (*g.cynn.*) /eiddew (*g.cynn.*)
ssp. hibernica	Atlantic ivy	iorwg yr Iwerydd (*g.cynn.*) / eiddew yr Iwerydd (*g.cynn.*)
Fatsia japonica	fatsia	ffatsia (*g.cynn.*)
Aralia chinensis	Chinese angelica-tree	aralia Tsieina (*g.*) araliâu Tsieina
Aralia elata	Japanese angelica-tree	aralia Japan (*g.*) araliâu Japan
Aralia racemosa	American spikenard	aralia America (*g.*) araliâu America

APIACEAE - teulu'r foronen

Hydrocotyle vulgaris	marsh pennywort	dail-ceiniog y gors (*llu.*)
Hydrocotyle ranunculoides	floating pennywort	dail-ceiniog arnofiol (*llu.*)
Hydrocotyle moschata	hairy pennywort	dail-ceiniog blewog (*llu.*)
Hydrocotyle novae-zeelandiae	New Zealand pennywort	dail-ceiniog Seland Newydd (*llu.*)
Sanicula europaea	sanicle	clust yr arth (*b.cynn.*)
Astrantia major	astrantia	astrantia (*g.cynn.*)
Eryngium giganteum	tall eryngo	celynnen-y-môr dal (*b.*) celyn-y-môr tal
Eryngium planum	blue eryngo	celynnen-y-môr las (*b.*) celyn-y-môr glas
Eryngium maritimum	sea holly	celynnen y môr (*b.*) celyn y môr
Eryngium campestre	field eryngo	celynnen y maes (*b.*) celyn y maes
Eryngium amethystinum	Italian eryngo	celynnen-y-môr Eidalaidd (*b.*) celyn-y-môr Eidalaidd
Chaerophyllum hirsutum	hairy chervil	gorthyfail blewog (*g.cynn.*)
Chaerophyllum aureum	golden chervil	gorthyfail euraid (*g.cynn.*)
Chaerophyllum temulum	rough chervil	gorthyfail garw (*g.cynn.*)
Anthriscus sylvestris	cow parsley	gorthyfail (*g.cynn.*)
Anthriscus cerefolium	garden chervil	gorthyfail y gerddi (*g.cynn.*)
Anthriscus caucalis	bur chervil	gorthyfail gwrychog (*g.cynn.*)
Scandix pecten-veneris	shepherd's needle	nodwydd y bugail (*g.cynn.*)
Myrrhis odorata	sweet cicely	creithig bêr (*b.cynn.*)
Coriandrum sativum	coriander	coriander (*g.cynn.*)
Smyrnium olusatrum	alexanders	dulys (*b.cynn.*)
Smyrnium perfoliatum	perfoliate alexanders	dulys drydoll (*b.cynn.*)
Bunium bulbocastanum	great pignut	cneuen-y-ddaear fawr (*b.*) cnau'r-ddaear mawr (-ion)
Conopodium majus	pignut	cneuen y ddaear (*b.*) cnau'r ddaear
Pimpinella major	greater burnet-saxifrage	gwreiddiriog mawr (*g.cynn.*)
Pimpinella saxifraga	burnet-saxifrage	gwreiddiriog (*g.cynn.*)
Aegopodium podagraria	ground-elder	llysiau'r gymalwst (*llu.*)
Sium latifolium	greater water-parsnip	panasen-y-dŵr lydanddail (*b.*) pannas-y-dŵr llydanddail
Berula erecta	lesser water-parsnip	panasen-y-dŵr gulddail (*b.*) pannas-y-dŵr culddail
Crithmum maritimum	rock samphire	corn-carw'r môr (*g.cynn.*)
Seseli libanotis	moon carrot	lloerforonen (*b.*) lloerforon
Oenanthe fistulosa	tubular water-dropwort	cegiden bibellaidd (*b.*) cegid pibellaidd
Oenanthe silaifolia	narrow-leaved water-dropwort	cegiden feinddail (*b.*) cegid meinddail
Oenanthe pimpinelloides	corky-fruited water-dropwort	cegiden Mynwy (*b.*) cegid Mynwy
Oenanthe lachenalii	parsley water-dropwort	cegiden dail persli (*b.*) cegid dail persli

Oenanthe crocata	hemlock water-dropwort	cegiden y dŵr (*b.*) cegid y dŵr
Oenanthe fluviatilis	river water-dropwort	cegiden yr afon (*b.*) cegid yr afon
Oenanthe aquatica	fine-leaved water-dropwort	cegiden-y-dŵr fanddail (*b.*) cegid-y-dŵr manddail
Aethusa cynapium	fool's parsley	geuberllys (*g.cynn.*)
Foeniculum vulgare	fennel	ffenigl (*g.cynn.*)
Anethum graveolens	dill	llysiau'r gwewyr (*llu.*)
Silaum silaus	pepper-saxifrage	ffenigl yr hwch (*g.cynn.*)
Meum athamanticum	spignel	ffenigl Elen Luyddog (*g.cynn.*)
Physospermum cornubiense	bladderseed	codoglys (*g.cynn.*)
Conium maculatum	hemlock	cegiden (*b.*) cegid
Bupleurum fruticosum	shrubby hare's-ear	llwyn paladr trwyddo (*g.*) -i paladr trwyddo
Bupleurum falcatum	sickle-leaved hare's-ear	paladr trwyddo crymanddail (*g.cynn.*)
Bupleurum tenuissimum	slender hare's-ear	paladr trwyddo eiddilddail (*g.cynn.*)
Bupleurum baldense	small hare's-ear	paladr trwyddo bach (*g.cynn.*)
Bupleurum rotundifolium	thorow-wax	paladr trwyddo deilgrwn (*g.cynn.*)
Bupleurum subovatum	false thorow-wax	ffug baladr-trwyddo-deilgrwn (*g.cynn.*)
Trinia glauca	honewort	githran werddlas (*b.cynn.*)
Cuminum cyminum	cumin	cwmin (*g.cynn.*)
Apium graveolens	wild celery	seleri gwyllt (*g.cynn.*)
amr. *dulce*	celery	seleri (*g.cynn.*)
Apium nodiflorum	fool's-water-cress	dyfrforonen swp-flodeuog (*b.*) dyfrforon swp-flodeuog
Apium repens	creeping marshwort	dyfrforonen ymlusgol (*b.*) dyfrforon ymlusgol
Apium inundatum	lesser marshwort	dyfrforonen fach (*b.*) dyfrforon bach
Trachyspermum ammi	ajowan	ajowan (*g.cynn.*)
Petroselinum crispum	garden parsley	persli (*g.cynn.*)
Petroselinum segetum	corn parsley	perllys yr ŷd (*g.cynn.*)
Ridolfia segetum	false fennel	ffenigl ffug (*g.cynn.*)
Sison amomum	stone parsley	perllys y cerrig (*g.cynn.*)
Cicuta virosa	cowbane	buladd (*g.cynn.*)
Ammi majus	bullwort	esgoblys (*g.cynn.*)
Ammi visnaga	toothpick-plant	esgoblys praff (*g.cynn.*)
Falcaria vulgaris	longleaf	hirddail (*llu.*)
Carum carvi	caraway	carwy (*b.cynn.*)
Carum verticillatum	whorled caraway	carwy droellennog (*b.cynn.*)
Selinum carvifolia	Cambridge milk-parsley	llaethberllys Caer-grawnt (*g.cynn.*)
Ligusticum scoticum	Scot's lovage	llwfach yr Alban (*g.cynn.*)
Angelica sylvestris	wild angelica	llysiau'r angel (*llu.*)
Angelica archangelica	garden angelica	llysiau'r-angel pêr (*llu.*)
Levisticum officinale	lovage	llwfach (*g.cynn.*)
Ferula communis	giant fennel	ffenigl mawr (*g.cynn.*)
Peucedanum officinale	hog's fennel	ffenigl y moch (*g.cynn.*)
Peucedanum palustre	milk-parsley	ffenigl-y-moch llaethog (*g.cynn.*)
Peucedanum ostruthium	masterwort	ffenigl-y-moch gwridog (*g.cynn.*)
Pastinaca sativa	wild parsnip	panasen wyllt (*b.*) pannas gwyllt (-ion)
amr. *hortensis*	parsnip	panasen (*b.*) pannas
amr. *sativa*	wild parsnip	panasen wyllt (*b.*) pannas gwyllt (-ion)
Heracleum sphondylium	hogweed	efwr (*g.cynn.*)
Heracleum mantegazzianum	giant hogweed	efwr enfawr (*g. cynn.*)
Tordylium maximum	hartwort	hyddlys (*g.cynn.*)
Torilis japonica	upright hedge-parsley	troed-y-cyw talsyth (*g.cynn.*)

Torilis arvensis	spreading hedge-parsley	troed-y-cyw ymdaenol (*g.cynn.*)
Torilis nodosa	knotted hedge-parsley	troed-y-cyw clymog (*g.cynn.*)
Daucus carota	carrot	moronen (*b.*) moron
ssp. carota	wild carrot	moronen y maes (*b.*) moron y maes
ssp. sativus	carrot	moronen yr ardd (*b.*) moron yr ardd
ssp. gummifer	sea carrot	moronen arfor (*b.*) moron arfor
Daucus glochidiatus	Australian carrot	moronen Awstralia (*b.*) moron Awstralia

GENTIANACEAE **- teulu'r crwynllys**

Cicendia filiformis	yellow centaury	y ganrhi felen eiddil (*b.cynn.*)
Centaurium scilloides	perennial centaury	y ganrhi barhaol (*b.cynn.*)
Centaurium erythraea	common centaury	y ganrhi goch (*b.cynn.*)
Centaurium littorale	seaside centaury	y ganrhi goch arfor (*b.cynn.*)
Centaurium pulchellum	lesser centaury	y ganrhi goch fach (*b. cynn.*)
Centaurium tenuiflorum	slender centaury	y ganrhi goch fain (*b.cynn.*)
Blackstonia perfoliata	yellow-wort	y ganrhi felen (*b. cynn.*)
Gentianella ciliata	fringed gentian	crwynllys eddïog (*g.cynn.*)
Gentianella campestris	field gentian	crwynllys y maes (*g.cynn.*)
Gentianella germanica	Chiltern gentian	crwynllys y sialc (*g.cynn.*)
Gentianella amarella	autumn gentian	crwynllys yr hydref (*g.cynn.*)
Gentianella anglica	early gentian	crwynllys cynnar (*g.cynn.*)
Gentianella uliginosa	dune gentian	crwynllys Cymreig (*g.cynn.*)
Gentiana asclepiadea	willow gentian	crwynllys dail helyg (*g.cynn.*)
Gentiana pneumonanthe	marsh gentian	crwynllys y gors (*g.cynn.*)
Gentiana clusii	trumpet gentian	crwynllys utgorn (*g.cynn.*)
Gentiana verna	spring gentian	crwynllys y gwanwyn (*g.cynn.*)
Gentiana nivalis	Alpine gentian	crwynllys y mynydd (*g.cynn.*)

APOCYNACEAE **- teulu'r berfagl**

Vinca minor	lesser periwinkle	perfagl fach (*b.cynn.*)
Vinca difformis	intermediate periwinkle	perfagl serennog (*b.cynn.*)
Vinca major	greater periwinkle	perfagl fawr (*b.cynn.*)

SOLANACEAE - teulu'r codwarth

Nicandra physalodes	apple-of-Peru	afal Periw (*g.*) -au Periw
Lycium barbarum	Duke of Argyll's teaplant	ysbeinwydden hardd (*b.*) ysbeinwydd hardd
Lycium chinense	Chinese teaplant	ysbeinwydden Tsieina (*b.*) ysbeinwydd Tsieina
Iochroma australe	Argentine-pear	gellygen yr Ariannin (*b.*) gellyg yr Ariannin
Atropa belladonna	deadly nightshade	codwarth (*g.cynn.*)
Hyoscyamus niger	henbane	llewyg yr iâr (*g.cynn.*)
Salpichroa origanifolia	cock's-eggs	addurnwy (*g.cynn.*)
Physalis alkekengi	Japanese-lantern	llusern bapur (*b.*) -au papur
Physalis peruviana	Cape-gooseberry	gwsberen Periw (*b.*) gwsberins Periw
Physalis ixocarpa	tomatillo	tomatilo (*g.cynn.*)
Capsicum annuum	sweet pepper	pupryn melys (*g.*) puprennau melys (-ion)
Lycopersicon esculentum	tomato	tomato (*g.*) -s
Solanum nigrum	black nightshade	codwarth du (*g.cynn.*)
Solanum villosum	red nightshade	codwarth coch (*g.cynn.*)
Solanum scabrum	garden huckleberry	codwarth garw (*g.cynn.*)
Solanum chenopodioides	tall nightshade	codwarth tal (*g.cynn.*)
Solanum physalifolium	green nightshade	codwarth gwyrdd (*g.cynn.*)
Solanum sarachoides	leafy-fruited nightshade	codwarth ffrwyth-ddeiliog (*g.cynn.*)
Solanum triflorum	small nightshade	codwarth bach (*g.cynn.*)
Solanum dulcamara	bittersweet	elinog (*b.cynn.*)
Solanum tuberosum	potato	taten (*b.*) tatws/tato/tatw
Solanum vernei	purple potato	taten frech (*b.*) tatws brych (-ion)
Solanum laciniatum	kangaroo-apple	afal cangarŵ (*g.*) -au cangarŵ
Solanum carolinense	horse-nettle	marchddanhadlen (*b.*) marchddanadl
Solanum sisymbriifolium	red buffalo-bur	codwarth-yr-ychen coch (*g.cynn.*)
Solanum rostratum	buffalo-bur	codwarth yr ychen (*g.cynn.*)
Datura stramonium	thorn-apple	afal dreiniog (*g.*) -au dreiniog
Datura ferox	angels'-trumpets	utgyrn yr angylion (*llu.*)
Nicotiana rustica	wild tobacco	baco gwyllt (*g.cynn.*)
Nicotiana tabacum	tobacco	baco (*g.cynn.*)
Nicotiana alata	sweet tobacco	baco melys (*g.cynn.*)
Nicotiana forgetiana	red tobacco	baco coch (*g.cynn.*)
Petunia x hybrida	petunia	petwnia (*g.*) petwniâu

CONVOLVULACEAE - teulu'r taglys

Dichondra micrantha	kidneyweed	arenllys (*g.cynn.*)
Convolvulus arvensis	field bindweed	cwlwm y cythraul (*g.cynn.*)
Calystegia soldanella	sea bindweed	taglys arfor (*g.cynn.*)
Calystegia sepium	hedge bindweed	taglys y perthi (*g.cynn.*)
Calystegia pulchra	hairy bindweed	taglys blewog (*g.cynn.*)
Calystegia silvatica	large bindweed	taglys mawr (*g.cynn.*)
Ipomoea purpurea	common morning-glory	tegwch y bore (*g.cynn.*)
Ipomoea hederacea	ivy-leaved morning-glory	tegwch-y-bore dail eiddew (*g.cynn.*)
Ipomoea lacunosa	white morning-glory	tegwch-y-bore gwyn (*g.cynn.*)

CUSCUTACEAE - teulu'r llindag

Cuscuta campestris	yellow dodder	llindag melyn (*g.cynn.*)
Cuscuta europaea	great dodder	llindag mawr (*g.cynn.*)
Cuscuta epithymum	dodder	llindag (*g.cynn.*)

MENYANTHACEAE - teulu ffeuen y gors

Menyanthes trifoliata	bogbean	ffeuen y gors (*b.*) ffa'r gors
Nymphoides peltata	fringed water-lily	lili'r-dŵr eddïog (*b.*) liliau'r-dŵr eddïog

POLEMONIACEAE - teulu ysgol Jacob

Polemonium caeruleum	Jacob's-ladder	ysgol Jacob (*b.cynn.*)
Phlox paniculata	phlox	fflocsen (*b.*) fflocs

HYDROPHYLLACEAE - teulu'r ffaselia

Phacelia tanacetifolia	phacelia	ffaselia (*g.cynn.*)

BORAGINACEAE — teulu tafod yr ych

Lithospermum purpureocaeruleum	purple gromwell	maenhad gwyrddlas (*g.cynn.*)
Lithospermum officinale	common gromwell	maenhad (*g.cynn.*)
Lithospermum arvense	field gromwell	maenhad y tir âr (*g.cynn.*)
Echium vulgare	viper's-bugloss	gwiberlys (*g.cynn.*)
Echium plantagineum	purple viper's-bugloss	gwiberlys porffor (*g.cynn.*)
Echium rosulatum	lax viper's-bugloss	gwiberlys llac (*g.cynn.*)
Echium pininana	giant viper's-bugloss	gwiberlys mawr (*g.cynn.*)
Pulmonaria officinalis	lungwort	llysiau'r ysgyfaint (*llu.*)
Pulmonaria obscura	Suffolk lungwort	llysiau'r-ysgyfaint difrychau (*llu.*)
Pulmonaria rubra	red lungwort	llysiau'r-ysgyfaint coch (-ion) (*llu.*)
Pulmonaria 'Mawson's Blue'	Mawson's lungwort	llysiau'r-ysgyfaint Mawson (*llu.*)
Pulmonaria longifolia	narrow-leaved lungwort	llysiau'r-ysgyfaint hirddail (*llu.*)
Symphytum officinale	common comfrey	cyfardwf (*b.cynn.*)
Symphytum x uplandicum	Russian comfrey	cyfardwf Rwsia (*b.cynn.*)
Symphytum asperum	rough comfrey	cyfardwf arw (*b.cynn.*)
Symphytum tuberosum	tuberous comfrey	cyfardwf glorog (*b.cynn.*)
Symphytum 'Hidcote Blue'	Hidcote comfrey	cyfardwf Hidcote (*b.cynn.*)
Symphytum grandiflorum	creeping comfrey	cyfardwf lusg (*b.cynn.*)
Symphytum tauricum	Crimean comfrey	cyfardwf y Crimea (*b.cynn.*)
Symphytum orientale	white comfrey	cyfardwf wen (*b.cynn.*)
Symphytum caucasicum	Caucasian comfrey	cyfardwf y Cawcasws (*b.cynn.*)
Symphytum bulbosum	bulbous comfrey	cyfardwf oddfog (*b.cynn.*)
Brunnera macrophylla	greater forget-me-not	brwnera (*g.cynn.*)
Anchusa ochroleuca	yellow alkanet	llysiau'r-gwrid melyn (*llu.*)
Anchusa officinalis	alkanet	llysiau'r-gwrid (*llu.*)
Anchusa azurea	garden anchusa	llysiau'r-gwrid glas/ gleision mawr (-ion)(*llu.*)
Anchusa arvensis	bugloss	llysiau'r-gwrid y tir âr (*llu.*)
Cynoglottis barrelieri	false alkanet	coeg lysiau'r-gwrid (*llu.*)
Pentaglottis sempervirens	green alkanet	llysiau'r-gwrid gwyrdd (-ion) (*llu.*)
Borago officinalis	borage	tafod yr ych (*g.cynn.*)

Borago pygmaea	slender borage	tafod-yr-ych bach (*g.cynn.*)
Trachystemon orientalis	Abraham-Isaac-Jacob	Abraham, Isaac a Jacob (*g.cynn.*)
Mertensia maritima	oysterplant	llysiau'r llymarch (*llu.*)
Amsinckia lycopsoides	scarce fiddleneck	amsincia blewog (*g.cynn.*)
Amsinckia micrantha	common fiddleneck	amsincia (*g.cynn.*)
Plagiobothrys scouleri	white forget-me-not	sgorpionllys gwyn (*g.cynn.*)
Asperugo procumbens	madwort	cynghafan mwyaf (*g.cynn.*)
Myosotis scorpioides	water forget-me-not	sgorpionllys y gors (*g.cynn.*)
Myosotis secunda	creeping forget-me-not	sgorpionllys ymlusgol (*g.cynn.*)
Myosotis stolonifera	pale forget-me-not	sgorpionllys byrddail (*g.cynn.*)
Myosotis laxa	tufted forget-me-not	sgorpionllys siobynnog (*g.cynn.*)
Myosotis alpestris	Alpine forget-me-not	sgorpionllys y mynydd (*g.cynn.*)
Myosotis sylvatica	wood forget-me-not	sgorpiollys y coed (*g.cynn.*)
Myosotis arvensis	field forget-me-not	sgorpionllys y maes (*g.cynn.*)
Myosotis ramosissima	early forget-me-not	sgorpionllys cynnar (*g.cynn.*)
Myosotis discolor	changing forget-me-not	sgorpionllys amryliw (*g.cynn.*)
Lappula squarrosa	bur forget-me-not	sgorpionllys gwrychog (*g.cynn.*)
Omphalodes verna	blue-eyed-Mary	Mari lygatlas (*b.cynn.*)
Cynoglossum officinale	hound's-tongue	tafod y bytheiad (*g.cynn.*)
Cynoglossum germanicum	green hound's tongue	tafod-y-bytheiad gwyrdd-ddail (*g.cynn.*)

VERBENACEAE **- teulu'r ferfain**

Verbena officinalis	vervain	y ferfain (*b.cynn.*)
Verbena bonariensis	Argentina vervain	ferfain yr Ariannin (*b.cynn.*)
Verbena rigida	slender vervain	y ferfain fain (*b.cynn.*)

LAMIACEAE **- teulu'r farddanhadlen**

Stachys officinalis	betony	cribau San Ffraid (*llu.*)
Stachys byzantina	lamb's-ear	clust yr oen (*b.cynn.*)
Stachys germanica	downy woundwort	briwlys pannog (*g.cynn.*)
Stachys alpina	limestone woundwort	briwlys y calch (*g.cynn.*)
Stachys sylvatica	hedge woundwort	briwlys y gwrych (*g.cynn.*)
Stachys x ambigua	hybrid woundwort	briwlys croesryw (*g.cynn.*)
Stachys palustris	marsh woundwort	briwlys y gors (*g.cynn.*)
Stachys recta	perennial yellow-woundwort	briwlys melyn bythol (*g.cynn.*)
Stachys annua	annual yellow-woundwort	briwlys unflwydd (*g.cynn.*)
Stachys arvensis	field woundwort	briwlys y tir âr (*g.cynn.*)
Ballota nigra	black horehound	marddanhadlen ddu (*b.*) marddanadl du (-on)
Leonurus cardiaca	motherwort	mamlys (*b.cynn.*)
Lamiastrum galeobdolon	yellow archangel	marddanhadlen felen (*b.*) marddanadl melyn (-ion)
Lamium album	white dead-nettle	marddanhadlen wen (*b.*) marddanadl gwyn (-ion)
Lamium maculatum	spotted dead-nettle	marddanhadlen fraith (*b.*) marddanadl brith (-ion)
Lamium purpureum	red dead-nettle	marddanhadlen goch (*b.*) marddanadl coch (-ion)
Lamium hybridum	cut-leaved dead-nettle	marddanhadlen dorddail (*b.*)

		marddanadl torddail
Lamium confertum	northern dead-nettle	marddanhadlen y Gogledd (*b.*) marddanadl y Gogledd
Lamium amplexicaule	henbit dead-nettle	marddanhadlen goch ddeilgron (*b.*) marddanadl coch (-ion) deilgrwn
Galeopsis segetum	downy hemp-nettle	y benboeth gulddail (*b.cynn.*)
Galeopsis angustifolia	red hemp-nettle	y benboeth goch (*b.cynn.*)
Galeopsis speciosa	large-flowered hemp-nettle	y benboeth amryliw (*b.cynn.*)
Galeopsis tetrahit	common hemp-nettle	y benboeth (*b.cynn.*)
Galeopsis bifida	bifid hemp-nettle	y benboeth hollt (*b.cynn.*)
Phlomis russeliana	Turkish sage	saets Twrci (*g.cynn.*)
Phlomis fruticosa	Jerusalem sage	saets Caersalem (*g.cynn.*)
Melittis melissophyllum	bastard balm	y wenynog (*g.cynn.*)
Marrubium vulgare	white horehound	llwyd y cŵn (*g.cynn.*)
Scutellaria altissima	Somerset skullcap	cycyllog Gwlad-yr-haf (*g.cynn.*)
Scutellaria galericulata	skullcap	cycyllog (*g.cynn.*)
Scutellaria hastifolia	Norfolk skullcap	cycyllog gwaywddail (*g.cynn.*)
Scutellaria minor	lesser skullcap	cycyllog bach (*g.cynn.*)
Teucrium scorodonia	wood sage	chwerwlys yr eithin (*g.cynn.*)
Teucrium chamaedrys	wall germander	chwerwlys y mur (*g.cynn.*)
Teucrium scordium	water germander	chwerwlys y dŵr (*g.cynn.*)
Teucrium botrys	cut-leaved germander	chwerwlys torddail (*g.cynn.*)
Ajuga reptans	bugle	glesyn y coed (*g.cynn.*)
Ajuga pyramidalis	pyramidal bugle	glesyn-y-coed pigfain (*g.cynn.*)
Ajuga chamaepitys	ground pine	glesyn-y-coed pêr (*g.cynn.*)
Nepeta cataria	cat mint	mintys y gath (*g.cynn.*)
Nepeta x faassenii	garden cat-mint	mintys-y-gath yr ardd (*g.cynn.*)
Glechoma hederacea	ground ivy	eidral (*g.cynn.*)
Prunella vulgaris	selfheal	y feddyges las (*b.cynn.*)
Prunella laciniata	cut-leaved selfheal	y feddyges dorddail (*g.cynn.*)
Melissa officinalis	balm	balm (*g.cynn.*)
Satureja montana	winter savory	safri fach (*b.cynn.*)
Clinopodium menthifolium	wood calamint	brenhinllys y coed (*g.cynn.*)
Clinopodium ascendens	common calamint	brenhinllys (*g.cynn.*)
Clinopodium calamintha	lesser calamint	brenhinllys bach (*g.cynn.*)
Clinopodium vulgare	wild basil	brenhinllys gwyllt (*g.cynn.*)
Clinopodium acinos	basil thyme	brenhinllys y maes (*g.cynn.*)
Hyssopus officinalis	hyssop	isop (*g.cynn.*)
Origanum vulgare	wild marjoram	penrhudd (*g.cynn.*)
Origanum majorana	pot marjoram	penrhudd yr ardd (*g.cynn.*)
Thymus vulgaris	garden thyme	teim y gerddi (*g.cynn.*)
Thymus pulegioides	large thyme	teim gwyllt mawr (*g.cynn.*)
Thymus polytrichus	wild thyme	teim gwyllt (*g.cynn.*)
Thymus serpyllum	Breckland thyme	teim Breckland (*g.cynn.*)
Lycopus europaeus	gypsywort	llysiau'r sipsiwn (*llu.*)
Mentha arvensis	corn mint	mintys yr âr (*g.cynn.*)
Mentha x verticillata	whorled mint	mintys troellennog (*g.cynn.*)
Mentha x smithiana	tall mint	mintys coch (*g.cynn.*)
Mentha x gracilis	bushy mint	mintys culddail (*g.cynn.*)
Mentha aquatica	water mint	mintys y dŵr (*g.cynn.*)
Mentha x piperita	peppermint	mintys poeth (*g.cynn.*)
Mentha spicata	spearmint	mintys ysbigog (*g.cynn.*)
Mentha x villosonervata	sharp-toothed mint	mintys danheddog (*g.cynn.*)
Mentha x villosa	apple-mint	mintys lletgrwn (*g.cynn.*)

Mentha x rotundifolia	false apple-mint	mintys gwlanog (*g.cynn.*)
Mentha suaveolens	round-leaved mint	mintys deilgrwn (*g.cynn.*)
Mentha pulegium	pennyroyal	brymlys (*g.cynn.*)
Mentha requienii	Corsican mint	mintys Corsica (*g.cynn.*)
Lavandula x intermedia	garden lavender	lafant (*g.cynn.*)
Rosmarinus officinalis	rosemary	rhosmari (*g.cynn.*)
Salvia officinalis	sage	saets (*g.cynn.*)
Salvia sclarea	clary	clari (*g.cynn.*)
Salvia glutinosa	sticky clary	clari gludiog (*g.cynn.*)
Salvia pratensis	meadow clary	clari'r maes (*g.cynn.*)
Salvia verbenaca	wild clary	clari gwyllt (*g.cynn.*)
Salvia reflexa	mintweed	clari prinflodeuog (*g.cynn.*)
Salvia viridis	annual clary	clari unflwydd (*g.cynn.*)
Salvia verticillata	whorled clary	clari troellennog (*g.cynn.*)

HIPPURIDACEAE **- teulu rhawn y gaseg**

Hippuris vulgaris	mare's-tail	rhawn y gaseg (*llu.*)

CALLITRICHACEAE **- teulu'r brigwlydd**

Callitriche hermaphroditica	autumnal water-starwort	brigwlydd y cynhaeaf (*g. cynn.*)
Callitriche truncata	short-leaved water-starwort	brigwlydd brigddail (*g. cynn.*)
Callitriche stagnalis	common water-starwort	brigwlydd cyffredin (*g. cynn.*)
Callitriche platycarpa	various-leaved water-starwort	brigwlydd y gwanwyn (*g. cynn.*)
Callitriche obtusangula	blunt-fruited water-starwort	brigwlydd ffrwythau blaendwn (*g. cynn.*)
Callitriche brutia	pedunculate water-starwort	brigwlydd coesog (*g. cynn.*)
Callitriche hamulata	intermediate water-starwort	brigwlydd canolig (*g. cynn.*)

PLANTAGINACEAE **- teulu'r llyriad**

Plantago coronopus	buck's-horn plantain	llyriad corn carw (*g.*) llyriaid corn carw
Plantago maritima	sea plantain	llyriad arfor (*g.*) llyriaid arfor
Plantago major	greater plantain	llydan y ffordd (*g.*) llydain y ffordd
Plantago media	hoary plantain	llyriad llwyd (*g.*) llyriaid llwyd (-ion)
Plantago lanceolata	ribwort plantain	llyriad yr ais (*g.*) llyriaid yr ais
Plantago arenaria	branched plantain	llyriad canghennog (*g.*) llyriaid canghennog
Plantago afra	glandular plantain	llyriad chwarennog (*g.*) llyriaid chwarennog
Littorella uniflora	shoreweed	beistonnell ferllyn (*b.cynn.*)
Buddleja alternifolia	alternate-leaved butterfly-bush	coeden-fêl bob yn eilddail (*b.*)coed-mêl bob yn eilddail
Buddleja davidii	butterfly-bush	y gynffon las (*b.cynn.*)/ coeden fêl (*b.*) coed mêl
Buddleja x weyeriana	Weyer's butterfly-bush	coeden-fêl Weyer (*b.*) coed-mêl Weyer
Buddleja globosa	Orange-ball-tree	coeden-fêl peli oren (*b.*) coed-mêl peli oren

OLEACEAE - teulu'r onnen

Forsythia x intermedia	forsythia	clychau aur (*llu.*)
Jasminum officinale	summer jasmine	jasmin yr haf (*g.cynn.*)
Jasminum beesianum	red jasmine	jasmin coch (*g. cynn.*)
Jasminum nudiflorum	winter jasmine	jasmin y gaeaf (*g. cynn.*)
Fraxinus excelsior	ash	onnen (*b.*) ynn
Syringa vulgaris	lilac	lelog (*g.cynn.*)
Ligustrum vulgare	wild privet	yswydden (*b.*) yswydd
Ligustrum ovalifolium	garden privet	yswydden yr ardd (*b.*) yswydd yr ardd

SCROPHULARIACEAE - teulu bysedd y cŵn

Verbascum blattaria	moth mullein	pannog y gwyfyn (*b.cynn.*)
Verbascum virgatum	twiggy mullein	pannog fain (*b.cynn.*)
Verbascum phoeniceum	purple mullein	pannog borffor (*b.cynn.*)
Verbascum pyramidatum	Caucasian mullein	pannog y Cawcasws (*b.cynn.*)
Verbascum bombyciferum	Broussa mullein	pannog sidanaidd (*b.cynn.*)
Verbascum phlomoides	orange mullein	pannog oren (*b.cynn.*)
Verbascum densiflorum	dense-flowered mullein	pannog ddwysflodeuog (*b.cynn.*)
Verbascum thapsus	great mullein	pannog felen (*b.cynn.*)
Verbascum chaixii	nettle-leaved mullein	pannog dail danadl (*b.cynn.*)
Verbascum nigrum	dark mullein	pannog dywyll (*b.cynn.*)
Verbascum speciosum	Hungarian mullein	pannog Hwngaria (*b. cynn.*)
Verbascum pulverulentum	hoary mullein	pannog lwyd (*b.cynn.*)
Verbascum lychnitis	white mullein	pannog wen (*b.cynn.*)
Scrophularia nodosa	common figwort	gwrnerth (*g.cynn.*)
Scrophularia auriculata	water figwort	gwrnerth y dŵr (*g.cynn.*)
Scrophularia umbrosa	green figwort	gwrnerth glas (*g.cynn.*)
Scrophularia scorodonia	balm-leaved figwort	gwrnerth dail gwenyn (*g.cynn.*)
Scrophularia vernalis	yellow figwort	gwrnerth melyn (*g.cynn.*)
Phygelius capensis	Cape figwort	gwrnerth y Penrhyn (*g.cynn.*)
Paulownia tomentosa	foxglove-tree	coeden bysedd y cŵn (*b.*) coed bysedd y cŵn
Mimulus moschatus	musk	mwsg (*g.cynn.*)
Mimulus guttatus	monkeyflower	blodyn mwnci (*g.*) blodau mwnci
Mimulus x robertsii	hybrid monkeyflower	blodyn-mwnci croesryw (*g.*) blodau-mwnci croesryw
Mimulus x burnetii	coppery monkeyflower	blodyn-mwnci copraidd (*g.*) blodau-mwnci copraidd
Mimulus luteus	blood-drop-emlets	blodyn-mwnci gwaedlyd (*g.*) blodau-mwnci gwaedlyd
Mimulus x maculosus	Scottish monkeyflower	blodyn-mwnci Albanaidd (*g.*) blodau-mwnci Albanaidd
Limosella aquatica	mudwort	lleidlys (*g.cynn.*)
Limosella aquatica x australis	mudwort	lleidlys croesryw Morgannwg (*g.cynn.*)
Limosella australis	Welsh mudwort	lleidlys Cymreig (*g.cynn.*)
Calceolaria chelidonioides	slipperwort	basged y pysgotwr (*b.cynn.*)
Antirrhinum majus	snapdragon	trwyn y llo (*g.cynn.*)
Chaenorhinum origanifolium	Malling toadflax	trwyn-y-llo Caint (*g.cynn.*)
Chaenorhinum minus	small toadflax	trwyn-y-llo bach (*g.cynn.*)
Misopates orontium	weasel's-snout	y trwyn-y-llo lleiaf (*g.cynn.*)

Misopates calycinum	pale weasel's-snout	trwyn-y-llo gwelw (*g.cynn.*)
Asarina procumbens	trailing snapdragon	trwyn-y-llo ymlusgol (*g.cynn.*)
Cymbalaria muralis	ivy-leaved toadflax	trwyn-y-llo dail eiddew (*g.cynn.*)
Cymbalaria pallida	Italian toadflax	trwyn-y-llo-dail-eiddew yr Eidal (*g.cynn.*)
Cymbalaria hepaticifolia	Corsican toadflax	trwyn-y-llo-dail-eiddew Corsica (*g.cynn.*)
Kickxia elatine	sharp-leaved fluellen	llysiau Llywelyn (*llu.*)
Kickxia spuria	round-leaved fluellen	llysiau-Llywelyn deilgrwn (*llu.*)
Linaria vulgaris	common toadflax	llin y llyffant (*g.cynn.*)
Linaria dalmatica	Balkan toadflax	llin-y-llyffant Balcanaidd (*g.cynn.*)
Linaria purpurea	purple toadflax	llin-y-llyffant porffor (*g.cynn.*)
Linaria repens	pale toadflax	llin-y-llyffant gwelw (*g.cynn.*)
Linaria supina	prostrate toadflax	llin-y-llyffant gorweddol (*g.cynn.*)
Linaria arenaria	sand toadflax	llin-y-llyffant y tywod (*g.cynn.*)
Linaria pelisseriana	Jersey toadflax	llin-y-llyffant Ffrengig (*g.cynn.*)
Linaria maroccana	annual toadflax	llin-y-llyffant Moroco (*g.cynn.*)
Digitalis purpurea	foxglove	bysedd y cŵn (*llu.*)
Digitalis lutea	straw foxglove	bysedd-y-cŵn melyn (-ion) (*llu.*)
Erinus alpinus	fairy foxglove	clychau'r tylwyth teg (*llu.*)
Veronica serpyllifolia	thyme leaved speedwell	rhwyddlwyn dail teim (*g.*cynn.)
Veronica repens	Corsican speedwell	rhwyddlwyn Corsica (*g.*) -i Corsica
Veronica alpina	Alpine speedwell	rhwyddlwyn y mynydd (*g.*)-i'r mynydd
Veronica fruticans	rock speedwell	rhwyddlwyn y graig (*g.*)-i'r graig
Veronica austriaca	large speedwell	rhwyddlwyn mawr (*g.*)-i mawr (-ion)
Veronica officinalis	heath speedwell	rhwyddlwyn meddygol (*g.*)-i meddygol
Veronica chamaedrys	germander speedwell	llygad doli (*g.cynn.*)
Veronica montana	wood speedwell	rhwyddlwyn y coed (*g.*)-i'r coed
Veronica scutellata	marsh speedwell	rhwyddlwyn culddail y gors (*g.*) -i culddail y gors
Veronica beccabunga	brooklime	llysiau Taliesin (*llu.*)
Veronica anagallis-aquatica	blue water-speedwell	graeanllys y dŵr (*g.cynn.*)
Veronica catenata	pink water-speedwell	graeanllys-y-dŵr rhosliw (*g.cynn.*)
Veronica acinifolia	French speedwell	rhwyddlwyn Ffrainc (*g.*) -i Ffrainc
Veronica praecox	Breckland speedwell	rhwyddlwyn Breckland (*g.*) -i Breckland
Veronica triphyllos	fingered speedwell	rhwyddlwyn byseddog (*g.*) -i byseddog
Veronica arvensis	wall speedwell	rhwyddlwyn y fagwyr (*g.*) -i'r fagwyr
Veronica verna	spring speedwell	rhwyddlwyn y gwanwyn (*g.*) -i'r gwanwyn
Veronica peregrina	American speedwell	rhwyddlwyn America (*g.*) -i America
Veronica agrestis	green field-speedwell	rhwyddlwyn-y-maes gwyrdd (*g.*) -i'r-maes gwyrdd (-ion)
Veronica polita	grey field-speedwell	rhwyddlwyn-y-maes llwyd (*g.*) -i'r-maes llwyd (-ion)
Veronica persica	common field-speedwell	rhwyddlwyn y maes (*g.*) -i'r maes
Veronica crista-galli	crested field-speedwell	rhwyddlwyn-y-maes cribog (*g.*) -i'r-maes cribog
Veronica filiformis	slender speedwell	rhwyddlwyn main (*g.*) -i main/meinion
Veronica hederifolia	ivy-leaved speedwell	rhwyddlwyn dail eiddew (*g.*) -i dail eiddew
Veronica longifolia	garden speedwell	rhwyddlwyn hirddail (*g.*)-i hirddail

Veronica spicata	spiked speedwell	rhwyddlwyn pigfain (*g.*) -i pigfain
Hebe salicifolia	*koromiko*	pedwar-ban-byd helygddail (*g. cynn.*)
Hebe x lewisii	Lewis's hebe	pedwar-ban-byd Lewis (*g.cynn.*)
Hebe x franciscana	hedge Veronica	pedwar-ban-byd y berth (*g.cynn.*)
Hebe brachysiphon	Hooker's hebe	pedwar-ban-byd Hooker (*g.cynn.*)
Hebe dieffenbachii	Dieffenbach's hebe	pedwar-ban-byd Dieffenbach (*g.cynn.*)
Hebe barkeri	Barker's hebe	pedwar-ban-byd Barker (*g.cynn.*)
Sibthorpia europaea	Cornish moneywort	deilen gron Cernyw (*b.cynn.*)
Melampyrum cristatum	crested cow-wheat	gliniogai cribog (*g.cynn.*)
Melampyrum arvense	field cow-wheat	gliniogai'r maes (*g.cynn.*)
Melampyrum pratense	common cow-wheat	gliniogai (*g.cynn.*)
Melampyrum sylvaticum	small cow-wheat	gliniogai bach (*g.cynn.*)
Euphrasia rostkoviana	an eyebright	effros blodau mawr (-ion) (*g.cynn.*)
Euphrasia rivularis	an eyebright	effros y nant (*g.cynn.*)
Euphrasia anglica	an eyebright	effros Lloegr (*g.cynn.*)
Euphrasia vigursii	an eyebright	effros Cernyw (*g.cynn.*)
Euphrasia arctica	an eyebright	effros yr Arctig (*g.cynn.*)
Euphrasia tetraquetra	an eyebright	effros y Gorllewin (*g.cynn.*)
Euphrasia nemorosa	an eyebright	effros (*g.cynn.*)/llygad siriol (*g.cynn.*)
Euphrasia pseudokerneri	an eyebright	effros y calch (*g.cynn.*)
Euphrasia confusa	an eyebright	effros gliniog (*g.cynn.*)
Euphrasia stricta	an eyebright	effros unionsyth (*g.cynn.*)
Euphrasia frigida	an eyebright	effros y mynydd (*g.cynn.*)
Euphrasia foulaensis	an eyebright	effros Foula (*g.cynn.*)
Euphrasia cambrica	an eyebright	effros Cymreig (*g.cynn.*)
Euphrasia ostenfeldii	an eyebright	effros Ostenfeld (*g.cynn.*)
Euphrasia marshallii	an eyebright	effros Marshall (*g.cynn.*)
Euphrasia rotundifolia	an eyebright	effros deilgrwn (*g.cynn.*)
Euphrasia campbelliae	an eyebright	effros Campbell (*g.cynn.*)
Euphrasia micrantha	an eyebright	effros mân-flodeuog (*g.cynn.*)
Euphrasia scottica	an eyebright	effros eiddil y fawnog (*g.cynn.*)
Euphrasia heslop-harrisonii	an eyebright	effros Heslop-Harrison (*g.cynn.*)
Euphrasia salisburgensis	an eyebright	effros Iwerddon (*g.cynn.*)
Odontites jaubertianus	French bartsia	gorudd Ffrainc (*g.cynn.*)
Odontites vernus	red bartsia	gorudd (*g.cynn.*)
Bartsia alpina	Alpine bartsia	gorudd y mynydd (*g.cynn.*)
Parentucellia viscosa	yellow bartsia	gorudd melyn (*g.cynn.*)
Rhinanthus angustifolius	greater yellow rattle	cribell felen fawr (*b.*) -au melyn (-ion) mawr (-ion)
Rhinanthus minor	yellow rattle	cribell felen (*b.*) -au melyn (-ion)
Pedicularis palustris	marsh lousewort	melog y waun (*g.cynn.*)
Pedicularis sylvatica	lousewort	melog y cŵn (*g.cynn.*)

OROBANCHACEAE **- teulu'r orfanhadlen**

Lathraea squamaria	toothwort	deintlys (*g.cynn.*)
Lathraea clandestina	purple toothwort	deintlys porffor (*g.cynn.*)
Orobanche purpurea	yarrow broomrape	gorfanhadlen lasgoch (*b.*) gorfanadl glasgoch
Orobanche rapum-genistae	greater broomrape	gorfanhadlen fawr (*b.*) gorfanadl mawr (-ion)
Orobanche caryophyllacea	bedstraw broomrape	gorfanhadlen y briwydd (*b.*) gorfanadl y briwydd
Orobanche elatior	knapweed broomrape	gorfanhadlen y bengaled (*b.*)

		gorfanadl y bengaled
Orobanche alba	thyme broomrape	gorfanhadlen deim (*b.*) gorfanadl teim
Orobanche reticulata	thistle broomrape	gorfanhadlen ysgall (*b.*) gorfanadl ysgall
Orobanche crenata	bean broomrape	gorfanhadlen ffa (*b.*) gorfanadl ffa
Orobanche hederae	ivy broomrape	gorfanhadlen eiddew (*b.*) gorfanadl eiddew
Orobanche artemisiae-campestris	oxtongue broomrape	gorfanhadlen walchlys (*b.*) gorfanadl gwalchlys
Orobanche minor	common broomrape	gorfanhadlen (*b.*) gorfanadl

GESNERIACEAE - teulu'r ramonda

Ramonda myconi	Pyrenean violet	ramonda (*g.cynn.*)

ACANTHACEAE - teulu troed yr arth

Acanthus mollis	bear's breech	troed yr arth (*g.cynn.*)
Acanthus spinosus	spiny bear's-breech	troed-yr-arth pigog (*g.cynn.*)

LENTIBULARIACEAE - teulu tafod y gors

Pinguicula lusitanica	pale butterwort	tafod-y-gors gwelw (*g.cynn.*)
Pinguicula alpina	Alpine butterwort	tafod-y-gors yr Alpau (*g.cynn.*)
Pinguicula vulgaris	common butterwort	tafod y gors (*g.cynn.*)
Pinguicula grandiflora	large-flowered butterwort	tafod-y-gors mawr (*g.cynn.*)
Utricularia vulgaris	greater bladderwort	chwysigenddail mawr (-ion) (*llu.*)
Utricularia australis	bladderwort	chwysigenddail cyffredin (*llu.*)
Utricularia intermedia	intermediate bladderwort	chwysigenddail canolig (*llu.*)
Utricularia stygia	Nordic bladderwort	chwysigenddail Llychlyn (*llu.*)
Utricularia ochroleuca	pale bladderwort	chwysigenddail gwelw (*llu.*)
Utricularia minor	lesser bladderwort	chwysigenddail bach (*llu.*)

CAMPANULACEAE - teulu'r clychlys

Campanula patula	spreading bellflower	clychlys ymledol (*g.cynn.*)
Campanula rapunculus	rampion bellflower	clychlys bwytadwy (*g.cynn.*)
Campanula lactiflora	milky bellflower	clychlys gwelw (*g.cynn.*)
Campanula persicifolia	peach-leaved bellflower	clychlys meinddail (*g.cynn.*)
Campanula medium	Canterbury bells	clychlys Caer-gaint (*g.cynn.*)
Campanula alliariifolia	Cornish bellflower	clychlys Cernyw (*g.cynn.*)
Campanula glomerata	clustered bellflower	clychlys clystyrog (*g.cynn.*)
Campanula pyramidalis	chimney bellflower	clychlys bera (*g.cynn.*)
Campanula portenschlagiana	Adria bellflower	clychlys Adria (*g.cynn.*)
Campanula poscharskyana	trailing bellflower	clychlys ymlusgol (*g.cynn.*)
Campanula fragilis	Italian bellflower	clychlys yr Eidal (*g.cynn.*)
Campanula latifolia	giant bellflower	clychlys mawr (*g.cynn.*)
Campanula trachelium	nettle-leaved bellflower	clychlys dail danadl (*g.cynn.*)
Campanula rapunculoides	creeping bellflower	clychlys crwydrol (*g.cynn.*)
Campanula rhomboidalis	broad-leaved harebell	clychlys llydanddail (*g.cynn.*)
Campanula rotundifolia	harebell	clychau'r eos (*llu.*)
Legousia hybrida	Venus's-looking-glass	drych Gwener (*g.cynn.*)

Legousia speculum-veneris	large Venus's-looking-glass	drych-Gwener mawr (*g.cynn.*)
Wahlenbergia hederacea	ivy-leaved bellflower	clychlys dail eiddew (*g.cynn.*)
Trachelium caeruleum	throatwort	llynclys (*g.cynn.*)
Phyteuma spicatum	spiked rampion	cyrnogyn pigfain (*g.cynn.*)
Phyteuma orbiculare	round-headed rampion	cyrnogyn pengrwn (*g.cynn.*)
Phyteuma scheuchzeri	Oxford rampion	cyrnogyn Rhydychen (*g.cynn.*)
Jasione montana	sheep's bit	clefryn (*g.cynn.*)
Lobelia urens	heath lobelia	bidoglys chwerw (*g.cynn.*)
Lobelia erinus	garden lobelia	bidoglys yr ardd (*g.cynn.*)
Lobelia dortmanna	water lobelia	bidoglys y dŵr (*g.cynn.*)
Pratia angulata	lawn lobelia	bidoglys Seland Newydd (*g.cynn.*)
Downingia elegans	California lobelia	bidoglys Califfornia (*g.cynn.*)

RUBIACEAE - teulu'r friwydden

Coprosma repens	tree bedstraw	coprosma (*g.cynn.*)
Nertera granadensis	beadplant	nertera (*g.cynn.*)
Sherardia arvensis	field madder	mandon las yr ŷd (*b.cynn.*)
Phuopsis stylosa	Caucasian crosswort	croeslys y Cawcasws (*g.cynn.*)
Asperula cynanchica	squinancywort	mandon fach (*b.cynn.*)
Asperula taurina	pink woodruff	mandon rosliw (*b.cynn.*)
Asperula arvensis	blue woodruff	mandon las (*b.cynn.*)
Galium boreale	northern bedstraw	briwydd y Gogledd (*b.cynn.*)
Galium odoratum	woodruff	briwydd bêr (*b.cynn.*)
Galium uliginosum	fen bedstraw	briwydd y fign (*b.cynn.*)
Galium constrictum	slender marsh-bedstraw	briwydd-y-gors fain (*b.cynn.*)
Galium palustre	common marsh bedstraw	briwydd y gors (*b.cynn.*)
Galium verum	lady's bedstraw	briwydd felen (*b.cynn.*)
Galium mollugo	hedge bedstraw	briwydd y clawdd (*b.cynn.*)
Galium pumilum	slender bedstraw	briwydd fain y sialc (*b.cynn.*)
Galium sterneri	limestone bedstraw	briwydd y calch (*b.cynn.*)
Galium saxatile	heath bedstraw	briwydd wen (*b.cynn.*)
Galium aparine	cleavers	llau'r offeiriad (*llu.*)
Galium spurium	false cleavers	coeg-gynghafan (*g.cynn.*)
Galium tricornutum	corn cleavers	briwydd arw (*b.cynn.*)
Galium parisiense	wall bedstraw	briwydd y mur (*b.cynn.*)
Cruciata laevipes	crosswort	llysiau'r groes (*llu.*)
Rubia peregrina	wild madder	cochwraidd gwyllt (*g.cynn.*)

CAPRIFOLIACEAE - teulu'r gwyddfid

Sambucus racemosa	red-berried elder	ysgawen aeron coch (-ion) (*b.*) ysgaw aeron coch (-ion)
Sambucus nigra	elder	ysgawen (*b.*) ysgaw
Sambucus canadensis	American elder	ysgawen America (*b.*) ysgaw America
Sambucus ebulus	dwarf elder	ysgawen Fair (*b.*) ysgaw Mair
Viburnum opulus	guelder rose	gwifwrnwydden y gors (*b.*) gwifwrnwydd y gors
Viburnum lantana	wayfaring tree	gwifwrnwydden (*b.*) gwifwrnwydd
Viburnum tinus	laurustinus	gwifwrnwydden y gaeaf (*b.*) gwifwrnwydd y gaeaf
Viburnum rhytidophyllum	wrinkled viburnum	gwifwrnwydden grech (*b.*) gwifwrnwydd crych (-ion)

Symphoricarpos albus	snowberry	llusen eira (*b.*) llus eira (*g.cynn.*)
Symphoricarpos x chenaultii	hybrid coralberry	llusen gwrel groesryw (*b.*) llus cwrel croesryw
Symphoricarpos orbiculatus	coralberry	llusen gwrel (*b.*) llus cwrel
Linnaea borealis	twinflower	blodyn deuben (*g.*) blodau deuben
Leycesteria formosa	Himalayan honeysuckle	bachgen llwm (*g.cynn.*)
Weigela florida	weigelia	weigela (*g.cynn.*)
Lonicera pileata	box-leaved honeysuckle	gwyddfid llorweddol (*g.cynn.*)
Lonicera nitida	Wilson's honeysuckle	gwyddfid Wilson (*g.cynn.*)
Lonicera involucrata	Californian honeysuckle	gwyddfid Califfornia (*g.cynn.*)
Lonicera xylosteum	fly honeysuckle	gwyddfid syth (*g.cynn.*)
Lonicera tartarica	Tartarian honeysuckle	gwyddfid y Tartar (*g.cynn.*)
Lonicera henryi	Henry's honeysuckle	gwyddfid Henry (*g.cynn.*)
Lonicera japonica	Japanese honeysuckle	gwyddfid Japan (*g.cynn.*)
Lonicera periclymenum	honeysuckle	gwyddfid (*g.cynn.*)
Lonicera caprifolium	perfoliate honeysuckle	gwyddfid trydwll (*g.cynn.*)
Lonicera x italica	garden honeysuckle	gwyddfid yr ardd (*g. cynn.*)

ADOXACEAE - teulu'r mwsglys

Adoxa moschatellina	moschatel	mwsglys (*g. cynn.*)

VALERIANACEAE - teulu'r driaglog

Valerianella locusta	common cornsalad	gwylaeth yr oen (*g.cynn.*)
Valerianella carinata	keeled-fruited cornsalad	gwylaeth-yr-oen ffrwythau rhychog (*g.cynn.*)
Valerianella rimosa	broad-fruited cornsalad	gwylaeth-yr-oen llydanffrwyth (*g.cynn.*)
Valerianella dentata	narrow-fruited cornsalad	gwylaeth-yr-oen meinffrwyth (*g.cynn.*)
Valerianella eriocarpa	hairy-fruited cornsalad	gwylaeth-yr-oen ffrwythau gwlanog (*g.cynn.*)
Valeriana officinalis	common valerian	llysiau Cadwgan (*llu.*)/triaglog (*b.cynn.*)
Valeriana pyrenaica	Pyrenean valerian	triaglog y Pyreneau (*b.cynn.*)
Valeriana dioica	marsh valerian	triaglog y gors (*b.cynn.*)
Centranthus ruber	red valerian	triaglog goch (*b.cynn.*)
Centranthus calcitrapae	annual valerian	triaglog unflwydd (*b.cynn.*)

DIPSACACAE - teulu cribau'r pannwr

Dipsacus fullonum	wild teasel	cribau'r-pannwr gwyllt (-ion) (*llu.*)
Dipsacus sativus	fuller's teasel	cribau'r pannwr (*llu.*)
Dipsacus laciniatus	cut-leaved teasel	cribau'r-pannwr carpiog (*llu.*)
Dipsacus pilosus	small teasel	cribau'r-pannwr bach (*llu.*)
Dipsacus strigosus	yellow-flowered teasel	cribau'r-pannwr melyn (-ion) (*llu.*)
Cephalaria gigantea	giant scabious	clafrllys mawr (*g.cynn.*)
Knautia arvensis	field scabious	clafrllys y maes (*g.cynn.*)
Succisa pratensis	devil's-bit scabious	tamaid y cythraul (*g.cynn.*)
Scabiosa columbaria	small scabious	clafrllys bach (*g.cynn.*)
Scabiosa atropurpurea	sweet scabious	clafrllys yr ardd (*g.cynn.*)

ASTERACEAE (*Compositae*) - teulu llygad y dydd

Echinops sphaerocephalus	glandular globe-thistle	ysgallen bengron chwarennog (*b.*) ysgall pengrwn chwarennog
Echinops exaltatus	globe-thistle	ysgallen bengron (*b.*) ysgall pengrwn
Echinops bannaticus	blue globe-thistle	ysgallen bengron las (*b.*) ysgall pengrwn glas
Carlina vulgaris	carline thistle	ysgallen Siarl (*b.*) ysgall Siarl
Arctium lappa	greater burdock	cyngaf mawr (*g.cynn.*)
Arctium minus	lesser burdock	cyngaf bach (*g.cynn.*) / cacamwci (*g.cynn.*)
Arctium nemorosum	wood burdock	cyngaf y coed (*g.cynn.*)
Saussurea alpina	Alpine saw-wort	lliflys y mynydd (*g.cynn.*)
Carduus tenuiflorus	slender thistle	ysgallen flodfain (*b.*) ysgall blodfain
Carduus pycnocephalus	Plymouth thistle	ysgallen Plymouth (*b.*) ysgall Plymouth
Carduus crispus	welted thistle	ysgallen grech (*b.*) ysgall crych (-ion)
Carduus nutans	musk thistle	ysgallen bendrom (*b.*) ysgall pendrwm
Cirsium eriophorum	woolly thistle	ysgallen wlanog (*b.*) ysgall gwlanog
Cirsium vulgare	spear thistle	marchysgallen (*b.*) marchysgall
Cirsium dissectum	meadow thistle	ysgallen y ddôl (*b.*) ysgall y ddôl
Cirsium tuberosum	tuberous thistle	ysgallen glorog (*b.*) ysgall clorog
Cirsium erisithales	yellow thistle	ysgallen felen (*b.*) ysgall melyn (-ion)
Cirsium heterophyllum	melancholy thistle	ysgallen fwyth (*b.*) ysgall mwyth
Cirsium oleraceum	cabbage thistle	ysgallen dail bresych (*b.*) ysgall dail bresych
Cirsium acaule	dwarf thistle	ysgallen ddigoes (*b.*) ysgall digoes
Cirsium palustre	marsh thistle	ysgallen y gors (*b.*) ysgall y gors
Cirsium arvense	creeping thistle	ysgallen y maes (*b.*) ysgall y maes
Onopordum acanthium	cotton thistle	ysgallen gotwm (*b.*) ysgall cotwm
Onopordum nervosum	reticulate thistle	ysgallen wythiennog (*b.*) ysgall gwythiennog
Cynara cardunculus	globe artichoke	marchysgallen y gerddi (*b.*) marchysgall y gerddi
Silybum marianum	milk thistle	ysgallen Fair (*b.*) ysgall Mair
Serratula tinctoria	saw-wort	dant y pysgodyn (*g.cynn.*)
Acroptilon repens	Russian knapweed	pengaled Rwsia (*b.cynn.*)
Centaurea scabiosa	greater knapweed	y bengaled fawr (*b.cynn.*)
Centaurea montana	perennial cornflower	y benlas luosflwydd (*b.cynn.*)
Centaurea cyanus	cornflower	glas yr ŷd (*g.cynn.*)
Centaurea calcitrapa	red star-thistle	y bengaled seraidd (*b.cynn.*)
Centaurea aspera	rough star-thistle	y bengaled arw (*b.cynn.*)
Centaurea solstitialis	yellow star-thistle	y bengaled felen (*b.cynn.*)
Centaurea melitensis	Maltese star-thistle	pengaled seraidd Malta (*b.cynn.*)
Centaurea diluta	lesser star-thistle	y bengaled seraidd fach (*b.cynn.*)
Centaurea x moncktonni	hybrid knapweed	y bengaled groesryw (*b.cynn.*)
Centaurea nigra	common knapweed	y bengaled (*b.cynn.*)
Centaurea macrocephala	giant knapweed	y bengaled benfawr (*b.cynn.*)
Carthamus tinctorius	safflower	safflwr (*g.cynn.*)
Carthamus lanatus	downy safflower	safflwr gwlanog (*g.cynn.*)
Scolymus hispanicus	golden thistle	ffug-ysgallen felen (*b.*) ffug-ysgall melyn (-ion)
Cichorium intybus	chicory	ysgellog (*g.cynn.*)
Cichorium endivia	endive	ysgellog y meirch (*g.cynn.*)

Catananche caerulea	blue cupidone	ysgellog glas (*g.cynn.*)
Arnoseris minima	lambs' succory	gwylaeth y moch (*g.cynn.*)
Lapsana communis	nipplewort	cartheig (*b.cynn.*)
Hedypnois cretica	scaly hawkbit	peradyl cennog (*g.cynn.*)
Hypochaeris radicata	cat's-ear	melynydd (*g.cynn.*)
Hypochaeris glabra	smooth cat's-ear	melynydd moel (*g.cynn.*)
Hypochaeris maculata	spotted cat's-ear	melynydd brych (*g.cynn.*)
Leontodon autumnalis	autumn hawkbit	peradyl yr hydref (*g.cynn.*)
Leontodon hispidus	rough hawkbit	peradyl garw (*g.cynn.*)
Leontodon saxatilis	lesser hawkbit	peradyl bach (*g.cynn.*)
Picris echioides	bristly ox-tongue	tafod-y-llew gwrychog (*g.cynn.*)
Picris hieracioides	hawkweed ox-tongue	tafod y llew (*g.cynn.*)
Scorzonera humilis	viper's-grass	gwellt y wiber (*llu.*)
Tragopogon pratensis	goat's-beard	barf yr afr (*b.cynn.*)
Tragopogon porrifolius	salsify	barf-yr-afr gochlas (*b.cynn.*)
Tragopogon hybridus	slender salsify	barf-yr-afr fach (*b.cynn.*)
Aetheorhiza bulbosa	tuberous hawks-beard	barf y gwalch (*b.cynn.*)
Sonchus palustris	marsh sow-thistle	llaethysgallen y gors (*b.*) llaethysgall y gors
Sonchus arvensis	perennial sow-thistle	llaethysgallen y tir âr (*b.*) llaethysgall y tir âr
Sonchus oleraceus	smooth sow-thistle	llaethysgallen lefn (*b.*) llaethysgall llyfn (-ion)
Sonchus asper	prickly sow-thistle	llaethysgallen arw (*b.*) llaethysgall garw/geirwon
Lactuca serriola	prickly lettuce	letusen bigog (*b.*) letus pigog
Lactuca sativa	garden lettuce	letusen yr ardd (*b.*) letus yr ardd
Lactuca virosa	great lettuce	letusen chwerw (*b.*) letus chwerw
Lactuca saligna	least lettuce	letusen fach (*b.*) letus bach
Lactuca tatarica	blue lettuce	letusen las (*b.*) letus glas
Cicerbita alpina	Alpine blue-sow-thistle	llaethysgallen las yr Alpau (*b.*) llaethysgall glas/gleision yr Alpau
Cicerbita macrophylla	common blue-sow-thistle	llaethysgallen las (*b.*) llaethysgall glas/gleision
Cicerbita plumieri	hairless blue-sow-thistle	llaethysgallen las foel (*b.*) llaethysgall glas/gleision moel (-ion)
Cicerbita bourgaei	Pontic blue-sow-thistle	llaethysgallen las Georgia (*b.*) llaethysgall glas/gleision Georgia
Mycelis muralis	wall lettuce	gwylaeth y fagwyr (*g.cynn.*)
Taraxacum	dandelion	dant y llew (*g.cynn.*)

Mae dant y llew (*Taraxacum*) yn un o'r grwpiau o blanhigion a elwir gan fotanegwyr yn grwpiau critigol; gweler y Rhagymadrodd. Yn ôl yr ymdriniaeth safonol ddiweddaraf (Dudman a Richards 1997), ceir 235 o feicrorywogaethau o'r planhigyn hwn, a barnwyd ei bod yn anymarferol ceisio bathu enw Cymraeg ar gyfer pob un.

Dyma restr o feicrorywogaethau lle y ceir enw Cymraeg eisoes:

Taraxacum alpinum	dant-y-llew Alpaidd (*g.cynn.*)
Taraxacum dissectum	dant-y-llew rhwygddail (*g.cynn.*)
Taraxacum erythrosperma	dant-y-llew bach (*g.cynn.*)
Taraxacum fontanum	dant-y-llew llydanddail (*g.cynn.*)
Taraxacum glaciale	dant-y-llew y rhew (*g.cynn.*)

Taraxacum nigricans		dant-y-llew tywyll (*g.cynn.*)
Taraxacum pacheri		dant-y-llew Brenner (*g.cynn.*)
Taraxacum palustre		dant-y-llew'r gors (*g.cynn.*)
Taraxacum spectabile		dant-y-llew gwythïennau coch (-ion)(*g.cynn.*)
Crepis paludosa	marsh hawk's-beard	gwalchlys y gors (*g. cynn.*)
Crepis mollis	northern hawk's-beard	gwalchlys y Gogledd (*g.cynn.*)
Crepis biennis	rough hawk's-beard	gwalchlys garw (*g.cynn.*)
Crepis tectorum	narrow-leaved hawk's-beard	gwalchlys culddail (*g.cynn.*)
Crepis nicalensis	French hawk's-beard	gwalchlys Ffrainc (*g.cynn.*)
Crepis capillaris	smooth hawk's-beard	gwalchlys llyfn (*g.cynn.*)
Crepis vesicaria	beaked hawk's-beard	gwalchlys gylfinog (*g.cynn.*)
Crepis setosa	bristly hawk's-beard	gwalchlys gwrychog (*g.cynn.*)
Crepis foetida	stinking hawk's-beard	gwalchlys drewllyd (*g.cynn.*)
Crepis praemorsa	leafless hawk's-beard	gwalchlys coesnoeth (*g.cynn.*)
Pilosella peleteriana	shaggy mouse-ear-hawkweed	clust-y-llygoden hirflewog (*b.cynn.*)
Pilosella officinarum	mouse-ear-hawkweed	clust y llygoden (*b.cynn.*)
Pilosella flagellaris	Shetland mouse-ear-hawkweed	heboglys Shetland (*b.cynn.*)
Pilosella praealta	tall mouse-ear-hawkweed	clust-y-llygoden dal (*b.cynn.*)
Pilosella caespitosa	yellow fox-and-cubs	clust-y-llygoden siobynnog (*b.cynn.*)
Pilosella x floribunda	Irish fox-and-cubs	clust-y-llygoden groesryw (*b.*cynn.)
Pilosella aurantiaca	fox-and-cubs	clust-y-llygoden euraid (*b.cynn.*)
Hieracium	hawkweed	heboglys (*g.*)

Mae'r heboglys (*Hieracium*) yn un o'r grwpiau o blanhigion a elwir gan fotanegwyr yn grwpiau critigol; gweler y Rhagymadrodd. Yn ôl yr ymdriniaeth safonol ddiweddaraf (*New Flora of the British Isles. 2il Olygiad* gan Stace 1997), ceir 261 o feicrorywogaethau o'r planhigyn hwn, a barnwyd ei bod yn anymarferol ceisio bathu enw Cymraeg ar gyfer pob un.

Dyma restr o feicrorywogaethau lle y ceir enw Cymraeg eisoes:

Hieracium alpinum	heboglys y mynydd (*g.cynn.*)
Hieracium argenteum	heboglys arian (*g.cynn.*)
Hieracium boreale	heboglys llydanddail (*g.cynn.*)
Hieracium erinthoides	heboglys llysiau'r mêl (*g.cynn.*)
Hieracium denticulatum	heboglys mân-ddeintiog (*g.cynn.*)
Hieracium holosericeum	heboglys hardd (*g.cynn.*)
Hieracium humile	heboglys bychan (*g.cynn.*)
Hieracium lanatum	heboglys gwlanog (*g.cynn.*)
Hieracium latobrigorum	heboglys y bryniau (*g.cynn.*)
Hieracium maculatum	heboglys brith (*g.cynn.*)
Hieracium murorum	heboglys y muriau (*g.cynn.*)
Hieracium nigrescens	heboglys penddu (*g.cynn.*)
Hieracium pallidum	heboglys gwelw (*g.cynn.*)
Hieracium paludosum	heboglys y gors (*g.cynn.*)
Hieracium perpropinqueum	heboglys blewog (*g.cynn.*)
Hieracium prenanthoides	heboglys ymylon garw/geirwon (*g.cynn.*)
Hieracium rigens	heboglys porffor (*g.cynn.*)
Hieracium sylvaticum	heboglys y goedwig (*g.cynn.*)
Hieracium trichocaulon	heboglys y perthi (*g.cynn.*)
Hieracium umbellatum	heboglys culddail (*g.cynn.*)/

		heboglys y llwyni (*g.cynn.*)
Hieracium vulgatum		heboglys cyffredin (*g.cynn.*)
Arctotheca calendula	plain treasure flower	blodyn-trysor unlliw (*g.*) blodau-trysor unlliw
Gazania rigens	treasure flower	blodyn trysor (*g.cynn.*) blodau trysor
Filago vulgaris	common cudweed	edafeddog lwyd (*b.cynn.*)
Filago lutescens	red-tipped cudweed	edafeddog flaengoch (*b.cynn.*)
Filago pyramidata	broad-leaved cudweed	edafeddog lydanddail (*b.cynn.*)
Filago minima	small cudweed	edafeddog fach (*b.cynn.*)
Filago gallica	narrow-leaved cudweed	edafeddog gulddail (*b.cynn.*)
Antennaria dioica	mountain everlasting	edafeddog y mynydd (*b.cynn.*)
Anaphalis margaritacea	pearly everlasting	edafeddog hirhoedlog (*b.cynn.*)
Gnaphalium norvegicum	Highland cudweed	edafeddog yr Alban (*b.cynn.*)
Gnaphalium sylvaticum	heath cudweed	edafeddog y rhos (*b.cynn.*)
Gnaphalium supinum	dwarf cudweed	coredafeddog y mynydd (*b.cynn.*)
Gnaphalium purpureum	American cudweed	edafeddog America (*b.cynn.*)
Gnaphalium uliginosum	marsh cudweed	edafeddog y gors (*b.cynn.*)
Gnaphalium luteoalbum	Jersey cudweed	edafeddog felynwen (*b.cynn.*)
Gnaphalium undulatum	Cape cudweed	edafeddog ddrewllyd (*b.cynn.*)
Helichrysum bellidioides	New Zealand everlasting-flower	blodyn anwyw Seland Newydd (*g.*) blodau anwyw Seland Newydd
Inula helenium	elecampane	marchalan (*g.cynn.*)
Inula salicina	Irish fleabane	cedowydd Gwyddelig (*llu.*)
Inula oculus-christi	hairy fleabane	cedowydd blewog (*llu.*)
Inula conyzae	ploughman's-spikenard	meddyg y bugail (*g.cynn.*)
Inula crithmoides	golden-samphire	cedowydd suddlon (*llu.*)
Dittrichia viscosa	woody fleabane	cedowydd prennaidd (*llu.*)
Dittrichia graveolens	stinking fleabane	cedowydd drewllyd (*llu.*)
Pulicaria dysenterica	common fleabane	cedowydd (*llu.*)
Pulicaria vulgaris	small fleabane	cedowydd bach (*llu.*)
Telekia speciosa	yellow ox-eye	llygad-llo melyn (*g.cynn.*)
Grindelia stricta	coastal gum plant	grindelia (*g.cynn.*)
Calotis cuneifolia	bur daisy	llygad-y-dydd cynghafog (*g.cynn.*)
Solidago virgaurea	goldenrod	eurwialen (*b.cynn.*) eurwiail
Solidago rugosa	rough-stemmed goldenrod	eurwialen arw (*b.cynn.*) eurwiail garw/ geirwon
Solidago canadensis	Canadian goldenrod	eurwialen Canada (*b.*) eurwiail Canada
Solidago gigantea	early goldenrod	eurwialen gynnar (*b.*) eurwiail cynnar
Solidago graminifolia	grass-leaved goldenrod	eurwialen feinddail (*b.*) eurwiail meinddail
Aster schreberi	nettle-leaved Michaelmas-daisy	blodyn-Mihangel dail danadl (*g.*) blodau-Mihangel dail danadl
Aster novae-angliae	hairy Michaelmas-daisy	blodyn-Mihangel blewog (*g.*) blodau-Mihangel blewog
Aster laevis	glaucous Michaelmas-daisy	blodyn-Mihangel llwydlas (*g.*) blodau-Mihangel llwydlas
Aster x versicolor	late Michaelmas-daisy	blodyn-Mihangel diweddar (*g.*) blodau-Mihangel diweddar
Aster novi-belgii	confused Michaelmas-daisy	blodyn-Mihangel dyrys (*g.*) blodau-Mihangel dyrys
Aster x salignus	common Michaelmas-daisy	blodyn Mihangel (*g.*) blodau Mihangel
Aster lanceolatus	narrow-leaved Michaelmas-daisy	blodyn-Mihangel culddail (*g.*)

		blodau-Mihangel culddail
Aster tripolium	sea aster	seren y morfa (*b.*) sêr y morfa
Aster linosyris	goldilocks aster	gold y môr (*g.cynn.*)
Chrysocoma coma-aurea	shrub goldilocks	eurwallt (*g.cynn.*)
Chrysocoma tenuifolia	fine-leaved goldilocks	eurwallt meinddail (*g.cynn.*)
Erigeron glaucus	seaside daisy	amrhydlwyd arfor (*g.cynn.*)
Erigeron philadelphicus	robin's plantain	amrhydlwyd America (*g.cynn.*)
Erigeron borealis	Alpine fleabane	amrhydlwyd y mynydd (*g.cynn.*)
Erigeron karvinskianus	Mexican fleabane	amrhydlwyd y cerrig (*g.cynn.*)
Erigeron annuus	tall fleabane	amrhydlwyd tal (*g.cynn.*)
Erigeron acer	blue fleabane	amrhydlwyd glas (*g.cynn.*)
Conyza canadensis	Canadian fleabane	amrhydlwyd Canada (*g.cynn.*)
Conyza sumatrensis	Guernsey fleabane	amrhydlwyd Guernsey (*g.cynn.*)
Conyza bonariensis	Argentine fleabane	amrhydlwyd yr Ariannin (*g.cynn.*)
Callistephus chinensis	China aster	seren Tsieina (*b.*) sêr Tsieina
Olearia paniculata	akiharo	llwyn-llygad-y-dydd paniclaidd (*g.*) -i-llygad-y-dydd paniclaidd
Olearia avicenniifolia	Mangrove-leaved daisy-bush	llwyn-llygad-y-dydd dail mangrof (*g.*) -i-llygad-y-dydd dail mangrof
Olearia x haastii	daisy-bush	llwyn llygad y dydd (*g.*) -i llygad y dydd
Olearia macrodonta	New Zealand holly	llwyn-llygad-y-dydd celynnog (*g.*) -i-llygad-y-dydd celynnog
Olearia traversii	ake-ake	llwyn-llygad-y-dydd Travers (*g.*) -i-llygad-y-dydd Travers
Baccharis halimiifolia	tree groundsel	llwyn creulys (*g.*) -i creulys
Bellis perennis	daisy	llygad y dydd (*g.cynn.*)
Tanacetum parthenium	feverfew	y wermod wen (*b.cynn.*)
Tanacetum macrophyllum	rayed tansy	tansi petalog (*g.cynn.*)
Tanacetum vulgare	tansy	tansi (*g.cynn.*)
Tanacetum balsamita	costmary	tansi Mair (*g.cynn.*)
Seriphidium maritimum	sea wormwood	wermod y môr (*b.cynn.*)
Artemisia vulgaris	mugwort	y feidiog lwyd (*b.cynn.*)
Artemisia verlotiorum	Chinese mugwort	beidiog Tsieina (*b.cynn.*)
Artemisia absinthium	wormwood	y wermod lwyd (*b.cynn.*)
Artemisia stelleriana	hoary mugwort	y feidiog wen (*b.cynn.*)
Artemisia norvegica	Norwegian mugwort	beidiog yr Alban (*b.cynn.*)
Artemisia abrotanum	southernwood	hen ŵr (*g.cynn.*)
Artemisia biennis	slender mugwort	y feidiog fain (*b.cynn.*)
Artemisia annua	annual mugwort	y feidiog unflwydd (*b.cynn.*)
Artemisia dracunculus	tarragon	taragon (*g.cynn.*)
Artemisia campestris	field wormwood	y feidiog ddi-sawr (*b.cynn.*)
Santolina chamaecyparissus	lavender cotton	hen wraig (*b.cynn.*)
Otanthus maritimus	cottonweed	edafeddog y môr (*b.cynn.*)
Achillea ptarmica	sneezewort	ystrewlys (*g.cynn.*)
Achillea ligustica	southern yarrow	milddail Casnewydd (*b.cynn.*)
Achillea millefolium	yarrow	milddail (*b.cynn.*)
Achillea distans	tall yarrow	milddail dal (*b.cynn.*)
Chamaemelum nobile	chamomile	camri (*g.cynn.*)
Anthemis punctata	Sicilian chamomile	camri arfor (*g.cynn.*)
Anthemis arvensis	corn chamomile	camri'r ŷd (*g.cynn.*)
Anthemis cotula	stinking chamomile	camri'r cŵn (*g.cynn.*)
Anthemis tinctoria	yellow chamomile	camri melyn (*g.cynn.*)
Chrysanthemum segetum	corn marigold	melyn yr ŷd (*g.cynn.*)

Chrysanthemum coronarium	Crown Daisy	melyn-yr-ŷd coronog (*g.cynn.*)
Leucanthemella serotina	autumn oxeye	llygad-llo'r hydref (*g.cynn.*)
Leucanthemum vulgare	ox-eye daisy	llygad-llo mawr (*g.cynn.*)
Leucanthemum x superbum	Shasta daisy	y llygad-llo mwyaf (*g.cynn.*)
Matricaria recutita	scented mayweed	amranwen bêr (*b.cynn.*)
Matricaria discoidea	pineapple weed	chwynnyn pinafal (*g.*) chwyn pinafal
Tripleurospermum maritimum	sea mayweed	amranwen arfor (*b.cynn.*)
Tripleurospermum inodorum	scentless mayweed	amranwen ddi-sawr (*b.cynn.*)
Cotula coronopifolia	buttonweed	blodyn botwm (*g.*) blodau botwm
Cotula australis	annual buttonweed	blodyn-botwm unflwydd (*g.*) blodau-botwm unflwydd
Cotula dioica	hairless leptinella	leptinela moel (*g.cynn.*)
Cotula squalida	leptinella	leptinela (*g.cynn.*)
Senecio cineraria	silver ragwort	creulys ariannaid (*b.cynn.*)
Senecio pterophorus	shoddy ragwort	creulys y gwlân (*b.cynn.*)
Senecio glastifolius	woad-leaved ragwort	creulys dail llysiau'r lliw (*b.cynn.*)
Senecio grandiflorus	purple ragwort	creulys borffor (*b.cynn.*)
Senecio inaequidens	narrow-leaved ragwort	creulys gulddail (*b.cynn.*)
Senecio fluviatilis	broad-leaved ragwort	creulys lydanddail (*b.cynn.*)
Senecio ovatus	wood ragwort	creulys y coed (*b.cynn.*)
Senecio doria	golden ragwort	creulys euraid (*b.cynn.*)
Senecio paludosus	fen ragwort	creulys y ffos (*b.cynn.*)
Senecio doronicum	chamois ragwort	creulys y geifr (*b.cynn.*)
Senecio smithii	Magellan ragwort	creulys Patagonia (*b.cynn.*)
Senecio jacobaea	common ragwort	llysiau'r gingroen (*llu.*)
Senecio aquaticus	marsh ragwort	creulys y gors (*b.cynn.*)
Senecio erucifolius	hoary ragwort	creulys lwyd (*b.cynn.*)
Senecio squalidus	Oxford ragwort	creulys Rhydychen (*b.cynn.*)
Senecio cambrensis	Welsh groundsel	creulys Gymreig (*b.cynn.*)
Senecio vulgaris	groundsel	creulys (*b.cynn.*)
Senecio vernalis	eastern groundsel	creulys y Dwyrain (*b.cynn.*)
Senecio sylvaticus	heath groundsel	creulys y rhos (*b.cynn.*)
Senecio viscosus	sticky groundsel	creulys ludiog (*b.cynn.*)
Pericallis hybrida	cineraria	chweinllys yr ardd (*g.cynn.*)
Delairea odorata	German-ivy	creulys dail eiddew (*b.cynn.*)
Tephroseris integrifolia	field fleawort	chweinllys y maes (*g.cynn.*)
ssp. integriflora		chweinllys y maes (*g.cynn.*)
ssp. maritima		chweinllys Ynys Cybi (*g.cynn.*)
Tephroseris palustris	marsh fleawort	chweinllys y gors (*g.cynn.*)
Brachyglottis 'Sunshine'	shrub ragwort	llwyn-creulys 'Sunshine' (*g.*) -i-creulys 'Sunshine'
Brachyglottis monroi	Monro's ragwort	llwyn-creulys Monro (*g.*) -i-creulys Monro
Brachyglottis repanda	hedge ragwort	llwyn-creulys hirddail (*g.*) -i-creulys hirddail
Sinacalia tangutica	Chinese ragwort	creulys Tsieina (*b.cynn.*)
Ligularia dentata	leopard plant	creulys y llewpart (*b.cynn.*)
Ligularia przewalskii	Przewalskii's leopard-plant	creulys-y-llewpart Przewalskii (*b.cynn.*)
Doronicum pardalianches	leopard's-bane	llysiau'r llewpart (*llu.*)
Doronicum x willdenowii	Willdenow's leopard's-bane	llysiau'r-llewpart Willdenow (*llu.*)
Doronicum plantagineum	plantain-leaved leopard's-bane	llysiau'r-llewpart dail llyriad (*llu.*)
Doronicum x excelsum	Harpur-Crewe's leopard's-bane	llysiau'r-llewpart Harpur-Crewe (*llu.*)
Doronicum columnae	eastern leopard's-bane	llysiau'r-llewpart dwyreiniol (*llu.*)

Tussilago farfara	colts-foot	carn yr ebol (*g.cynn.*)
Petasites hybridus	butterbur	alan mawr (*g.*) -non mawr (-ion)
Petasites japonicus	giant butterbur	yr alan mwyaf (*g.*) -non mwyaf
Petasites albus	white butterbur	alan bach (*g.*) -non bach
Petasites fragrans	winter heliotrope	alan pêr (*g.*) -non pêr
Homogyne alpina	purple coltsfoot	carn-yr-ebol porffor (*g.cynn.*)
Calendula officinalis	pot marigold	melyn Mair (*g.cynn.*)
Calendula arvensis	field marigold	melyn-Mair yr ŷd (*g.cynn.*)
Ambrosia artemisiifolia	ragweed	bratlys (*g.cynn.*)
Ambrosia psilostachya	perennial ragweed	bratlys lluosflwydd (*g.cynn.*)
Ambrosia trifida	giant ragweed	bratlys enfawr (*g.cynn.*)
Iva xanthiifolia	marsh-elder	bratlys melynddail (*g.cynn.*)
Xanthium strumarium	rough cocklebur	penfachog garw (*g.cynn.*)
Xanthium spinosum	spiny cocklebur	penfachog pigog (*g.cynn.*)
Xanthium ambrosioides	Argentine cocklebur	penfachog yr Ariannin (*g.cynn.*)
Guizotia abyssinica	Niger	guizotia (*g.cynn.*)
Sigesbeckia orientalis	eastern St. Paul's wort	llysiau-Pawl Asia (*llu.*)
Sigesbeckia serrata	western St. Paul's wort	llysiau-Pawl America (*llu.*)
Rudbeckia hirta	black-eyed Susan	blodyn-pigwrn blewog (*g.*) blodau-pigwrn blewog
Rudbeckia laciniata	coneflower	blodyn pigwrn (*g.*) blodau pigwrn
Helianthus annuus	sunflower	blodyn yr haul (*g.*) blodau'r haul
Helianthus petiolaris	lesser sunflower	blodyn-yr-haul bach (*g.*) blodau'r-haul bach
Helianthus x multiflorus	thin-leaved sunflower	blodyn-yr-haul dail tenau (*g.*) blodau'r-haul dail tenau
Helianthus x laetiflorus	perennial sunflower	blodyn-yr-haul lluosflwydd (*g.*) blodau'r-haul lluosflwydd
Helianthus tuberosus	Jerusalem artichoke	blodyn-yr-haul oddfog (*g.*) blodau'r-haul goddfog
Galinsoga parviflora	gallant-soldier	galinsoga (*g.cynn.*)
Galinsoga quadriradiata	shaggy-soldier	galinsoga blewog (*g.cynn.*)
Bidens cernua	nodding bur-marigold	graban gogwydd (*g.cynn.*)
Bidens tripartita	trifid bur-marigold	graban teiran (*g.cynn.*)
Bidens connata	London bur-marigold	graban Llundain (*g.cynn.*)
Bidens frondosa	beggarticks	graban deiliog (*g.cynn.*)
Bidens pilosa	black-jack	graban blewog (*g.cynn.*)
Bidens bipinnata	Spanish-needles	graban dwyasgellog (*g.cynn.*)
Coreopsis grandiflora	large-flowered tickseed	blodyn trogod (*g.*) blodau trogod
Cosmos bipinnatus	Mexican aster	cosmos Mecsico (*g.cynn.*)
Dahlia pinnata	dahlia	dahlia (*g.*) dahlias
Tagetes erecta	African marigold	gold talsyth (*g.cynn.*)
Tagetes patula	French marigold	gold Ffrainc (*g.cynn.*)
Tagetes minuta	southern marigold	gold y De (*g.cynn.*)
Schkuhria pinnata	dwarf marigold	gold bach (*g.cynn.*)
Gaillardia x grandiflora	blanketflower	blodyn gwely (*g.*)blodau gwely
Helenium autumnale	sneezeweed	blodyn tisian (*g.*) blodau tisian
Eupatorium cannabinum	hemp-agrimony	byddon chwerw (*b.cynn.*)
Ageratum houstonianum	flossflower	ageratwm (*g.cynn.*)

LILIIDAE (monocotoledonau - planhigion blodeuol ag un had-ddeilen)

BUTOMACEAE - teulu'r frwynen flodeuog

Butomus umbellatus	flowering-rush	brwynen flodeuog (*b.*) brwyn blodeuog

ALISMATACEAE - teulu llyriad y dŵr

Sagittaria sagittifolia	arrowhead	saethlys (*g.cynn.*)
Sagittaria latifolia	duck potato	saethlys llydanddail (*g.cynn.*)
Sagittaria rigida	Canadian arrowhead	saethlys Canada (*g.cynn.*)
Sagittaria subulata	narrow-leaved arrowhead	saethlys culddail (*g.cynn.*)
Baldellia ranunculoides	lesser water-plantain	llyriad-y-dŵr bach (*g.*) llyriaid-y-dŵr bach
Luronium natans	floating water-plantain	llyriad-y-dŵr arnofiol (*g.cynn.*) llyriaid-y-dŵr arnofiol
Alisma plantago-aquatica	water plantain	llyriad y dŵr (*g.cynn.*) llyriaid y dŵr
Alisma lanceolatum	narrow-leaved water-plantain	llyriad-y-dŵr culddail (*g.cynn.*) llyriaid-y-dŵr culddail
Alisma gramineum	ribbon-leaved water-plantain	llyriad-y-dŵr hirfain (*g.cynn.*) llyriaid-y-dŵr hirfain
Damasonium alisma	starfruit	llyriad-y-dŵr sêr-ffrwythog (*g.cynn.*) llyriaid-y-dŵr sêr-ffrwythog

HYDROCHARITACEAE - teulu'r ffugalaw

Hydrocharis morsus-ranae	frogbit	ffugalaw bach (*g.cynn.*)
Stratiotes aloides	water-soldier	milwr y dŵr (*g.cynn.*)
Egeria densa	large-flowered waterweed	ffugalaw prinflodeuog (*g.cynn.*)
Elodea canadensis	Canadian waterweed	ffugalaw Canada (*g.cynn.*)
Elodea nuttallii	Nuttall's waterweed	ffugalaw Nuttall (*g.cynn.*)
Elodea callitrichoides	South American waterweed	ffugalaw De America (*g.cynn.*)
Hydrilla verticillata	Esthwaite waterweed	ffugalaw gwelw (*g.cynn.*)
Lagarosiphon major	curly waterweed	ffugalaw crych (*g.cynn.*)
Vallisneria spiralis	tapegrass	rhuban y dŵr (*g.cynn.*)

APONOGETONACEAE - teulu alaw De Affrica

Aponogeton distachyos	Cape-pondweed	alaw De Affrica (*g.cynn.*)

SCHEUCHZERIACEAE - teulu brwynen Rannoch

Scheuchzeria palustris	Rannoch-rush	brwynen Rannoch (*b.*) brwyn Rannoch

JUNCAGINACEAE - teulu'r saethbennig

Triglochin palustre	marsh arrowgrass	saethbennig y gors (*g.cynn.*)

Triglochin maritimum	sea arrowgrass	saethbennig y morfa (*g.cynn.*)

POTAMOGETONACEAE - teulu'r dyfrllys

Potamogeton natans	broad-leaved pondweed	dyfrllys llydanddail (*g.cynn.*)
Potamogeton x sparganiifolius	ribbon-leaved pondweed	dyfrllys rhubanog (*g.cynn.*)
Potamogeton polygonifolius	bog pondweed	dyfrllys y gors (*g.cynn.*)
Potamogeton coloratus	fen pondweed	dyfrllys y gors galchog (*g.cynn.*)
Potamogeton nodosus	Loddon pondweed	dyfrllys Loddon (*g.cynn.*)
Potamogeton lucens	shining pondweed	dyfrllys disglair (*g.cynn.*)
Potamogeton x zizii	long-leaved pondweed	dyfrllys hirddail (*g.cynn.*)
Potamogeton x salicifolius	willow-leaved pondweed	dyfrllys dail helyg (*g.cynn.*)
Potamogeton gramineus	various-leaved pondweed	dyfrllys amryddail (*g.cynn.*)
Potamogeton x nitens	bright-leaved pondweed	dyfrllys dail gloyw (*g.cynn.*)
Potamogeton alpinus	red pondweed	dyfrllys coch (*g.cynn.*)
Potamogeton x olivaceus	graceful pondweed	dyfrllys gosgeiddig (*g.cynn.*)
Potamogeton praelongus	long-stalked pondweed	dyfrllys hirgoes (*g.cynn.*)
Potamogeton perfoliatus	perfoliate pondweed	dyfrllys trydwll (*g.cynn.*)
Potamogeton x cooperi	Cooper's pondweed	dyfrllys Cooper (*g.cynn.*)
Potamogeton epihydrus	American pondweed	dyfrllys America (*g.cynn.*)
Potamogeton friesii	flat-stalked pondweed	dyfrllys gwastatgoes (*g.cynn.*)
Potamogeton x lintonii	Linton's pondweed	dyfrllys Linton (*g.cynn.*)
Potamogeton rutilus	Shetland pondweed	dyfrllys Shetland (*g.cynn.*)
Potamogeton pusillus	lesser pondweed	dyfrllys eiddil (*g.cynn.*)
Potamogeton obtusifolius	blunt-leaved pondweed	dyfrllys dail aflym (*g.cynn.*)
Potamogeton berchtoldii	small pondweed	dyfrllys bach (*g.cynn.*)
Potamogeton trichoides	hairlike pondweed	dyfrllys blewynnaidd (*g.cynn.*)
Potamogeton compressus	grass-wrack pondweed	dyfrllys cywasg (*g.cynn.*)
Potamogeton acutifolius	sharp-leaved pondweed	dyfrllys dail llym (-ion) (*g.cynn.*)
Potamogeton crispus	curled pondweed	dyfrllys crych (-ion) (*g.cynn.*)
Potamogeton filiformis	slender-leaved pondweed	dyfrllys meinddail (*g.cynn.*)
Potamogeton x suecicus	Swedish pondweed	dyfrllys Sweden (*g.cynn.*)
Potamogeton pectinatus	fennel pondweed	dyfrllys blaenllym (*g.cynn.*)
Groenlandia densa	opposite-leaved pondweed	dyfrllys cyferbynddail (*g.cynn.*)

RUPPIACEAE - teulu'r tusw

Ruppia maritima	beaked tasselweed	tusw arfor (*g.*) -au arfor
Ruppia cirrhosa	spiral tasselweed	tusw troellog (*g.*) -au troellog

NAJADACEAE - teulu'r naiad

Najas flexilis	slender naiad	naiad ystwyth (*b.*) -au ystwyth
Najas marina	holly-leaved naiad	naiad arfor (*b.*) -au arfor

ZANNICHELLIACEAE - teulu'r llynwlyddyn

Zannichellia palustris	horned pondweed	llynwlyddyn corniog (*g.*) llynwlydd corniog

ZOSTERACEAE - teulu gwellt y gamlas

Zostera marina	eelgrass	gwellt y gamlas (*llu.*)
Zostera angustifolia	narrow-leaved eelgrass	gwellt-y-gamlas culddail (*g.cynn.*)
Zostera noltei	dwarf eelgrass	gwellt-y-gamlas bach (*g.cynn.*)

ARACEAE - teulu pidyn y gog

Acorus calamus	sweet-flag	gellesgen bêr (*b.*) gellesg pêr
Acorus gramineus	Slender sweet-flag	gellesgen bêr fain (*b.*) gellesg pêr main
Lysichiton americanus	American skunk-cabbage	pidyn-y-gog Americanaidd (*g.cynn.*)
Lysichiton camtschatcensis	Asian skunk-cabbage	pidyn-y-gog Asiaidd (*g.cynn.*)
Calla palustris	bog arum	pidyn-y-gog y gors (*g.cynn.*)
Zantedeschia aethiopica	altar-lily	lili'r Pasg (*b.*) liliau'r Pasg
Arum maculatum	lords-and-ladies	pidyn y gog (*g.cynn.*)
Arum italicum	Italian lords and ladies	pidyn-y-gog Eidalaidd (*g.cynn.*)
Dracunculus vulgaris	dragon arum	pidyn-y-gog porffor (*g.cynn.*)
Arisarum proboscideum	mousetail plant	cynffon llygoden (*b.cynn.*)

LEMNACEAE - teulu llinad y dŵr

Spirodela polyrhiza	greater duckweed	llinad mawr (*g.cynn.*)
Lemna gibba	fat duckweed	llinad crythog (*g.cynn.*)
Lemna minor	common duckweed	llinad y dŵr (*g.cynn.*)
Lemna trisulca	ivy-leaved duckweed	llinad dail eiddew (*g.cynn.*)
Lemna minuta	least duckweed	llinad bach (*g.cynn.*)
Wolffia arrhiza	rootless duckweed	llinad di-wraidd (*g.cynn.*)

COMMELINACEAE - teulu llysiau pryf-copyn/llysiau'r corryn

Tradescantia virginiana	spiderwort	llysiau'r pryf copyn (*llu.*)/ llysiau'r corryn (*llu.*)
Tradescantia fluminensis	wandering Jew	llysiau'r-pryf-copyn Brasil (*llu.*) / llysiau'r-corryn Brasil (*llu.*)

ERIOCAULON - teulu'r pibennog

Eriocaulon aquaticum	pipewort	pibennog (*g.cynn.*)

JUNCACEAE - teulu'r frwynen

Juncus squarrosus	heath rush	brwynen droellgorun (*b.*) brwyn troellgorun
Juncus tenuis	slender rush	brwynen fain (*b.*) brwyn main/meinion
Juncus compressus	round-fruited rush	brwynen ffrwythgron (*b.*) brwyn ffrwythgrwn
Juncus gerardii	salt-marsh-rush	brwynen Gerard (*b.*) brwyn Gerard
Juncus trifidus	three-leaved rush	brwynen deirdalen (*b.*) brwyn teirdalen

Juncus foliosus	leafy rush	brwynen ddeiliog (*b.*) brwyn deiliog
Juncus bufonius	toad rush	brwynen y llyffant du (*b.*) brwyn y llyffant du
Juncus ambiguus	frog rush	brwynen y broga (*b.*) brwyn y broga
Juncus planifolius	broad-leaved rush	brwynen lydanddail (*b.*) brwyn llydanddail
Juncus capitatus	dwarf rush	corfrwynen (*b.*) corfrwyn
Juncus subnodulosus	blunt-flowered rush	brwynen flaendon (*b.*) brwyn blaendwn
Juncus alpinoarticulatus	Alpine rush	brwynen y mynydd (*b.*) brwyn y mynydd
Juncus articulatus	jointed rush	brwynen gymalog (*b.*) brwyn cymalog
Juncus acutiflorus	sharp-flowered rush	brwynen flodeufain (*b.*) brwyn blodeufain
Juncus bulbosus	bulbous rush	brwynen oddfog (*b.*) brwyn goddfog
Juncus pygmaeus	pigmy rush	brwynen fach (*b.*) brwyn bach
Juncus biglumis	two-flowered rush	brwynen ddau-flodeuog (*b.*) brwyn dau-flodeuog
Juncus triglumis	three-flowered rush	brwynen dri-blodeuog (*b.*) brwyn tri-blodeuog
Juncus castaneus	chestnut rush	brwynen gastanliw (*b.*) brwyn castanliw
Juncus maritimus	sea rush	brwynen arfor (*b.*) brwyn arfor
Juncus acutus	sharp rush	brwynen lem (*b.*) brwyn llym (-ion)
Juncus subulatus	Somerset rush	brwynen Gwlad-yr-haf (*b.*) brwyn Gwlad-yr-haf
Juncus balticus	Baltic rush	brwynen y Baltig (*b.*) brwyn y Baltig
Juncus filiformis	thread rush	brwynen edafeddog (*b.*) brwyn edafeddog
Juncus inflexus	hard-rush	brwynen galed (*b.*) brwyn caled
Juncus effusus	soft-rush	brwynen babwyr (*b.*) brwyn pabwyr
Juncus conglomeratus	compact rush	brwynen bellennaidd (*b.*) brwyn pellennaidd
Juncus pallidus	great soft rush	brwynen fawr (*b.*) brwyn mawr (-ion)
Luzula forsteri	southern wood-rush	coedfrwynen gulddail (*b.*) coedfrwyn culddail
Luzula pilosa	hairy wood-rush	coedfrwynen flewog (*b.*) coedfrwyn blewog
Luzula sylvatica	great wood-rush	coedfrwynen fawr (*b.*) coedfrwyn mawr (-ion)
Luzula luzuloides	white wood-rush	coedfrwynen wen (*b.*) coedfrwyn gwyn (-ion)
Luzula campestris	field wood-rush	milfyw (*b.cynn.*)
Luzula multiflora	heath wood-rush	coedfrwynen luosben (*b.*) coedfrwyn lluosben
Luzula pallidula	fen wood-rush	coedfrwynen welw (*b.*) coedfrwyn gwelw
Luzula arcuata	curved wood-rush	coedfrwynen grom (*b.*) coedfrwyn crwm/crymion
Luzula spicata	spiked wood-rush	coedfrwynen ysbigog (*b.*) coedfrwyn ysbigog

CYPERACEAE - teulu'r hesgen

Eriophorum angustifolium	common cottongrass	plu'r gweunydd (*llu.*)
Eriophorum latifolium	broad-leaved cottongrass	plu'r gweunydd llydanddail (*llu.*)
Eriophorum gracile	slender cottongrass	plu'r gweunydd eiddil (*llu.*)
Eriophorum vaginatum	hare's-tail cottongrass	plu'r gweunydd unben (*llu.*)
Trichophorum alpinum	cotton deergrass	clwbfrwynen y mynydd (*b.*) clwbfrwyn y mynydd
Trichophorum cespitosum	deergrass	clwbfrwynen y mawn (*b.*) clwbfrwyn y mawn
Eleocharis palustris	common spike-rush	ysbigfrwynen (*b.*) ysbigfrwyn
Eleocharis austriaca	northern spike-rush	ysbigfrwynen y Gogledd (*b.*) ysbigfrwyn y Gogledd
Eleocharis uniglumis	slender spike-rush	ysbigfrwynen un cibyn (*b.*) ysbigfrwyn un cibyn
Eleocharis multicaulis	many-stalked spike-rush	ysbigfrwynen gadeiriog (*b.*) ysbigfrwyn cadeiriog
Eleocharis quinqueflora	few-flowered spike-rush	ysbigfrwynen goch (*b.*) ysbigfrwyn coch (-ion)
Eleocharis acicularis	needle spike-rush	ysbigfrwynen fain (*b.*) ysbigfrwyn main/meinion
Eleocharis parvula	dwarf spike-rush	ysbigfrwynen fach (*b.*) ysbigfrwyn bach
Bolboschoenus maritimus	sea club-rush	ysbigfrwynen y morfa (*b.*) ysbigfrwyn y morfa
Scirpus sylvaticus	wood club-rush	clwbfrwynen bengron (*b.*) clwbfrwyn pengrwn
Scirpoides holoschoenus	round-headed club-rush	clwbfrwynen y coed (*b.*) clwbfrwyn y coed
Schoenoplectus lacustris	common club-rush	llafrwynen (*b.*) llafrwyn
Schoenoplectus tabernaemontani	grey club-rush	llafrwynen arfor (*b.*) llafrwyn arfor
Schoenoplectus triqueter	triangular club-rush	llafrwynen drionglog (*b.*) llafrwyn trionglog
Schoenoplectus pungens	sharp club-rush	llafrwynen finiog (*b.*) llafrwyn miniog
Isolepis setacea	bristle club-rush	clwbfrwynen wrychog (*b.*) clwbfrwyn gwrychog
Isolepis cernua	slender club-rush	clwbfrwynen fain (*b.*) clwbfrwyn main/meinion
Eleogiton fluitans	floating club-rush	clwbfrwynen arnofiol (*b.*) clwbfrwyn arnofiol
Blysmus compressus	flat sedge	corsfrwynen arw (*b.*) corsfrwyn garw/geirw
Blysmus rufus	salt-marsh flat sedge	corsfrwynen y morfa (*b.*) corsfrwyn y morfa
Cyperus longus	galingale	ysnoden Fair (*b.cynn.*)
Cyperus eragrostis	pale galingale	ysnoden-Fair welw (*b.cynn.*)
Cyperus fuscus	brown galingale	ysnoden-Fair lwytgoch (*b.cynn.*)
Schoenus nigricans	black bog-rush	corsfrwynen ddu (*b.*) corsfrwyn du
Schoenus ferrugineus	brown bog-rush	corsfrwynen rudd (*b.*) corsfrwyn rhudd (-ion)
Rhynchospora alba	white beak-sedge	corsfrwynen wen (*b.*) corsfrwyn gwyn (-ion)
Rhynchospora fusca	brown beak-sedge	corsfrwynen losg (*b.*) corsfrwyn llosg

Cladium mariscus	great fen-sedge	corsfrwynen lem (*b.*) corsfrwyn llym (-ion)
Kobresia simpliciuscula	false sedge	ffug-hesgen (*b.*) ffug-hesg
Carex paniculata	greater tussock-sedge	hesgen rafunog fawr (*b.*) hesg rhafunog mawr (-ion)
Carex appropinquata	fibrous tussock-sedge	hesgen ffibrog (*b.*) hesg ffibrog
Carex diandra	lesser tussock-sedge	hesgen rafunog fach (*b.*) hesg rhafunog bach
Carex vulpina	true fox-sedge	hesgen dywysennog fawr (*b.*) hesg tywysennog mawr (-ion)
Carex otrubae	false fox-sedge	hesgen dywysennog goesadeiniog (*b.*) hesg tywysennog coesadeiniog
Carex vulpinoidea	American fox-sedge	hesgen dywysennog America (*b.*) hesg tywysennog America
Carex spicata	spiked sedge	hesgen ysbigog borffor (*b.*) hesg ysbigog porffor
Carex muricata	prickly sedge	hesgen ysbigog (*b.*) hesg ysbigog
Carex divulsa	grey sedge	hesgen lwyd (*b.*) hesg llwyd (-ion)
Carex arenaria	sand sedge	hesgen y tywod (*b.*) hesg y tywod
Carex disticha	brown sedge	hesgen lygliw (*b.*) hesg llygliw
Carex chordorrhiza	string sedge	hesgen linynnog (*b.*) hesg llinynnog
Carex divisa	divided sedge	hesgen ranedig (*b.*) hesg rhanedig
Carex maritima	curved sedge	hesgen grom (*b.*) hesg crwm/crymion
Carex remota	remote sedge	hesgen blodau anghyfagos (*b.*) hesg blodau anghyfagos
Carex ovalis	oval sedge	hesgen hirgron (*b.*) hesg hirgrwn
Carex echinata	star sedge	sêr-hesgen (*b.*) sêr-hesg
Carex dioica	dioecious sedge	hesgen ysgar (*b.*) hesg ysgar
Carex davalliana	Davall's sedge	hesgen Davall (*b.*) hesg Davall
Carex elongata	elongated sedge	hesgen hir (*b.*) hesg hir (-ion)
Carex lachenalii	hare's-foot sedge	hesgen troed ysgyfarnog (*b.*) hesg troed ysgyfarnog
Carex curta	white sedge	hesgen benwen (*b.*) hesg penwyn
Carex hirta	hairy sedge	hesgen flewog (*b.*) hesg blewog
Carex lasiocarpa	slender sedge	hesgen fain (*b.*) hesg main/meinion
Carex acutiformis	lesser pond-sedge	hesgen-y-dŵr fach (*b.*) hesg-y-dŵr bach
Carex riparia	greater pond-sedge	hesgen-y-dŵr fawr (*b.*) hesg-y-dŵr mawr
Carex pseudocyperus	Cyperus sedge	hesgen gynffonnog (*b.*) hesg cynffonnog
Carex rostrata	bottle sedge	hesgen ylfinfain (*b.*) hesg gylfinfain
Carex vesicaria	bladder-sedge	hesgen chwysigennaidd (*b.*) hesg chwysigennaidd
Carex x grahamii	mountain bladder-sedge	hesgen chwysigennaidd y mynydd (*b.*) hesg chwysigennaidd y mynydd
Carex saxatilis	russet sedge	hesgen lwytgoch (*b.*) hesg llwytgoch
Carex pendula	pendulous sedge	hesgen bendrom (*b.*) hesg pendrwm
Carex sylvatica	wood-sedge	hesgen y coed (*b.*) hesg y coed
Carex capillaris	hair sedge	hesgen feindwf (*b.*) hesg meindwf
Carex strigosa	thin-spiked wood-sedge	hesgen-y-coed benfain (*b.*) hesg-y-coed penfain

Carex flacca	glaucous sedge	hesgen lwydlas y calch (*b.*) hesg llwydlas y calch
Carex panicea	carnation sedge	hesgen lwydlas (*b.*) hesg llwydlas
Carex vaginata	sheathed sedge	hesgen weiniog (*b.*) hesg gweiniog
Carex depauperata	starved wood-sedge	hesgen lom (*b.*) hesg llwm/llymion
Carex laevigata	smooth-stalked sedge	hesgen lefn (*b.*) hesg llyfn (-ion)
Carex binervis	green-ribbed sedge	hesgen ddeulasnod (*b.*) hesg deulasnod
Carex distans	distant sedge	hesgen blodau pell (*b.*) hesg blodau pell
Carex punctata	dotted sedge	hesgen fannog (*b.*) hesg mannog
Carex extensa	long-bracted sedge	hesgen-yr-heli bractau hir (-ion) (*b.*) hesg-yr-heli bractau hir (-ion)
Carex hostiana	tawny sedge	hesgen felynllwyd (*b.*) hesg melynllwyd
Carex flava	large yellow sedge	hesgen felen fawr (*b.*) hesg melyn (-ion) mawr (-ion)
Carex viridula	yellow sedge	hesgen felen (*b.*) hesg melyn (-ion)
Carex pallescens	pale sedge	hesgen welw (*b.*) hesg gwelw (-on)
Carex digitata	fingered sedge	hesgen fyseddog (*b.*) hesg byseddog
Carex ornithopoda	bird's-foot sedge	hesgen troed aderyn (*b.*) hesg troed aderyn
Carex humilis	dwarf sedge	corhesgen (*b.*) corresg
Carex caryophyllea	spring-sedge	hesgen gynnar (*b.*) hesg cynnar
Carex filiformis	downy-fruited sedge	hesgen tywysennau blewog (*b.*) hesg tywysennau blewog
Carex ericetorum	rare spring-sedge	hesgen gynnar brin (*b.*) hesg cynnar prin (-ion)
Carex montana	soft-leaved sedge	hesgen feddal (*b.*) hesg meddal
Carex pilulifera	pill sedge	hesgen bengron (*b.*) hesg pengrwn
Carex atrofusca	scorched alpine-sedge	hesgen losg (*b.*) hesg llosg
Carex limosa	bog-sedge	hesgen eurwerdd (*b.*) hesg eurwyrdd (-ion)
Carex rariflora	mountain bog-sedge	hesgen eurwerdd y mynydd (*b.*) hesg eurwyrdd (-ion) y mynydd
Carex magellanica	tall bog-sedge	hesgen eurwerdd lefn (*b.*) hesg eurwyrdd llyfn (-ion)
Carex atrata	black alpine-sedge	hesgen ddu'r mynydd (*b.*) hesg du (-on) y mynydd
Carex buxbaumii	club sedge	hesgen Buxbaum (*b.*) hesg Buxbaum
Carex norvegica	close-headed alpine-sedge	hesgen bendyn y Gogledd (*b.*) hesg pendyn y Gogledd
Carex recta	estuarine sedge	hesgen yr aber (*b.*) hesg yr aber
Carex aquatilis	water sedge	hesgen y dŵr (*b.*) hesg y dŵr
Carex acuta	slender tufted-sedge	hesgen tywysennau main/meinion (*b.*) hesg tywysennau main/meinion
Carex trinervis	three-nerved sedge	hesgen driglasnod (*b.*) hesg triglasnod
Carex nigra	common sedge	hesgen gyffredin (*b.*) hesg cyffredin
Carex elata	tufted sedge	hesgen duswog (*b.*) hesg tuswog
Carex bigelowii	stiff sedge	hesgen anystwyth (*b.*) hesg anystwyth
Carex buchananii	silver-spiked sedge	hesgen Seland Newydd (*b.*) hesg Seland Newydd

Carex microglochin	bristle sedge	hesgen wrychog (*b.*) hesg gwrychog
Carex pauciflora	few-flowered sedge	hesgen brinflodeuog (*b.*) hesg prinflodeuog
Carex rupestris	rock sedge	hesgen y graig (*b.*) hesg y graig
Carex pulicaris	flea sedge	hesgen y chwain (*b.*) hesg y chwain

POACEAE **(*Gramineae*) - *teulu'r gweiriau***

Semiarundinaria fastuosa	Narihira bamboo	bambŵ Narihira (*g.cynn.*)
Yushania anceps	Indian fountain-bamboo	bambŵ'r-ffynhonnau Indiaidd (*g.cynn.*)
Fargesia spathacea	Chinese fountain-bamboo	bambŵ'r-ffynhonnau Tsieineaidd (*g.cynn.*)
Pleioblastus pygmaeus	dwarf bamboo	corfambŵ (*g.cynn.*)
Pleioblastus chino	Maximowicz's bamboo	bambŵ Maximowicz (*g.cynn.*)
Pleioblastus simonii	Simon's bamboo	bambŵ Simon (*g.cynn.*)
Sasa palmata	broad-leaved bamboo	bambŵ llydanddail (*g.cynn.*)
Sasa veitchii	Veitch's bamboo	bambŵ brith (*g.cynn.*)
Sasaella ramosa	hairy bamboo	bambŵ blewog (*g.cynn.*)
Pseudosasa japonica	arrow bamboo	bambŵ'r saethau (*g.cynn.*)
Chimonobambusa quadrangularis	square-stemmed bamboo	bambŵ pedronglog (*g.cynn.*)
Leersia oryzoides	cut-grass	reis y gwter (*g. cynn.*)
Ehrharta stipoides	weeping-grass	gwair wylofus (*g.cynn.*)
Nardus stricta	mat-grass	cawnen ddu (*b.*) cawn du (-on)
Stipa neesiana	American needle-grass	plufwellt America (*g.cynn.*)
Stipa capensis	Mediterranean needle-grass	plufwellt Môr y Canoldir (*g.cynn.*)
Oryzopsis miliacea	smilo-grass	reis miled (*g. cynn.*)
Milium effusum	wood millet	miledwellt y coed (*g.cynn.*)
Milium vernale	early millet	miledwellt cynnar (*g.cynn.*)
Festuca pratensis	meadow fescue	peiswellt (*g.cynn.*)
Festuca arundinacea	tall fescue	peiswellt tal (*g.cynn.*)
Festuca gigantea	giant fescue	peiswellt mawr (*g.cynn.*)
Festuca altissima	wood fescue	peiswellt y coed (*g.cynn.*)
Festuca gautieri	spiky fescue	peiswellt ysbigog (*g.cynn.*)
Festuca heterophylla	various-leaved fescue	peiswellt amryddail (*g.cynn.*)
Festuca arenaria	rush-leaved fescue	peiswellt dail brwyn (*g.cynn.*)
Festuca rubra	red fescue	peiswellt coch (*g.cynn.*)
ssp. commutata	Chewing's fescue	peiswellt Chewing (*g.cynn.*)
Festuca ovina	sheep's-fescue	peiswellt y defaid (*g.cynn.*)
Festuca vivipara	viviparous sheep's-fescue	peiswellt bywhiliog (*g.cynn.*)
Festuca filiformis	fine-leaved sheep's-fescue	peiswellt meinddail (*g.cynn.*)
Festuca armoricana	Breton fescue	peiswellt Llydaw (*g.cynn.*)
Festuca huonii	Huon's fescue	peiswellt Huon (*g.cynn.*)
Festuca lemanii	confused fescue	peiswellt Leman (*g.cynn.*)
Festuca longifolia	blue fescue	peiswellt glas (*g.cynn.*)
Festuca brevipila	hard fescue	peiswellt caled (*g.cynn.*)
Festuca x Lolium = X Festulolium		peisrygwellt (*g.cynn.*)
X Festulolium loliaceum	hybrid fescue	peisrygwellt croesryw (*g.cynn.*)
Lolium perenne	perennial rye-grass	rhygwellt parhaol (*g.cynn.*)
Lolium multiflorum	Italian rye-grass	rhygwellt yr Eidal (*g.cynn.*)
Lolium rigidum	Mediterranean rye-grass	rhygwellt Môr y Canoldir (*g.cynn.*)
Lolium temulentum	darnel	efrau (*g.cynn.*)
Lolium remotum	flaxfield rye-grass	rhygwellt y llindir (*g.cynn.*)

Vulpia fasciculata	dune fescue	peisgwellt y twyni (*g.cynn.*)
Vulpia bromoides	squirreltail fescue	peisgwellt cynffon gwiwer (*g.cynn.*)
Vulpia myuros	rat's-tail fescue	peisgwellt y fagwyr (*g.cynn.*)
Vulpia ciliata	bearded fescue	peisgwellt barfog (*g.cynn.*)
Vulpia unilateralis	mat-grass fescue	peisgwellt unochrog (*g.cynn.*)
Cynosurus cristatus	crested dog's-tail	rhonwellt y ci (*g.cynn.*)
Cynosurus echinatus	rough dog's-tail	rhonwellt-y-ci pigog (*g.cynn.*)
Lamarckia aurea	golden dog's-tail	rhonwellt euraid (*g.cynn.*)
Puccinellia maritima	common salt-marsh-grass	gwellt y morfa (*g.cynn.*)
Puccinellia distans	reflexed salt-marsh-grass	gwellt-y-morfa atblygedig (*g.cynn.*)
Puccinellia fasciculata	Borrer's salt-marsh-grass	gwellt-y-morfa Borrer (*g.cynn.*)
Puccinellia rupestris	stiff salt-marsh-grass	gwellt-y-morfa syth (*g.cynn.*)
Briza media	quaking-grass	crydwellt (*g.cynn.*)
Briza minor	lesser quaking-grass	crydwellt bach (*g.cynn.*)
Briza maxima	greater quaking-grass	crydwellt mawr (*g.cynn.*)
Poa infirma	early meadow-grass	gweunwellt cynnar (*g.cynn.*)
Poa annua	annual meadow-grass	gweunwellt unflwydd (*g.cynn.*)
Poa trivialis	rough meadow-grass	gweunwellt garw (*g.cynn.*)
Poa humilis	spreading meadow-grass	gweunwellt ymledol (*g.cynn.*)
Poa pratensis	smooth meadow-grass	gweunwellt llyfn (*g.cynn.*)
Poa angustifolia	narrow-leaved meadow-grass	gweunwellt culddail (*g.cynn.*)
Poa chaixii	broad-leaved meadow-grass	gweunwellt llydanddail (*g.cynn.*)
Poa flexuosa	wavy meadow-grass	gweunwellt yr Alban (*g.cynn.*)
Poa x jemtlandica	Swedish meadow-grass	gweunwellt Sweden (*g.cynn.*)
Poa compressa	flattened meadow-grass	gweunwellt cywasgedig (*g.cynn.*)
Poa palustris	swamp meadow-grass	gweunwellt y gors (*g.cynn.*)
Poa glauca	glaucous meadow-grass	gweunwellt llwydlas (*g.cynn.*)
Poa nemoralis	wood meadow-grass	gweunwellt y coed (*g.cynn.*)
Poa bulbosa	bulbous meadow-grass	gweunwellt oddfog (*g.cynn.*)
Poa alpina	Alpine meadow-grass	gweunwellt y mynydd (*g.cynn.*)
Poa flabellata	tussac-grass	gweunwellt twmpathog (*g.cynn.*)
Dactylis glomerata	cock's-foot	troed y ceiliog (*g.cynn.*)
Dactylis polygama	slender cock's-foot	byswellt main (*g.cynn.*)
Catabrosa aquatica	whorl-grass	brigwellt troellennog (*g.cynn.*)
Catapodium rigidum	fern-grasses	gwenithwellt caled (*g.cynn.*)
Catapodium marinum	sea fern-grass	gwenithwellt y morfa (*g.cynn.*)
Sesleria caerulea	blue moor-grass	llwydwellt y calch (*g.cynn.*)
Parapholis strigosa	hard-grass	caledwellt y morfa (*g.cynn.*)
Parapholis incurva	curved hard-grass	caledwellt cam (*g.cynn.*)
Hainardia cylindrica	one-glumed hard-grass	caledwellt un eisinyn (*g.cynn.*)
Glyceria maxima	reed sweet-grass	melyswellt y gamlas (*g.cynn.*)
Glyceria fluitans	floating sweet-grass	melyswellt arnofiol (*g. cynn.*)
Glyceria x pedicellata	hybrid sweet-grass	melyswellt croesryw (*g. cynn.*)
Glyceria declinata	small sweet-grass	melyswellt llwydlas (*g.cynn.*)
Glyceria notata	plicate sweet-grass	melyswellt plygedig (*g.cynn.*)
Melica nutans	mountain melick	meligwellt pendrwm (*g.cynn.*)
Melica uniflora	wood melick	meligwellt y coed (*g.cynn.*)
Helictotrichon pubescens	downy oat-grass	ceirchwellt blewog (*g.cynn.*)
Helictotrichon pratense	meadow oat-grass	ceirchwellt y ddôl (*g.cynn.*)
Helictotrichon neesii	swamp wallaby-grass	ceirchwellt Awstralia (*g.cynn.*)
Arrhenatherum elatius	false oat-grass	ceirchwellt tal (*g.cynn.*)
Avena barbata	slender oat	ceirchen goliog (*b.*) ceirch coliog
Avena strigosa	bristle oat	blewgeirchen (*b.*) blewgeirch
Avena fatua	wild-oat	ceirchen wyllt (*b.*) ceirch gwyllt (-ion)

Avena sterilis	winter wild-oat	ceirchen wyllt y gaeaf (*b.*) ceirch gwyllt (-ion) y gaeaf
Avena sativa	oat	ceirchen (*b.*) ceirch
Gaudinia fragilis	French oat-grass	ceirchwellt Ffrainc (*g.cynn.*)
Trisetum flavescens	yellow oat-grass	ceirchwellt melyn (*g.cynn.*)
Koeleria vallesiana	Somerset hair-grass	cribwellt goddfog (*g.cynn.*)
Koeleria macrantha	crested hair-grass	cribwellt (*g.cynn.*)
Rostraria cristata	Mediterranean hair-grass	cribwellt Môr y Canoldir (*g.cynn.*)
Deschampsia cespitosa	tufted hair-grass	brigwellt garw (*g.cynn.*)
ssp. alpina	alpine hair-grass	brigwellt y mynydd (*g.cynn.*)
Deschampsia setacea	bog hair-grass	brigwellt y gors (*g.cynn.*)
Deschampsia flexuosa	wavy hair-grass	brigwellt main (*g.cynn.*)
Holcus lanatus	Yorkshire fog	maswellt penwyn (*g.cynn.*)
Holcus mollis	creeping soft-grass	maswellt rhedegog (*g.cynn.*)
Corynephorus canescens	grey hair-grass	brigwellt llwyd (*g.cynn.*)
Aira caryophyllea	silver hair-grass	brigwellt arian (*g.cynn.*)
Aira praecox	early hair-grass	brigwellt y gwanwyn (*g.cynn.*)
Hierochloe odorata	holy-grass	perwellt santaidd (*g.cynn.*)
Anthoxanthum odoratum	sweet vernal-grass	perwellt y gwanwyn (*g.cynn.*)
Anthoxanthum aristatum	annual vernal-grass	perwellt barfog (*g.cynn.*)
Phalaris arundinacea	reed canary-grass	pefrwellt (*g.cynn.*)
Phalaris aquatica	bulbous canary-grass	pefrwellt goddfog (*g.cynn.*)
Phalaris canariensis	canary-grass	pefrwellt yr adar (*g.cynn.*)
Phalaris brachystachys	confused canary-grass	pefrwellt dyrys (*g.cynn.*)
Phalaris minor	lesser canary-grass	pefrwellt bach (*g.cynn.*)
Phalaris paradoxa	awned canary-grass	pefrwellt coliog (*g.cynn.*)
Agrostis capillaris	common bent	maeswellt cyffredin (*g.cynn.*)
Agrostis gigantea	black bent	maeswellt mawr (*g.cynn.*)
Agrostis castellana	Highland bent	maeswellt y lawnt (*g.cynn.*)
Agrostis stolonifera	creeping bent	maeswellt rhedegog (*g.cynn.*)
Agrostis lachnantha	African bent	maeswellt Affrica (*g.cynn.*)
Agrostis avenacea	blown grass	maeswellt Awstralia (*g.cynn.*)
Agrostis curtisii	bristle bent	maeswellt gwrychog (*g.cynn.*)
Agrostis canina	velvet bent	maeswellt y cŵn (*g.cynn.*)
Agrostis vinealis	brown bent	maeswellt-y-cŵn y mynydd (*g.cynn.*)
Agrostis scabra	rough bent	maeswellt garw (*g.cynn.*)
Agrostis hyemalis	small bent	maeswellt bach (*g.cynn.*)
Agrostis x Polypogon = X Agropogon		maeswellt x barfwellt
Calamagrostis epigejos	wood small-reed	corsen fach y coed (*b.*) cyrs bach y coed
Calamagrostis canescens	purple small-reed	corsen fach flewog (*b.*) cyrs bach blewog
Calamagrostis purpurea	Scandinavian small-reed	corsen fach y Gogledd (*b.*) cyrs bach y Gogledd
Calamagrostis stricta	narrow small-reed	corsen fach gulddail (*b.*) cyrs bach culddail
Calamagrostis scotica	Scottish small-reed	corsen fach yr Alban (*b.*) cyrs bach yr Alban
Calamagrostis x Ammophila = X Calammophila		corsen fach x môr-hesgen
Ammophila arenaria	marram	môr-hesgen (*b.*) moresg
Ammophila breviligulata	American marram	môr-hesgen America (*b.*) moresg America

Gastridium ventricosum	nit-grass	neddwellt (*g.cynn.*)
Gastridium phleoides	eastern nit-grass	neddwellt y Dwyrain (*g.cynn.*)
Lagurus ovatus	hare's-tail	cynffon ysgyfarnog (*b.cynn.*)
Apera spica-venti	loose silky-bent	sidanwellt (*g.cynn.*)
Apera interrupta	dense silky-bent	sidanwellt trwchus (*g.cynn.*)
Mibora minima	early sand-grass	eiddilwellt cynnar (*g.cynn.*)
Polypogon monspeliensis	annual beard-grass	barfwellt unflwydd (*g.cynn.*)
Polypogon viridis	water bent	barfwellt y dŵr (*g.cynn.*)
Alopecurus pratensis	meadow foxtail	cynffonwellt y maes (*g.cynn.*)
Alopecurus geniculatus	marsh foxtail	cynffonwellt elinog (*g.cynn.*)
Alopecurus bulbosus	bulbous foxtail	cynffonwellt oddfog (*g.cynn.*)
Alopecurus aequalis	orange foxtail	cynffonwellt melyngoch (*g.cynn.*)
Alopecurus borealis	Alpine foxtail	cynffonwellt y mynydd (*g.cynn.*)
Alopecurus myosuroides	black-grass	cynffonwellt du (*g.cynn.*)
Beckmannia syzigachne	American slough-grass	gwellt Beckman (*g.cynn.*)
Phleum pratense	timothy	rhonwellt (*g.cynn.*)
Phleum bertolonii	smaller cat's-tail	rhonwellt penfain (*g.cynn.*)
Phleum alpinum	Alpine cat's-tail	rhonwellt y mynydd (*g.cynn.*)
Phleum phleoides	purple stem cat's-tail	rhonwellt coesddu (*g.cynn.*)
Phleum arenarium	sand cat's-tail	rhonwellt y tywyn (*g.cynn.*)
Bromus arvensis	field brome	pawrwellt y maes (*g.cynn.*)
Bromus commutatus	meadow brome	pawrwellt y ddôl (*g.cynn.*)
Bromus racemosus	smooth brome	pawrwellt llyfn (*g.cynn.*)
Bromus hordeaceus	soft-brome	pawrwellt cyffredin (*g.cynn.*)
Bromus x pseudothominei	lesser soft-brome	pawrwellt min y ffordd
Bromus lepidus	slender soft-brome	pawrwellt main (*g.cynn.*)
Bromus interruptus	interrupted brome	pawrwellt bylchog (*g.cynn.*)
Bromus secalinus	rye brome	pawrwellt bach (*g.cynn.*)
Bromus pseudosecalinus	Smith's brome	pawrwellt Smith (*g.cynn.*)
Bromus japonicus	Thunberg's brome	pawrwellt Thunberg (*g.cynn.*)
Bromus lanceolatus	large-headed brome	pawrwellt penfawr (*g.cynn.*)
Bromopsis ramosa	hairy-brome	pawrwellt blewog (*g.cynn.*)
Bromopsis benekenii	lesser hairy-brome	y pawrwellt blewog lleiaf (*g.cynn.*)
Bromopsis erecta	upright brome	pawrwellt talsyth (*g.cynn.*)
Bromopsis inermis	Hungarian brome	pawrwellt Hwngaria (*g.cynn.*)
Anisantha diandra	great brome	pawrwellt mawr (*g.cynn.*)
Anisantha rigida	ripgut brome	pawrwellt caletsyth (*g.cynn.*)
Anisantha sterilis	barren brome	pawrwellt hysb (*g.cynn.*)
Anisantha tectorum	drooping brome	pawrwellt pendrwm (*g.cynn.*)
Anisantha madritensis	compact brome	pawrwellt cryno (*g.cynn.*)
Anisantha rubens	foxtail brome	pawrwellt cryno bach (*g.cynn.*)
Ceratochloa carinata	California brome	pawrwellt Califfornia (*g.cynn.*)
Ceratochloa marginata	western brome	pawrwellt-Califfornia blewog (*g.cynn.*)
Ceratochloa cathartica	rescue brome	pawrwellt porthi (*g.cynn.*)
Ceratochloa staminea	southern brome	pawrwellt De America (*g.cynn.*)
Ceratochloa brevis	Patagonian brome	pawrwellt Patagonia (*g.cynn.*)
Brachypodium pinnatum	tor-grass	breichwellt y calch (*g.cynn.*)
Brachypodium sylvaticum	false brome	breichwellt y coed (*g.cynn.*)
Brachypodium distachyon	stiff brome	breichwellt unflwydd (*g.cynn.*)
Elymus caninus	bearded couch	marchwellt y coed (*g.cynn.*)
Elymus scabrus	Australian couch	marchwellt Awstralia (*g.cynn.*)
Elytrigia repens	common couch	marchwellt (*g.cynn.*)
Elytrigia atherica	sea couch	marchwellt arfor (*g.cynn.*)

Elytrigia juncea	sand couch	marchwellt y twyni (*g.cynn.*)
Leymus arenarius	lyme-grass	clymwellt (*g.cynn.*)
Hordelymus europaeus	wood barley	heiddwellt y coed (*g.cynn.*)
Hordeum vulgare	six-rowed barley	haidd chwerhesog (*g.cynn.*)
Hordeum distichon	two-rowed barley	haidd dwyresog (*g.cynn.*)
Hordeum murinum	wall barley	haidd y mur (*g.cynn.*)
Hordeum pusillum	little barley	haidd bach (*g.cynn.*)
Hordeum euclaston	Argentine barley	haidd yr Ariannin (*g.cynn.*)
Hordeum jubatum	foxtail barley	haidd cribog (*g.cynn.*)
Hordeum pubiflorum	Antarctic barley	haidd yr Antarctig (*g.cynn.*)
Hordeum secalinum	meadow barley	haidd y maes (*g.cynn.*)
Hordeum marinum	sea barley	haidd y morfa (*g.cynn.*)
Hordeum geniculatum	Mediterranean barley	haidd elinog (*g.cynn.*)
Secale cereale	rye	rhyg (*g.cynn.*)
Triticum aestivum	bread wheat	gwenith (*g.cynn.*)
Triticum turgidum	rivet wheat	gwenith barfog (*g.cynn.*)
Danthonia decumbens	heath-grass	glaswellt y rhos (*g.cynn.*)
Rytidosperma racemosum	wallaby-grass	glaswellt walabi (*g.cynn.*)
Schismus barbatus	kelch-grass	sgismws (*g.cynn.*)
Cortaderia selloana	pampas-grass	peithwellt (*g.cynn.*)
Cortaderia richardii	early pampas-grass	peithwellt cynnar (*g.cynn.*)
Molinia caerulea	purple moor-grass	glaswellt y gweunydd (*g.cynn.*)
Phragmites australis	common reed	corsen (*b.*) cyrs
Leptochloa fusca	brown beetle-grass	leptocloa (*g.cynn.*)
Eragrostis curvula	African love-grass	serchwellt (*g.cynn.*)
Eragrostis cilianensis	stink-grass	serchwellt drewllyd (*g.cynn.*)
Eragrostis minor	small love-grass	serchwellt bach (*g.cynn.*)
Eragrostis parviflora	weeping love-grass	serchwellt mân-flodeuog (*g.cynn.*)
Eragrostis tef	teff	serchwellt teff (*g.cynn.*)
Eleusine indica	yard-grass	ffaldwellt (*g.cynn.*)
Eleusine tristachya	American yard-grass	ffaldwellt America (*g.cynn.*)
Eleusine multiflora	fat-spiked yard-grass	ffaldwellt amlflodeuog (*g.cynn.*)
Dactyloctenium radulans	button-grass	gwair botymau (*g.cynn.*)
Sporobolus africanus	African dropseed	hadwellt Affrica (*g.cynn.*)
Chloris truncata	windmill-grass	glaswellt melinau gwynt (*g.cynn.*)
Chloris divaricata	Australian Rhodes-grass	glaswellt-Rhodes Awstralia (*g.cynn.*)
Chloris virgata	feathery Rhodes-grass	glaswellt-Rhodes Affrica (*g.cynn.*)
Cynodon dactylon	Bermuda-grass	glaswellt Bermwda (*g.cynn.*)
Cynodon incompletus	African Bermuda-grass	glaswellt-Bermwda Affricanaidd (*g.cynn.*)
Spartina maritima	small cord-grass	cordwellt bach (*g.cynn.*)
Spartina x townsendii	Townsend's cord-grass	cordwellt Townsend (*g.cynn.*)
Spartina anglica	common cord-grass	cordwellt cyffredin (*g.cynn.*)
Spartina alterniflora	smooth cord-grass	cordwellt llyfn (*g.cynn.*)
Spartina pectinata	prairie cord-grass	cordwellt y paith (*g.cynn.*)
Tragus racemosus	European bur-grass	glaswellt pigog Ewrop (*g.cynn.*)
Tragus australianus	Australian bur-grass	glaswellt pigog Awstralia (*g.cynn.*)
Tragus berteronianus	African bur-grass	glaswellt pigog Affrica (*g.cynn.*)
Panicum schinzii	Transvaal millet	miled y Transvaal (*g.cynn.*)
Panicum dichotomiflorum	autumn millet	miled yr hydref (*g.cynn.*)
Panicum capillare	witch-grass	miled y wrach (*g.cynn.*)
Panicum miliaceum	common millet	miled (*g.cynn.*)
Echinochloa crus-galli	cockspur	cibogwellt rhydd (*g.cynn.*)
Echinochloa esculenta	Japanese millet	cibogwellt Japan (*g.cynn.*)

Echinochloa colona	Shama millet	cibogwellt y trofannau (*g.cynn.*)
Echinochloa frumentacea	white millet	cibogwellt gwyn (*g.cynn.*)
Brachiaria platyphylla	broad-leaved signal-grass	arwyddwellt llydanddail (*g.cynn.*)
Urochloa panicoides	sharp-flowered signal-grass	arwyddwellt meinflodeuog (*g.cynn.*)
Eriochloa pseudoacrotricha	perennial cup-grass	cwpanwellt (*g.cynn.*)
Paspalum distichum	water finger-grass	byswellt y dŵr (*g.cynn.*)
Setaria parviflora	knotroot bristle-grass	cibogwellt mân-flodeuog (*g.cynn.*)
Setaria pumila	yellow bristle-grass	cibogwellt melyn (*g.cynn.*)
Setaria verticillata	rough bristle-grass	cibogwellt troellog (*g.cynn.*)
Setaria adhaerens	adherent bristle-grass	cibogwellt ymlynol (*g.cynn.*)
Setaria viridis	green bristle-grass	cibogwellt gwyrddlas (*g.cynn.*)
Setaria faberi	nodding bristle-grass	cibogwellt pendrwm (*g.cynn.*)
Setaria italica	foxtail bristle-grass	cibogwellt yr Eidal (*g.cynn.*)
Digitaria ischaemum	smooth finger-grass	byswellt llyfn (*g.cynn.*)
Digitaria sanguinalis	hairy finger-grass	byswellt blewog (*g.cynn.*)
Digitaria ciliaris	tropical finger-grass	byswellt trofannol (*g.cynn.*)
Cenchrus echinatus	spiny sandbur	gwrychwellt pigog (*g.cynn.*)
Sorghum halepense	Johnson grass	sorgwm porthiant (*g.cynn.*)
Sorghum bicolor	great millet	sorgwm (*g.cynn.*)
Zea mays	maize	India-corn (*g.cynn.*)

SPARGANIACEAE - teulu'r cleddlys

Sparganium erectum	branched bur-reed	cleddlys canghennog (*g.cynn.*)
Sparganium emersum	unbranched bur-reed	cleddlys di-gainc (*g.cynn.*)
Sparganium angustifolium	floating bur-reed	cleddlys arnofiol (*g.cynn.*)
Sparganium natans	least bur-reed	cleddlys bach (*g.cynn.*)

TYPHACEAE - teulu cynffon y gath

Typha latifolia	bulrush	cynffon y gath (*b.cynn.*)
Typha angustifolia	lesser bulrush	cynffon-y-gath gulddail (*b.cynn.*)

BROMELIACEAE - teulu'r bromelia

Fascicularia bicolor	rhodostachys	rhodostacis (*b.cynn.*)
Ochagavia carnea	Tresco rhodostachys	rhodostacis Tresco (*b.cynn.*)

PONTEDERIACEAE - teulu'r picrelys

Pontederia cordata	pickerelweed	picrelys (*g.cynn.*)

LILIACEAE - teulu'r lili

Tofieldia pusilla	Scottish asphodel	cilgain yr Alban (*b.cynn.*)
Narthecium ossifragum	bog asphodel	llafn y bladur (*g.cynn.*)
Asphodelus albus	white asphodel	cilgain wen (*b.cynn.*)
Simethis planifolia	Kerry lily	lili Ceri (*b.*) lilïau Ceri
Hemerocallis fulva	orange day-lily	lili undydd oren (*b.*) lilïau undydd oren
Hemerocallis lilioasphodelus	yellow day-lily	lili undydd (*b.*) lilïau undydd

Kniphofia uvaria	red-hot poker	procer poeth (*g.*) -i poeth (-ion)
Kniphofia x praecox	greater red-hot poker	procer poeth mawr (*g.*) -i poeth (-ion) mawr (-ion)
Colchicum autumnale	meadow saffron	saffrwm y ddôl (*g.cynn.*)
Lloydia serotina	Snowdon lily	lili'r Wyddfa (*b.*) liliau'r Wyddfa/ brwynddail y mynydd (*llu.*)
Gagea lutea	yellow star-of-Bethlehem	seren-Fethlehem felen (*b.cynn.*)
Gagea bohemica	early star-of-Bethlehem	seren-Fethlehem gynnar (*b.cynn.*)
Erythronium dens-canis	dog's-tooth-violet	lili'r brithyll (*b.*) liliau'r brithyll
Tulipa sylvestris	wild tulip	tiwlip gwyllt (*g.*) -au gwyllt (-ion)
Tulipa saxatilis	Cretan tulip	tiwlip Creta (*g.*) -au Creta
Tulipa gesneriana	garden tulip	tiwlip yr ardd (*g.*) -au'r ardd
Fritillaria meleagris	fritillary	britheg (*b.*) -ion
Lilium martagon	martagon lily	lili fartagon (*b.*) liliau martagon
Lilium pyrenaicum	Pyrenean lily	lili ddrewllyd (*b.*) liliau drewllyd
Convallaria majalis	lily-of-the-valley	lili'r dyffrynnoedd (*b.*) liliau'r dyffrynnoedd
Polygonatum multiflorum	Solomon's-seal	llysiau Solomon (*llu.*)
Polygonatum x hybridum	garden Solomon's-seal	llysiau-Solomon yr ardd (*llu.*)
Polygonatum odoratum	angular Solomon's-seal	llysiau-Solomon persawrus (*llu.*)
Polygonatum verticillatum	whorled Solomon's-seal	llysiau-Solomon culddail (*llu.*)
Maianthemum bifolium	May lily	lili Mai (*b.*) liliau Mai
Maianthemum kamtschaticum	false lily-of-the-valley	lili-Mai Kamchatka (*b.*) liliau-Mai Kamchatka
Reineckea carnea	Reineckea	reinecia (*b.cynn.*)
Paris quadrifolia	herb-Paris	cwlwm cariad (*g.cynn.*)
Ornithogalum pyrenaicum	spiked star-of-Bethlehem	seren-Fethlehem hirfain (*b.cynn.*)
Ornithogalum angustifolium	star-of-Bethlehem	seren Fethlehem (*b.cynn.*)
Ornithogalum nutans	drooping star-of-Bethlehem	seren-Fethlehem unochrog (*b.cynn.*)
Scilla bifolia	Alpine squill	seren y mynydd (*b.cynn.*)
Scilla messeniaca	Greek squill	seren Groeg (*b.cynn.*)
Scilla bithynica	Turkish squill	seren Twrci (*b.cynn.*)
Scilla siberica	Siberian squill	seren Siberia (*b.cynn.*)
Scilla verna	spring squill	seren y gwanwyn (*b.cynn.*)
Scilla liliohyacinthus	Pyrenean squill	seren y Pyreneau (*b.cynn.*)
Scilla peruviana	Portuguese squill	seren Portiwgal (*b.cynn.*)
Scilla autumnalis	Autumn squill	seren yr hydref (*b.cynn.*)
Hyacinthoides italica	Italian bluebell	clychau'r-gog Eidalaidd (*llu.*)
Hyacinthoides non-scripta	bluebell	clychau'r gog (*llu.*)
Hyacinthoides non-scripta x H. hispanica		clychau'r-gog croesryw (*llu.*)
Hyacinthoides hispanica	Spanish bluebell	clychau'r-gog Sbaenaidd (*llu.*)
Hyacinthus orientalis	hyacinth	hiasinth (*g.*) -au
Chionodoxa forbesii	glory-of-the-snow	glas yr eira (*g.*)
Chionodoxa luciliae	Boissier's glory-of-the-snow	glas-yr-eira Boissier (*g.*) gleision-yr-eira Boissier
Chionodoxa sardensis	lesser glory-of-the-snow	glas-yr-eira bach (*g.*) gleision-yr-eira bach
Muscari neglectum	grape-hyacinth	clychau dulas (*llu.*)
Muscari armeniacum	Garden grape-hyacinth	clychau dulas yr ardd (*llu.*)
Muscari botryoides	compact grape-hyacinth	clychau dulas cryno (*llu.*)
Muscari comosum	Tassel hyacinth	clychau dulas tuswog (*llu.*)

Allium fistulosum	Welsh onion	nionyn Cymreig (*g.*) nionod Cymreig/winwnsyn Cymreig (*g.*) winwns Cymreig
Allium schoenoprasum	Chives	cenhinen syfi (*b.*) cennin syfi
Allium cepa	onion	nionyn (*g.*) nionod/ winwnsyn (*g.*) winwns
	shallot	sibolsyn (*g.*) sibols/ shibwnsyn (*g.*) shibwns
	spring onion	nionyn hau (*g.*) nionod hau/ winwnsyn hau (*g.*) winwns hau
Allium unifolium	American garlic	garlleg America (*g.cynn.*)
Allium roseum	rosy garlic	garlleg rhosliw (*g.cynn.*)
Allium neapolitanum	Neopolitan garlic	garlleg Napoli (*g.cynn.*)
Allium subhirsutum	hairy garlic	garlleg blewog (*g.cynn.*)
Allium moly	yellow garlic	garlleg melyn (*g.cynn.*)
Allium triquetrum	three-cornered garlic	garlleg trionglog (*g.cynn.*)
Allium pendulinum	Italian garlic	garlleg yr Eidal (*g.cynn.*)
Allium paradoxum	few-flowered garlic	cenhinen brinflodeuog (*b.cynn.*) cennin prinflodeuog
Allium ursinum	ramsons	craf y geifr (*g.cynn.*)
Allium oleraceum	field garlic	garlleg y maes (*g.cynn.*)
Allium carinatum	keeled garlic	garlleg y mynydd (*g.cynn.*)
Allium sativum	garlic	garlleg (*g.cynn.*)
Allium ampeloprasum	wild leek	cenhinen wyllt (*b.*) cennin gwyllt (-ion)
Allium porrum	leek	cenhinen (*b.*) cennin
Allium scorodoprasum	sand leek	cenhinen y nadroedd (*g.*) cennin y nadroedd
Allium sphaerocephalon	round-headed leek	cenhinen bengron (*b.*) cennin pengrwn
Allium vineale	wild onion	nionyn gwyllt (*g.*) nionod gwyllt (-ion)/winwnsyn gwyllt (*g.*) winwns gwyllt (-ion)
Allium nigrum	broad-leaved leek	cenhinen lydanddail (*b.*) cennin llydanddail
Nectaroscordum siculum	honey garlic	garlleg y mêl (*g.cynn.*)
Nothoscordum borbonicum	honeybells	garlleg di-sawr (*g.cynn.*)
Agapanthus praecox	African lily	lili-Affrica gynnar (*b.*) liliau-Affrica cynnar
Tristagma uniflorum	spring starflower	sêr-flodyn y gwanwyn (*g.cynn.*)
Amaryllis belladonna	Jersey lily	lili Jersey (*b.*) -ïau Jersey
Crinum x powellii	Powell's Cape-lily	lili'r Penrhyn (*b.*) -ïau Penrhyn
Sternbergia lutea	winter daffodil	sternbergia cyffredin (*g.cynn.*)
Leucojum aestivum	summer snowflake	eiriaidd yr haf (*g.cynn.*)
Leucojum vernum	spring snowflake	eiriaidd y gwanwyn (*g.cynn.*)
Galanthus nivalis	snowdrop	eirlys (*g.*) eirlysiau
Galanthus reginae-olgae	Queen Olga's snowdrop	eirlys yr hydref (*g.*) eirlysiau'r hydref
Galanthus plicatus	pleated snowdrop	eirlys deilblyg (*g.*) eirlysiau deilblyg
Galanthus elwesii	greater snowdrop	eirlys Elwes (*g.*) eirlysiau Elwes
Galanthus caucasicus	Caucasian snowdrop	eirlys y Cawcasws (*g.*) eirlysiau'r Cawcasws
Galanthus ikariae	green snowdrop	eirlys Icaria (*g.*) eirlysiau Icaria
Narcissus tazetta	bunch-flowered daffodil	cenhinen-Bedr glystyrog (*b.*) cennin-Pedr clystyrog

Narcissus papyraceus	paper-white daffodil	cenhinen-Bedr wen (*b.*) cennin-Pedr gwyn (-ion)
Narcissus x medioluteus	primrose-peerless	cenhinen-Bedr ddeuflodeuog (*b.*) cennin-Pedr deuflodeuog
Narcissus poeticus	pheasant's-eye daffodil	cenhinen-Bedr y beirdd (*b.*) cennin-Pedr y beirdd
Narcissus x incomparabilis	nonesuch daffodil	cenhinen-Bedr anghymharol (*b.*) cennin-Pedr anghymharol
Narcissus x odorus	campernelle jonquil	joncwil croesryw (*g.cynn.*)
Narcissus triandrus	angel's-tears	cenhinen-Bedr dribrigerog (*b.*) cennin-Pedr tribrigerog
Narcissus bulbocodium	hoop-petticoat daffodil	cenhinen-Bedr gylchog (*b.*) cennin-Pedr cylchog
Narcissus pseudonarcissus		*gweler yr isrywogaethau yn unig*
ssp. pseudonarcissus	daffodil	cenhinen-Bedr wyllt (*b.*) cennin-Pedr gwyllt (-ion)
ssp. obvallaris	Tenby daffodil	cenhinen-Bedr Penfro (*b.*) cennin-Pedr Penfro
ssp. major	Spanish daffodil	cenhinen-Bedr Sbaen (*b.*) cennin-Pedr Sbaen
Narcissus minor	lesser daffodil	cenhinen-Bedr fach (*b.*) cennin-Pedr bach
Narcissus cyclamineus	cyclamen-flowered daffodil	cenhinen-Bedr atblygol (*b.*) cennin-Pedr atblygol
Pancratium maritimum	sea daffodil	cenhinen-Bedr Dyfnaint (*b.*) cennin-Pedr Dyfnaint
Asparagus officinalis		merllys (*g.cynn.*)
ssp. prostratus	wild asparagus	merllys gwyllt (*g.cynn.*)
ssp. officinalis	garden asparagus	merllys yr ardd (*g.cynn.*)
Ruscus aculeatus	butcher's-broom	celynnen Fair (*b.*) celyn Mair
Ruscus hypoglossum	spineless butcher's-broom	celynnen-Fair ddi-ddrain (*b.*) celyn-Mair di-ddrain
Alstroemeria aurea	Peruvian lily	lili Periw (*b.*) -ïau Periw

IRIDACEAE - teulu'r ellesgen

Libertia formosa	Chilean-iris	gellesgen Chile (*b.*) gellesg Chile
Libertia elegans	lesser Chilean-iris	gellesgen-Chile fach (*b.*) gellesg-Chile bach
Sisyrinchium bermudiana	blue-eyed-grass	sisirinciwm glas Gwyddelig (*g.cynn.*)
Sisyrinchium montanum	American blue-eyed-grass	sisirinciwm y mynydd (*g.cynn.*)
Sisyrinchium californicum	yellow-eyed-grass	sisirinciwm melyn (*g.cynn.*)
Sisyrinchium laxum	veined yellow-eyed-grass	sisirinciwm melyn gwythiennog (*g.cynn.*)
Sisyrinchium striatum	pale yellow-eyed-grass	sisirinciwm melyn mawr (*g.cynn.*)
Aristea ecklonii	blue corn-lily	aristea (*g.cynn.*)
Hermodactylus tuberosus	snake's-head iris	gellesgen y weddw (*b.*) gellesg y weddw
Iris germanica	bearded iris	gellesgen farfog (*b.*) gellesg barfog
Iris sibirica	Siberian iris	gellesgen feinddail (*b.*) gellesg meinddail
Iris pseudacorus	yellow iris	gellesgen (*b.*) gellesg
Iris versicolor	purple iris	gellesgen borffor (*b.*) gellesg porffor

Iris x robusta	Windermere iris	gellesgen Windermere (*b.*) gellesg Windermere
Iris ensata	Japanese iris	gellesgen Japan (*b.*) gellesg Japan
Iris spuria	blue iris	gellesgen las (*b.*) gellesg glas/gleision
Iris orientalis	Turkish iris	gellesgen Twrci (*b.*) gellesg Twrci
Iris foetidissima	stinking iris	gellesgen ddrewllyd (*b.*) gellesg drewllyd
Iris unguicularis	Algerian iris	gellesgen Algeria (*b.*) gellesg Algeria
Iris latifolia	English iris	gellesgen y Pyreneau (*b.*) gellesg y Pyreneau
Iris xiphium	Spanish iris	gellesgen Sbaen (*b.*) gellesg Sbaen
Watsonia borbonica	bugle lily	watsonia (*g.cynn.*)
Romulea columnae	sand crocus	saffrwm y twyni (*g.cynn.*)
Crocus vernus	spring crocus	saffrwm y gwanwyn (*g.cynn.*)
Crocus tommasinianus	early crocus	saffrwm cynnar (*g.cynn.*)
Crocus sieberi	Sieber's crocus	saffrwm Sieber (*g.cynn.*)
Crocus ancyrensis	Ankara crocus	saffrwm Ancara (*g.cynn.*)
Crocus chrysanthus	golden crocus	saffrwm euraid (*g.cynn.*)
Crocus biflorus	silvery crocus	saffrwm ariannaid (*g.cynn.*)
Crocus x stellaris	yellow crocus	saffrwm melyn (*g.cynn.*)
Crocus longiflorus	Italian crocus	saffrwm yr Eidal (*g.cynn.*)
Crocus nudiflorus	autumn crocus	saffrwm yr hydref (*g.cynn.*)
Crocus serotinus	late crocus	saffrwm diweddar (*g.cynn.*)
Crocus speciosus	Bieberstein's crocus	saffrwm ysblennydd (*g.cynn.*)
Crocus pulchellus	hairy crocus	saffrwm blewog (*g.cynn.*)
Crocus kotschyanus	Kotchy's crocus	saffrwm Kotchy (*g.cynn.*)
Gladiolus illyricus	wild gladiolus	blodyn y cleddyf (*g.*) blodau'r cleddyf
Gladiolus communis	eastern gladiolus	blodyn-y-cleddyf dwyreiniol (*g.*) blodau'r-cleddyf dwyreiniol
Ixia campanulata	red corn-lily	lili'r-ŷd goch (*b.*) lilïau'r-ŷd coch (-ion)
Ixia paniculata	tubular corn-lily	lili'r-ŷd felen (*b.cynn.*) lili'r-ŷd melyn (-ion)
Sparaxis grandiflora	plain harlequin flower	sbaracsis (*g.cynn.*)
Freesia x hybrida	freesia	ffrisia (*g.*) ffrisiâu
Crocosmia paniculata	Aunt-Eliza	Modryb Leusa (*b.cynn.*)
Crocosmia masoniorum	giant montbretia	crib-y-ceiliog fawr (*b.cynn.*)
Crocosmia pottsii	Pott's montbretia	crib-y-ceiliog Potts (*b.cynn.*)
Crocosmia x crocosmiiflora	montbretia	crib-y-ceiliog (*b.cynn.*)
Chasmanthe bicolor	chasmanthe	casmanthe (*g.cynn.*)

AGAVACEAE - teulu'r agafe

Yucca recurvifolia	curved-leaved Spanish-dagger	iwca (*g.*) iwcâu
Agave americana	centuryplant	blodyn canmlwydd (*g.*) blodau canmlwydd
Cordyline australis	cabbage-palm	palmwydden fresych (*b.*) palmwydd bresych
Phormium tenax	New Zealand flax	llin Seland Newydd (*g.cynn.*)
Phormium cookianum	lesser New Zealand flax	llin-Seland-Newydd bach (*g.cynn.*)

DIOSCOREACEAE - teulu cwlwm y coed

Tamus communis	black bryony	cwlwm y coed (*g.cynn.*)

ORCHIDACEAE - teulu'r tegeirian

Cypripedium calceolus	lady's-slipper	esgid Fair (*b.cynn.*)
Cephalanthera damasonium	white helleborine	y galdrist wen (*b.cynn.*)
Cephalanthera longifolia	narrow-leaved helleborine	y galdrist gulddail (*b.cynn.*)
Cephalanthera rubra	red helleborine	y galdrist goch (*b.cynn.*)
Epipactis palustris	marsh helleborine	caldrist y gors (*b.cynn.*)
Epipactis atrorubens	dark red helleborine	y galdrist ruddgoch (*b.cynn.*)
Epipactis purpurata	violet helleborine	y galdrist ruddlas (*b.cynn.*)
Epipactis helleborine	broad-leaved helleborine	y galdrist lydanddail (*b.cynn.*)
Epipactis youngiana	Young's helleborine	caldrist Young (*b.cynn.*)
Epipactis leptochila	narrow-lipped helleborine	y galdrist finfain (*b.cynn.*)
Epipactis phyllanthes	green-flowered helleborine	y galdrist felynwerdd (*b.cynn.*)
Epipogium aphyllum	ghost orchid	y galdrist rithiol (*b.cynn.*)
Neottia nidus-avis	bird's-nest orchid	tegeirian nyth aderyn (*g.cynn.*) -au nyth aderyn
Listera ovata	common twayblade	caineirian (*g.*) -au
Listera cordata	lesser twayblade	caineirian bach (*g.*) *-au*
Spiranthes spiralis	autumn lady's-tresses	troellig yr hydref (*b.cynn.*)
Spiranthes aestivalis	summer lady's-tresses	troellig yr haf (*b.cynn.*)
Spiranthes romanzoffiana	Irish lady's-tresses	troellig Wyddelig (*b.cynn.*)
Goodyera repens	creeping lady's-tresses	troellig ymgripiol (*b.cynn.*)
Liparis loeselii	fen orchid	tegeirian y fign galchog (*g.*) -au'r fign galchog
Hammarbya paludosa	bog orchid	tegeirian bach y gors (*g.*) -au bach y gors
Corallorrhiza trifida	coralroot orchid	tegeirian gwraidd cwrel (*g.*) -au gwraidd cwrel
Herminium monorchis	musk orchid	tegeirian mân-flodeuog (*g.*) -au mân-flodeuog
Platanthera chlorantha	greater butterfly-orchid	tegeirian llydanwyrdd (*g.*) -au llydanwyrdd
Platanthera bifolia	lesser butterfly-orchid	tegeirian llydanwyrdd bach (*g.*) -au llydanwyrdd bach
Anacamptis pyramidalis	pyramidal orchid	tegeirian bera (*g.*) -au bera
Pseudorchis albida	small-white orchid	tegeirian bach gwyn (*g.*) -au bach gwyn (-ion)
Gymnadenia conopsea	fragrant orchid	tegeirian pêr (*g.*) -au pêr
Coeloglossum viride	frog orchid	tegeirian y broga (*g.*) -au'r broga
Dactylorhiza fuchsii	common spotted-orchid	tegeirian brych (*g.*) -au brych (-ion)
Dactylorhiza maculata	heath spotted-orchid	tegeirian brych y rhos (*g.*) -au brych (-ion) y rhos
Dactylorhiza incarnata	early marsh-orchid	tegeirian-y-gors cynnar (*g.*) -au'r-gors cynnar
Dactylorhiza praetermissa	southern marsh-orchid	tegeirian-y-gors deheuol (*g.*) -au'r-gors deheuol
Dactylorhiza purpurella	northern marsh-orchid	tegeirian-y-gors gogleddol (*g.*) -au'r-gors gogleddol

Dactylorhiza majalis	western marsh-orchid	tegeirian-y-gors llydanddail (*g.*) -au'r-gors llydanddail
ssp. cambrensis		tegeirian-y-gors llydanddail Cymreig (*g.*) -au'r-gors llydanddail Cymreig
Dactylorhiza traunsteineri	narrow-leaved marsh-orchid	tegeirian-y-gors culddail (*g.*) -au'r-gors culddail
Dactylorhiza lapponica	Lapland marsh-orchid	tegeirian y Lapdir (*g.*) -au'r Lapdir
Neotinea maculata	dense-flowered orchid	tegeirian dwysflodeuog (*g.*) -au dwysflodeuog
Orchis mascula	early-purple orchid	tegeirian coch y gwanwyn (*g.*) -au coch y gwanwyn
Orchis morio	green-winged orchid	tegeirian y waun (*g.*) -au'r waun
Orchis ustulata	burnt orchid	tegeirian llosg (*g.*) -au llosg
Orchis purpurea	lady orchid	tegeirian ysblennydd (*g.*) -au ysblennydd
Orchis militaris	military orchid	tegeirian y milwr (*g.*) -au'r milwr
Orchis simia	monkey orchid	tegeirian y mwnci (*g.*) -au'r mwnci
Aceras anthropophorum	man orchid	tegeirian y gŵr (*g.*) -au'r gŵr
Himantoglossum hircinum	lizard orchid	tegeirian y fadfall (*g.*) -au'r fadfall
Ophrys insectifera	fly orchid	tegeirian y clêr (*g.*) -au'r clêr
Ophrys sphegodes	early spider-orchid	tegeirian-y-corryn cynnar (*g.*)/ tegeirian-y-pryf-copyn cynnar (*g.*) -au'r-corryn cynnar/ -au'r-pryf-copyn cynnar
Ophrys apifera	bee orchid	tegeirian y wenynen (*g.*) -au'r wenynen
Ophrys fuciflora	late spider-orchid	tegeirian-y-corryn diweddar (*g.*)/tegeirian-y-pryf-copyn diweddar (*g.*)/ -au'r-corryn diweddar/ -au'r-pryf-copyn diweddar

Y Mynegai i'r Rhestr Enwau

Abies alba , 6
Abies grandis , 6
Abies nordmanniana , 6
Abies procera , 6
Abraham Isaac a Jacob , 52
Abraham-Isaac-Jacob , 52
Abutilon theophrasti , 21
Acacia melanoxylon , 37
Acaena anserinifolia , 32
Acaena inermis , 32
Acaena novae-zelandiae , 32
Acaena ovalifolia , 32
ACANTHACEAE, 58
Acanthus mollis , 58
Acanthus spinosus , 58
acasia pren du , 37
Acer campestre , 45
Acer cappadocicum , 44
Acer negundo , 45
Acer platanoides , 44
Acer pseudoplatanus , 45
Acer saccharinum , 45
ACERACEAE , 44
Aceras anthropophorum , 86
Achillea distans , 65
Achillea ligustica , 65
Achillea millefolium , 65
Achillea ptarmica , 65
aconite-leaved buttercup , 9
Aconitum lycoctonum , 8
Aconitum napellus , 8
Aconitum x cammarum , 8
Acorus calamus , 70
Acorus gramineus , 70
Acroptilon repens , 61
Actaea spicata , 8
adder's-tongue , 2
adder's-tongue spearwort , 9
addurnwy , 50
adherent bristle-grass , 80
ADIANTACEAE , 2
Adiantum capillus-veneris , 2
Adonis annua , 9
Adoxa moschatellina , 60
ADOXACEAE , 60
Adria bellflower , 58
Aegean dock , 19
Aegopodium podagraria , 47
aeonium , 29
Aeonium cuneatum , 29
aeoniwm , 29
Aesculus carnea , 44
Aesculus hippocastanum , 44
Aesculus indica , 44
Aetheorhiza bulbosa , 62
aethnen , 22
Aethusa cynapium , 48
afal cangarŵ , 50
afal dreiniog , 50
afal Periw , 50
African bent , 77
African Bermuda-grass , 79
African bur-grass , 79
African dropseed , 79
African lily , 82
African love-grass , 79
African marigold , 67
African pepperwort , 25
African tamarisk , 21
Agapanthus praecox , 82
AGAVACEAE , 84
Agave americana , 84
Ageratum houstonianum , 67
ageratwm , 67
Agrimonia eupatoria , 32
Agrimonia procera , 32
agrimony , 32
Agrostemma githago , 17
Agrostis avenacea , 77
Agrostis canina , 77
Agrostis capillaris , 77
Agrostis castellana , 77
Agrostis curtisii , 77
Agrostis gigantea , 77
Agrostis hyemalis , 77
Agrostis lachnantha , 77
Agrostis scabra , 77
Agrostis stolonifera , 77
Agrostis vinealis , 77
Agrostis x Polypogon = X Agropogon , 77
Ailanthus altissima , 45
Aira caryophyllea , 77
Aira praecox , 77
AIZOACEAE , 13
ajowan , 48
Ajuga chamaepitys , 53
Ajuga pyramidalis , 53
Ajuga reptans , 53
ake-ake , 65
akiharo , 65
alan bach , 67
alan mawr , 67
alan pêr , 67
alaw , 8
alaw De Affrica , 68
Alcea rosea , 20
Alchemilla acutiloba , 32
Alchemilla alpina , 32
Alchemilla conjuncta , 32
Alchemilla filicaulis , 32
Alchemilla glabra , 32
Alchemilla glaucescens , 32
Alchemilla glomerulans , 32
Alchemilla micans , 32
Alchemilla minima , 32
Alchemilla mollis , 32
Alchemilla monticola , 32
Alchemilla subcrenata , 32
Alchemilla tytthantha , 32
Alchemilla vulgaris , 32
Alchemilla wichurae , 32
Alchemilla xanthochlora , 32
alder , 12
alder buckthorn , 44
Alderney crane's-bill , 46
Alderney sea-lavender , 19
alexanders , 47
alffalffa , 39
Algerian iris , 84
Algerian ivy , 46
Algerian oak , 12
Alisma gramineum , 68
Alisma lanceolatum , 68
Alisma plantago-aquatica , 68
ALISMATACEAE , 68
alkanet , 51
Alliaria petiolata , 23
Allium ampeloprasum , 82
Allium carinatum , 82
Allium cepa , 82
Allium fistulosum , 82
Allium moly , 82
Allium neapolitanum , 82
Allium nigrum , 82
Allium oleraceum , 82
Allium paradoxum , 82
Allium pendulinum , 82
Allium porrum , 82
Allium roseum , 82
Allium sativum , 82
Allium schoenoprasum , 82
Allium scorodoprasum , 82
Allium sphaerocephalon , 82
Allium subhirsutum , 82
Allium triquetrum , 82
Allium unifolium , 82
Allium ursinum , 82
Allium vineale , 82
allseed , 44
almond , 33
almond willow , 22
Alnus cordata , 12
Alnus glutinosa , 12
Alnus incana , 12
Alnus rubra , 12
Alopecurus aequalis , 78
Alopecurus borealis , 78
Alopecurus bulbosus , 78
Alopecurus geniculatus , 78
Alopecurus myosuroides , 78
Alopecurus pratensis , 78
Alpine bartsia , 57
Alpine bistort , 18
Alpine blue-sow-thistle , 62
Alpine butterwort , 58
Alpine campion , 17
Alpine cat's-tail , 78
Alpine catchfly , 17
Alpine cinquefoil , 31
Alpine clubmoss , 1
Alpine enchanter's-nightshade , 42
Alpine fleabane , 65
Alpine forget-me-not , 52
Alpine foxtail , 78
Alpine gentian , 49
alpine hair-grass , 77
Alpine knotweed , 17
Alpine lady's-mantle , 32
Alpine lady-fern , 3
Alpine meadow-grass , 76
alpine meadow-rue , 10
Alpine milk-vetch , 37
alpine mouse-ear , 16
alpine pearlwort , 16
alpine penny-cress , 25
Alpine rock-cress , 24
Alpine rush , 71
Alpine saw-wort , 61
Alpine saxifrage , 30
Alpine speedwell , 56
Alpine squill , 81
Alpine willowherb , 42
Alpine woodsia , 4
Alsike clover , 39

Alstroemeria aurea , 83
altar-lily , 70
alternate water milfoil , 41
alternate-leaved butterfly-bush , 54
alternate-leaved golden-saxifrage , 30
Althaea hirsuta , 20
Althaea officinalis , 20
Alyssum alyssoides , 24
Alyssum saxatile , 24
alyswm aur , 24
alyswm bach , 24
alyswm lledlwyd , 24
alyswm pêr , 24
AMARANTHACEAE , 14
Amaranthus albus , 15
Amaranthus blitoides , 15
Amaranthus blitum , 15
Amaranthus bouchonii , 15
Amaranthus capensis , 15
Amaranthus caudatus , 14
Amaranthus cruentus , 14
Amaranthus deflexus , 15
Amaranthus graecizans , 15
Amaranthus hybridus , 14
Amaranthus hypochondriacus , 15
Amaranthus palmeri , 15
Amaranthus powellii , 14
Amaranthus quitensis , 14
Amaranthus retroflexus , 14
Amaranthus standleyanus , 15
Amaranthus thunbergii , 15
Amaryllis belladonna , 82
Ambrosia artemisiifolia , 67
Ambrosia psilostachya , 67
Ambrosia trifida , 67
Amelanchier lamarckii , 35
American blue-eyed-grass , 83
American cranberry , 27
American cudweed , 64
American elder , 59
American fox-sedge , 73
American garlic , 82
American marram , 77
American needle-grass , 75
American pondweed , 69
American skunk-cabbage , 70
American slough-grass , 78
American speedwell , 56
American spikenard , 47
American tear-thumb , 18
American willowherb , 42
American winter-cress , 24
American yard-grass , 79
amlaethai cerrig calch , 44
amlaethai cyffredin , 44
amlaethai'r waun , 44
Ammi majus , 48
Ammi visnaga , 48
Ammophila arenaria , 77
Ammophila breviligulata , 77
Ampfield cotoneaster , 36
amphibious bistort , 18
amranwen arfor , 66
amranwen bêr , 66
amranwen ddi-sawr , 66
amrhydlwyd America , 65
amrhydlwyd arfor , 65
amrhydlwyd Canada , 65
amrhydlwyd glas , 65
amrhydlwyd Guernsey , 65
amrhydlwyd tal , 65
amrhydlwyd y cerrig , 65
amrhydlwyd y mynydd , 65
amrhydlwyd yr Ariannin , 65
amsincia , 52
amsincia blewog , 52
Amsinckia lycopsoides , 52
Amsinckia micrantha , 52
an eyebright , 57
Anacamptis pyramidalis , 85
ANACARDIACEAE , 45
Anagallis arvensis , 28
Anagallis minima , 28
Anagallis tenella , 28
Anaphalis margaritacea , 64
Anchusa arvensis , 51
Anchusa azurea , 51
Anchusa ochroleuca , 51
Anchusa officinalis , 51
Andalucian restharrow , 39
Andromeda polifolia , 27
andromeda'r gors , 27
Anemone apennina , 8
Anemone blanda , 8
Anemone nemorosa , 8
Anemone ranunculoides , 8
Anemone x hybrida , 8
Anethum graveolens , 48
angel's-tears , 83
Angelica archangelica , 48
Angelica sylvestris , 48
angels'-trumpets , 50
angular sea fig , 13
angular Solomon's-seal , 81
Anisantha diandra , 78
Anisantha madritensis , 78
Anisantha rigida , 78
Anisantha rubens , 78
Anisantha sterilis , 78
Anisantha tectorum , 78
Ankara crocus , 84
annual beard-grass , 78
annual buttonweed , 66
annual clary , 54
annual dog's mercury , 43
annual knawel , 16
annual meadow-grass , 76
annual mugwort , 65
annual pearlwort , 16
annual pink-sorrel , 45
annual scorpion-vetch , 37
annual sea-blite , 14
annual toadflax , 56
annual valerian , 60
annual vernal-grass , 77
annual wall-rocket , 25
annual yellow-woundwort , 52
Antarctic barley , 79
Antennaria dioica , 64
Anthemis arvensis , 65
Anthemis cotula , 65
Anthemis punctata , 65
Anthemis tinctoria , 65
Anthoxanthum aristatum , 77
Anthoxanthum odoratum , 77
Anthriscus caucalis , 47
Anthriscus cerefolium , 47
Anthriscus sylvestris , 47
Anthyllis vulneraria , 37
Antirrhinum majus , 55
Apera interrupta , 78
Apera spica-venti , 78
Aphanes arvensis , 32
Aphanes australis , 32
APIACEAE , 47
apiculate cotoneaster , 35
Apium graveolens , 48
Apium inundatum , 48
Apium nodiflorum , 48
Apium repens , 48
APOCYNACEAE , 49
Aponogeton distachyos , 68
APONOGETONACEAE , 68
apple , 34
apple-mint , 53
apple-of-Peru , 50
Aptenia cordifolia , 13
AQUIFOLIACEAE , 43
Aquilegia pyrenaica , 10
Aquilegia vulgaris , 9
Arabidopsis thaliana , 23
Arabis alpina , 24
Arabis arenosa , 24
Arabis caucasica , 24
Arabis collina , 24
Arabis glabra , 24
Arabis hirsuta , 24
Arabis petraea , 24
Arabis scabra , 24
Arabis turrita , 24
ARACEAE , 70
aralia America , 47
Aralia chinensis , 47
Aralia elata , 47
aralia Japan , 47
Aralia racemosa , 47
aralia Tsieina , 47
ARALIACEAE , 46
Araucaria araucana , 7
ARAUCARIACEAE , 7
Arbutus unedo , 27
arctic bearberry , 27
arctic bramble , 31
Arctic mouse-ear , 16
Arctic sandwort , 15
Arctium lappa , 61
Arctium minus , 61
Arctium nemorosum , 61
Arctostaphylos alpinus , 27
Arctostaphylos uva-ursi , 27
Arctotheca calendula , 64
Aremonia agrimonioides , 32
Arenaria balearica , 15
Arenaria ciliata , 15
Arenaria montana , 15
Arenaria norvegica , 15
Arenaria serpyllifolia , 15
arenllys , 50
Argemone mexicana , 10
Argentina vervain , 52
Argentine barley , 79
Argentine cocklebur , 67
Argentine dock , 18
Argentine fleabane , 65

Argentine pepperwort , 25
Argentine-pear , 50
arianllys , 10
arianllys bach , 10
arianllys Ffrainc , 10
arianllys Tsieina , 10
arianllys y mynydd , 10
Arisarum proboscideum , 70
aristea , 83
Aristea ecklonii , 83
Aristolochia clematitis , 8
Aristolochia rotunda , 8
ARISTOLOCHIACEAE , 8
Armenian crane's-bill , 45
Armeria maritima , 19
Armoracia rusticana , 24
Arnoseris minima , 62
Aronia arbutifolia , 35
Aronia melanocarpa , 35
Arran service-tree , 34
Arrhenatherum elatius , 76
arrow bamboo , 75
arrowhead , 68
Artemisia abrotanum , 65
Artemisia absinthium , 65
Artemisia annua , 65
Artemisia biennis , 65
Artemisia campestris , 65
Artemisia dracunculus , 65
Artemisia norvegica , 65
Artemisia stelleriana , 65
Artemisia verlotiorum , 65
Artemisia vulgaris , 65
Arum italicum , 70
Arum maculatum , 70
Aruncus dioicus , 31
arwyddwellt llydanddail , 80
arwyddwellt meinflodeuog , 80
asarabacca , 8
Asarina procumbens , 56
Asarum europaeum , 8
ascending cotoneaster , 36
ash , 55
ashleaf maple , 45
Asian firethorn , 36
Asian skunk-cabbage , 70
Asparagus officinalis , 83
aspen , 22
Asperugo procumbens , 52
Asperula arvensis , 59
Asperula cynanchica , 59
Asperula taurina , 59
Asphodelus albus , 80
ASPLENIACEAE , 3
Asplenium adiantum-nigrum , 3
Asplenium marinum , 3
Asplenium obovatum , 3
Asplenium onopteris , 3
Asplenium ruta-muraria , 3
Asplenium septentrionale , 3
Asplenium trichomanes , 3
Asplenium viride , 3
Asplenium x alternifolium , 3
Aster laevis , 64
Aster lanceolatus , 64
Aster linosyris , 65
Aster novae-angliae , 64
Aster novi-belgii , 64
Aster schreberi , 64
Aster tripolium , 65
Aster x salignus , 64
Aster x versicolor , 64
ASTERACEAE , 61
Astilbe japonica , 29
Astilbe rivularis , 30
Astilbe x arendsii , 29
Astragalus alpinus , 37
Astragalus cicer , 37
Astragalus danicus , 37
Astragalus glycyphyllos , 37
Astragalus odoratus , 37
astrantia , 47
Astrantia major , 47
Athyrium distentifolium , 3
Athyrium filix-femina , 3
Athyrium flexile , 3
Atlantic ivy , 47
Atlas cedar , 6
Atlas poppy , 10
Atriplex glabriuscula , 14
Atriplex halimus , 14
Atriplex hortensis , 14
Atriplex laciniata , 14
Atriplex littoralis , 14
Atriplex longipes , 14
Atriplex patula , 14
Atriplex pedunculata , 14
Atriplex portulacoides , 14
Atriplex praecox , 14
Atriplex prostrata , 14
Atriplex suberecta , 14
Atriplex x gustafssoniana , 14
Atriplex x taschereaui , 14
Atropa belladonna , 50
aubretia , 24
Aubrieta deltoidea , 24
Aucuba japonica , 42
Aunt-Eliza , 84
auricula , 28
Australian blackwood , 37
Australian bur-grass , 79
Australian carrot , 49
Australian couch , 78
Australian hollyhock , 20
Australian orache , 14
Australian Rhodes-grass , 79
Australian tree-fern , 3
Austrian pine , 6
Austrian yellow-cress , 24
autumn crocus , 84
autumn gentian , 49
autumn hawkbit , 62
autumn lady's-tresses , 85
autumn millet , 79
autumn oxeye , 66
Autumn squill , 81
autumnal water-starwort , 54
Avena barbata , 76
Avena fatua , 76
Avena sativa , 77
Avena sterilis , 77
Avena strigosa , 76
awlwort , 25
awned canary-grass , 77
Azolla filiculoides , 5
AZOLLACEAE , 5
Babington's orache , 14
baby's breath , 17
Baccharis halimiifolia , 65
bachgen llwm , 60
baco , 50
baco coch , 50
baco gwyllt , 50
baco melys , 50
balchder India , 44
balchder Llundain , 30
balchder Llundain ffug , 30
balchder Llundain prin , 30
Baldellia ranunculoides , 68
Balkan anemone , 8
Balkan Spurge , 43
Balkan toadflax , 56
ball mustard , 25
Ballota nigra , 52
balm , 53
balm-leaved figwort , 55
balm-of-Gilead , 22
BALSAMINACEAE , 46
Baltic rush , 71
bambŵ blewog , 75
bambŵ brith , 75
bambŵ llydanddail , 75
bambŵ Maximowicz , 75
bambŵ Narihira , 75
bambŵ pedronglog , 75
bambŵ Simon , 75
bambŵ'r saethau , 75
bambŵ'r-ffynhonnau Indiaidd , 75
bambŵ'r-ffynhonnau Tsieineaidd , 75
banadl codflewog , 40
banadl Etna , 40
banadl Montpellier , 40
baneberry , 8
banhadlen , 40
banhadlen ddu , 40
banhadlen Etna , 40
banhadlen godflewog , 40
banhadlen Montpellier , 40
banhadlen Sbaen , 40
banhadlen wen , 40
bara'r hwch , 28
bara'r-hwch y gaeaf , 28
bara'r-hwch y gwanwyn , 28
Barbarea intermedia , 24
Barbarea stricta , 24
Barbarea verna , 24
Barbarea vulgaris , 24
barberry , 10
barf y bwch , 31
barf y gwalch , 62
barf yr afr , 62
barf yr hen ŵr , 9
barfwellt unflwydd , 78
barfwellt y dŵr , 78
barf-yr-afr fach , 62
barf-yr-afr gochlas , 62
barf-yr-hen-ŵr borffor , 9
barf-yr-hen-ŵr Himalaiaidd , 9
barf-yr-hen-ŵr oren , 9
barf-yr-hen-ŵr wen , 9
Barker's hebe , 57
barren brome , 78
barren strawberry , 31
Bartsia alpina , 57

basged y pysgotwr , 55
basil thyme , 53
Bassia scoparia , 13
bastard agrimony , 32
bastard balm , 53
bastard cabbage , 26
bastard-toadflax , 42
bay , 7
bay willow , 22
bayberry , 12
beadplant , 59
beaked hawk's-beard , 63
beaked tasselweed , 69
bean broomrape , 58
bear's breech , 58
bearberry , 27
bearberry cotoneaster , 35
bearded couch , 78
bearded fescue , 76
bearded iris , 83
beautiful cotoneaster , 36
Beckmannia syzigachne , 78
bedstraw broomrape , 57
bedwen arian , 12
bedwen lwyd , 12
bee orchid , 86
beech , 12
beech fern , 3
beet , 14
beetroot , 14
beggarticks , 67
beidiog Tsieina , 65
beidiog yr Alban , 65
beistonnell ferllyn , 54
bell heather , 27
Bellis perennis , 65
BERBERIDACEAE , 10
Berberis aggregata , 10
Berberis buxifolia , 10
Berberis darwinii , 10
Berberis gagnepainii , 10
Berberis glaucocarpa , 10
Berberis julianae , 10
Berberis stenophylla , 10
Berberis thunbergii , 10
Berberis vulgaris , 10
Berberis wilsoniae , 10
Bergenia crassifolia , 30
Berlin poplar , 22
Bermuda buttercup , 45
Bermuda-grass , 79
berry catchfly , 17
Berteroa incana , 24
Berula erecta , 47
berwr chwerw blewog , 24
berwr chwerw culddail , 24
berwr chwerw hyblyg , 24
berwr chwerw mawr , 24
berwr chwerw Seland Newydd , 24
berwr chwerw tribys , 24
berwr melyn Awstria , 24
berwr melyn croesryw , 24
berwr melyn gogleddol , 24
berwr melyn mawr , 24
berwr melyn Tafwys , 24
berwr melyn Walthamstow , 24
berwr melyn y gors , 24
berwr melyn ymlusgol , 24
berwr penlas , 25
berwr y bugail , 25
berwr y cerrig , 24
berwr y dŵr , 24
berwr y fagwyr , 23
berwr y gaeaf , 24
berwr-y-cerrig blewog , 24
berwr-y-cerrig Bryste , 24
berwr-y-cerrig gwridog , 24
berwr-y-cerrig tyrog , 24
berwr-y-cerrig y Gogledd , 24
berwr-y-cerrig y mynydd , 24
berwr-y-cerrig y tywod , 24
berwr-y-cerrig yr ardd , 24
berwr-y-dŵr bach , 24
berwr-y-dŵr croesryw , 24
berwr-y-gaeaf canolig , 24
berwr-y-gaeaf cynnar , 24
berwr-y-gaeaf mân-flodeuog , 24
beryn bytholwyrdd , 25
beryn chwerw , 25
beryn y graig , 25
beryn yr ardd , 25
Beta ssp. cicla , 14
Beta ssp. maritima , 14
Beta ssp. vulgaris , 14
Beta trigyna , 14
Beta vulgaris , 14
betony , 52
Betula nana , 12
Betula pendula , 12
Betula pubescens , 12
BETULACEAE , 12
betysen , 14
betysen arfor , 14
betysen borthi , 14
betysen ddeiliog , 14
betysen goch , 14
betysen siwgr , 14
betysen wreiddiog , 14
betysen y Cawcasws , 14
betysen ysbigoglys , 14
Bhutan pine , 7
Bidens bipinnata , 67
Bidens cernua , 67
Bidens connata , 67
Bidens frondosa , 67
Bidens pilosa , 67
Bidens tripartita , 67
bidoglys Califfornia , 59
bidoglys chwerw , 59
bidoglys Seland Newydd , 59
bidoglys y dŵr , 59
bidoglys yr ardd , 59
Bieberstein's crocus , 84
bifid hemp-nettle , 53
bilberry , 27
Billard's bridewort , 30
bird cherry , 33
bird's foot clover , 39
bird's-eye primrose , 28
bird's-foot , 37
bird's-foot sedge , 74
bird's-nest orchid , 85
bird-in-a-bush , 11
birthwort , 8
biting stonecrop , 29
bitter vetch , 38
bittersweet , 50
black alpine-sedge , 74
black bent , 77
black bog-rush , 72
black broom , 40
black bryony , 85
black chokeberry , 35
black currant , 29
black horehound , 52
black medick , 39
black mulberry , 11
black mustard , 26
black nightshade , 50
black pea , 38
black spleenwort , 3
black-bindweed , 18
black-eyed Susan , 67
black-grape cotoneaster , 35
black-grass , 78
black-Italian poplar , 22
black-jack , 67
black-poplar , 22
Blackstonia perfoliata , 49
blackthorn , 33
bladder campion , 17
bladder ketmia , 21
bladdernut , 44
bladder-sedge , 73
bladderseed , 48
bladder-senna , 37
bladderwort , 58
blanketflower , 67
BLECHNACEAE , 4
Blechnum cordatum , 4
Blechnum spicant , 4
bleeding-heart , 10
bleidd-dag y gaeaf , 8
blewgeirchen , 76
blinks , 15
bliwlys , 41
blodyn amor , 14
blodyn amor anymagorol , 15
blodyn amor blaenfain , 14
blodyn amor byr-depalog , 15
blodyn amor De Affrica , 15
blodyn amor deuoecaidd , 15
blodyn amor gorweddol , 15
blodyn amor Guernsey , 15
blodyn amor gwyn , 15
blodyn amor gwyrdd , 14
blodyn amor parhaol , 15
blodyn amor porffor , 14
blodyn amor Powell , 14
blodyn amor pruddglwyfus , 15
blodyn amor Standley , 15
blodyn amor Thunberg , 15
blodyn anwyw Seland Newydd , 64
blodyn botwm , 66
blodyn canmlwydd , 84
blodyn deuben , 60
blodyn gwely , 67
blodyn llefrith , 24
blodyn llefrith mawr , 24
blodyn Mihangel , 64
blodyn mwnci , 55
blodyn neidr , 17
blodyn pigwrn , 67
blodyn taranau , 17

blodyn tisian , 67
blodyn trogod , 67
blodyn trysor , 64
blodyn y cleddyf , 84
blodyn y fagwyr , 24
blodyn y gwynt , 8
blodyn y Pasg , 9
blodyn ymenyn , 9
blodyn yr haul , 67
blodyn-botwm unflwydd , 66
blodyn-Mihangel blewog , 64
blodyn-Mihangel culddail , 64
blodyn-Mihangel dail danadl , 64
blodyn-Mihangel diweddar , 64
blodyn-Mihangel dyrys , 64
blodyn-Mihangel llwydlas , 64
blodyn-mwnci Albanaidd , 55
blodyn-mwnci copraidd , 55
blodyn-mwnci croesryw , 55
blodyn-mwnci gwaedlyd , 55
blodyn-pigwrn blewog , 67
blodyn-trysor unlliw , 64
blodyn-y-cleddyf dwyreiniol , 84
blodyn-y-fagwyr Siberia , 24
blodyn-y-gwynt glas , 8
blodyn-y-gwynt Japaneaidd , 8
blodyn-y-gwynt melyn , 8
blodyn-y-gwynt y Balcanau , 8
blodyn-ymenyn blewog , 9
blodyn-ymenyn bondew , 9
blodyn-ymenyn ffrwythau garw , 9
blodyn-ymenyn Jersey , 9
blodyn-ymenyn mân-flodeuog , 9
blodyn-ymenyn peneuraid , 9
blodyn-ymenyn Sant Marthin , 9
blodyn-ymenyn y gerddi , 9
blodyn-ymenyn ymlusgol , 9
blodyn-ymenyn yr ŷd , 9
blodyn-yr-haul bach , 67
blodyn-yr-haul dail tenau , 67
blodyn-yr-haul lluosflwydd , 67
blodyn-yr-haul oddfog , 67
bloneg y ddaear , 22
blood-drop-emlets , 55
bloody crane's-bill , 46
blown grass , 77
blue anemone , 8
blue corn-lily , 83
blue cupidone , 62
blue eryngo , 47
blue fenugreek , 39
blue fescue , 75
blue fleabane , 65
blue globe-thistle , 61
blue heath , 27
blue iris , 84
blue lettuce , 62
blue moor-grass , 76
blue water-speedwell , 56
blue woodruff , 59
bluebell , 81
blueberry , 27
blue-eyed-grass , 83
blue-eyed-Mary , 52
blunt-flowered rush , 71
blunt-fruited water-starwort , 54
blunt-leaved pondweed , 69
Blysmus compressus , 72
Blysmus rufus , 72
bog arum , 70
bog asphodel , 80
bog bilberry , 27
bog hair-grass , 77
bog myrtle , 12
bog orchid , 85
bog pimpernel , 28
bog pondweed , 69
bog stitchwort , 16
bogbean , 51
bog-laurel , 27
bog-rosemary , 27
bog-sedge , 74
Bois's Cotoneaster , 36
Boissier's glory-of-the-snow , 81
Bolboschoenus maritimus , 72
borage , 51
BORAGINACEAE , 51
Borago officinalis , 51
Borago pygmaea , 52
Borrer's salt-marsh-grass , 76
Boston-ivy , 44
Botrychium lunaria , 2
bottle sedge , 73
box , 43
box-leaved barberry , 10
box-leaved honeysuckle , 60
Boyd's pearlwort , 16
Brachiaria platyphylla , 80
Brachyglottis 'Sunshine' , 66
Brachyglottis monroi , 66
Brachyglottis repanda , 66
Brachypodium distachyon , 78
Brachypodium pinnatum , 78
Brachypodium sylvaticum , 78
bracken , 3
brackish water-crowfoot , 9
bramble , 31
branched bur-reed , 80
branched horsetail , 1
branched plantain , 54
Brassica carinata , 26
Brassica elongata , 26
Brassica juncea , 26
Brassica napus , 25
Brassica nigra , 26
Brassica oleracea , 25
Brassica rapa , 25
Brassica tournefortii , 26
BRASSICACEAE , 23
bratlys , 67
bratlys enfawr , 67
bratlys lluosflwydd , 67
bratlys melynddail , 67
Brazilian giant-rhubarb , 41
bread wheat , 79
Breckland speedwell , 56
Breckland thyme , 53
breichwellt unflwydd , 78
breichwellt y calch , 78
breichwellt y coed , 78
brenhinllys , 53
brenhinllys bach , 53
brenhinllys gwyllt , 53
brenhinllys y coed , 53
brenhinllys y maes , 53
bresychen ddafadennog , 24
bresychen ddeilgrech , 26
bresychen Manaw , 26
bresychen welw , 26
bresychen wyllt , 25
bresychen y cŵn , 43
bresychen y fagwyr , 26
bresychen y paith , 26
bresychen Ynys Wair , 26
bresychen-y-cŵn flynyddol , 43
Breton fescue , 75
breuwydden , 44
brial y gors , 30
briallen , 28
briallen clust yr arth , 28
briallen Fair , 28
briallen Fair Japan , 28
briallen Fair Sikkim , 28
briallen Fair Tibet , 28
briallen flodiog , 28
briallen groesryw , 28
briallen yr Alban , 28
briallen-Fair ddi-sawr , 28
bridalspray , 31
bridewort , 30
briger Gwener , 2
bright-leaved pondweed , 69
brigwellt arian , 77
brigwellt garw , 77
brigwellt llwyd , 77
brigwellt main , 77
brigwellt troellennog , 76
brigwellt y gors , 77
brigwellt y gwanwyn , 77
brigwellt y mynydd , 77
brigwlydd brigddail , 54
brigwlydd canolig , 54
brigwlydd coesog , 54
brigwlydd cyffredin , 54
brigwlydd ffrwythau blaendwn , 54
brigwlydd y cynhaeaf , 54
brigwlydd y gwanwyn , 54
bristle bent , 77
bristle club-rush , 72
bristle oat , 76
bristle sedge , 75
bristly hawk's-beard , 63
bristly ox-tongue , 62
Bristol rock-cress , 24
britheg , 81
brittle bladder-fern , 4
briweg boeth , 29
briweg Camtsiatca , 29
briweg Colorado , 29
briweg ddi-flas , 29
briweg dewddail , 29
briweg fach , 29
briweg fach Mecsico , 29
briweg fawr Mecsico , 29
briweg felen , 29
briweg flewog , 29
briweg Gymreig , 29
briweg iâr fach yr haf , 29
briweg Sbaen , 29
briweg welw , 29
briweg wen , 29
briweg y cariadon , 29
briweg y Cawcasws , 29
briweg y cerrig , 29

briweg-y-Cawcasws fach , 29
briwlys croesryw , 52
briwlys melyn bythol , 52
briwlys pannog , 52
briwlys unflwydd , 52
briwlys y calch , 52
briwlys y gors , 52
briwlys y gwrych , 52
briwlys y tir âr , 52
briwydd arw , 59
briwydd bêr , 59
briwydd fain y sialc , 59
briwydd felen , 59
briwydd wen , 59
briwydd y calch , 59
briwydd y clawdd , 59
briwydd y fign , 59
briwydd y Gogledd , 59
briwydd y gors , 59
briwydd y mur , 59
briwydd-y-gors fain , 59
Briza maxima , 76
Briza media , 76
Briza minor , 76
broad bean , 38
broad buckler-fern , 4
broad-fruited cornsalad , 60
broad-leaved bamboo , 75
broad-leaved cockspurthorn , 36
broad-leaved cottongrass , 72
broad-leaved cudweed , 64
broad-leaved dock , 18
broad-leaved everlasting-pea , 38
broad-leaved harebell , 58
broad-leaved helleborine , 85
broad-leaved leek , 82
broad-leaved meadow-grass , 76
broad-leaved oleaster , 41
broad-leaved osier , 23
broad-leaved pondweed , 69
broad-leaved ragwort , 66
broad-leaved rush , 71
broad-leaved sea lavender , 19
broad-leaved signal-grass , 80
broad-leaved spurge , 43
broad-leaved whitebeam , 34
broad-leaved willowherb , 42
BROMELIACEAE , 80
Bromopsis benekenii , 78
Bromopsis erecta , 78
Bromopsis inermis , 78
Bromopsis ramosa , 78
Bromus arvensis , 78
Bromus commutatus , 78
Bromus hordeaceus , 78
Bromus interruptus , 78
Bromus japonicus , 78
Bromus lanceolatus , 78
Bromus lepidus , 78
Bromus pseudosecalinus , 78
Bromus racemosus , 78
Bromus secalinus , 78
Bromus x pseudothominei , 78
bronze pirri-pirri-bur , 32
bronzy willowherb , 42
brook cinquefoil , 31
brooklime , 56
brookweed , 28
broom , 40
broom tea-tree , 41
Broussa mullein , 55
brown beak-sedge , 72
brown beetle-grass , 79
brown bent , 77
brown bog-rush , 72
brown galingale , 72
brown sedge , 73
Brunnera macrophylla , 51
brwnera , 51
brwynddail y mynydd , 81
brwynen arfor , 71
brwynen babwyr , 71
brwynen bellennaidd , 71
brwynen ddau-flodeuog , 71
brwynen ddeiliog , 71
brwynen deirdalen , 70
brwynen dri-blodeuog , 71
brwynen droellgorun , 70
brwynen edafeddog , 71
brwynen fach , 71
brwynen fain , 70
brwynen fawr , 71
brwynen ffrwythgron , 70
brwynen flaendon , 71
brwynen flodeufain , 71
brwynen flodeuog , 68
brwynen galed , 71
brwynen gastanliw , 71
brwynen Gerard , 70
brwynen Gwlad-yr-haf , 71
brwynen gymalog , 71
brwynen lem , 71
brwynen lydanddail , 71
brwynen oddfog , 71
brwynen Rannoch , 68
brwynen y Baltig , 71
brwynen y broga , 71
brwynen y llyffant du , 71
brwynen y mynydd , 71
brymlys , 54
Bryonia dioica , 22
buck's-beard , 31
buck's-horn plantain , 54
buckthorn , 44
buckwheat , 18
Buddleja alternifolia , 54
Buddleja davidii , 54
Buddleja globosa , 54
Buddleja x weyeriana , 54
buffalo currant , 29
buffalo-bur , 50
bugle , 53
bugle lily , 84
bugloss , 51
bugseed , 13
buladd , 48
bulbous buttercup , 9
bulbous canary-grass , 77
bulbous comfrey , 51
bulbous foxtail , 78
bulbous meadow-grass , 76
bulbous rush , 71
bullace, 33
bullate cotoneaster , 36
bullwort , 48
bulrush , 80
bulwg yr ŷd , 17
bunch-flowered daffodil , 82
Bunias orientalis , 24
Bunium bulbocastanum , 47
Bupleurum baldense , 48
Bupleurum falcatum , 48
Bupleurum fruticosum , 48
Bupleurum rotundifolium , 48
Bupleurum subovatum , 48
Bupleurum tenuissimum , 48
bur chervil , 47
bur clover , 40
bur daisy , 64
bur forget-me-not , 52
bur medick , 39
burnet rose , 32
burnet-saxifrage , 47
burnt orchid , 86
bush vetch , 38
bushy mint , 53
butcher's-broom , 83
BUTOMACEAE , 68
Butomus umbellatus , 68
butterbur , 67
butterfly stonecrop , 29
butterfly-bush , 54
button-grass , 79
buttonweed , 66
BUXACEAE , 43
Buxus sempervirens , 43
bwrned , 32
bwrned ebran , 32
bwrned gwyn , 32
bwrned mawr , 32
byddon chwerw , 67
bysedd y cŵn , 56
bysedd-y-blaidd culddail , 40
bysedd-y-blaidd gwyllt , 40
bysedd-y-blaidd gwyn , 40
bysedd-y-blaidd Russell , 40
bysedd-y-blaidd y gerddi , 40
bysedd-y-cŵn melyn , 56
byswellt blewog , 80
byswellt llyfn , 80
byswellt main , 76
byswellt trofannol , 80
byswellt y dŵr , 80
Bythinian vetch , 38
cabbage , 25
cabbage thistle , 61
cabbage-palm , 84
Cabomba caroliniana , 8
CABOMBACEAE , 8
cacamwci , 61
caineirian , 85
caineirian bach , 85
Cakile maritima , 26
Calamagrostis canescens , 77
Calamagrostis epigejos , 77
Calamagrostis purpurea , 77
Calamagrostis scotica , 77
Calamagrostis stricta , 77
Calamagrostis x Ammophila = X
Calammophila , 77
Calceolaria chelidonioides , 55
caldrist y gors , 85
caldrist Young , 85
caledwellt cam , 76

caledwellt un eisinyn , 76
caledwellt y morfa , 76
Calendula arvensis , 67
Calendula officinalis , 67
California brome , 78
California lobelia , 59
Californian honeysuckle , 60
Californian poppy , 10
Calla palustris , 70
Callistephus chinensis , 65
CALLITRICHACEAE , 54
Callitriche brutia , 54
Callitriche hamulata , 54
Callitriche hermaphroditica , 54
Callitriche obtusangula , 54
Callitriche platycarpa , 54
Callitriche stagnalis , 54
Callitriche truncata , 54
Calluna vulgaris , 27
calmia culddail , 27
calmia llydanddail , 27
calmia'r gors , 27
calon waedlyd , 10
Calotis cuneifolia , 64
Caltha palustris , 8
Calystegia pulchra , 50
Calystegia sepium , 50
Calystegia silvatica , 50
Calystegia soldanella , 50
Cambridge milk-parsley , 48
Camelina microcarpa , 25
Camelina sativa , 25
Campanula alliariifolia , 58
Campanula fragilis , 58
Campanula glomerata , 58
Campanula lactiflora , 58
Campanula latifolia , 58
Campanula medium , 58
Campanula patula , 58
Campanula persicifolia , 58
Campanula portenschlagiana , 58
Campanula poscharskyana , 58
Campanula pyramidalis , 58
Campanula rapunculoides , 58
Campanula rapunculus , 58
Campanula rhomboidalis , 58
Campanula rotundifolia , 58
Campanula trachelium , 58
CAMPANULACEAE , 58
campernelle jonquil , 83
camri , 65
camri arfor , 65
camri melyn , 65
camri'r ŷd , 65
camri'r cŵn , 65
Canadian arrowhead , 68
Canadian fleabane , 65
Canadian goldenrod , 64
Canadian waterweed , 68
canary-grass , 77
canclwm Ray , 18
canclwm y Gogledd , 18
canclwm y tir âr , 18
canclwm yr arfor , 18
canewin , 29
CANNABACEAE , 11
Cannabis sativa , 11
Canterbury bells , 58
canwraidd America , 18
canwraidd Nepal , 18
canwraidd Tsieina , 17
canwraidd y dŵr , 18
canwraidd y dom , 18
canwraidd y mynydd , 18
capan cornicyll , 46
capan-cornicyll dringol , 46
Cape cudweed , 64
Cape figwort , 55
Cape pigweed , 15
Cape-gooseberry , 50
Cape-pondweed , 68
caper spurge , 43
Cappadocian maple , 44
CAPRIFOLIACEAE , 59
Capsella bursa-pastoris , 25
Capsella rubella , 25
Capsicum annuum , 50
caraway , 48
Cardamine amara , 24
Cardamine bulbifera , 24
Cardamine corymbosa , 24
Cardamine flexuosa , 24
Cardamine heptaphylla , 24
Cardamine hirsuta , 24
Cardamine impatiens , 24
Cardamine pratensis , 24
Cardamine raphanifolia , 24
Cardamine trifolia , 24
Carduus crispus , 61
Carduus nutans , 61
Carduus pycnocephalus , 61
Carduus tenuiflorus , 61
Carex acuta , 74
Carex acutiformis , 73
Carex appropinquata , 73
Carex aquatilis , 74
Carex arenaria , 73
Carex atrata , 74
Carex atrofusca , 74
Carex bigelowii , 74
Carex binervis , 74
Carex buchananii , 74
Carex buxbaumii , 74
Carex capillaris , 73
Carex caryophyllea , 74
Carex chordorrhiza , 73
Carex curta , 73
Carex davalliana , 73
Carex depauperata , 74
Carex diandra , 73
Carex digitata , 74
Carex dioica , 73
Carex distans , 74
Carex disticha , 73
Carex divisa , 73
Carex divulsa , 73
Carex echinata , 73
Carex elata , 74
Carex elongata , 73
Carex ericetorum , 74
Carex extensa , 74
Carex filiformis , 74
Carex flacca , 74
Carex flava , 74
Carex hirta , 73
Carex hostiana , 74
Carex humilis , 74
Carex lachenalii , 73
Carex laevigata , 74
Carex lasiocarpa , 73
Carex limosa , 74
Carex magellanica , 74
Carex maritima , 73
Carex microglochin , 75
Carex montana , 74
Carex muricata , 73
Carex nigra , 74
Carex norvegica , 74
Carex ornithopoda , 74
Carex otrubae , 73
Carex ovalis , 73
Carex pallescens , 74
Carex panicea , 74
Carex paniculata , 73
Carex pauciflora , 75
Carex pendula , 73
Carex pilulifera , 74
Carex pseudocyperus , 73
Carex pulicaris , 75
Carex punctata , 74
Carex rariflora , 74
Carex recta , 74
Carex remota , 73
Carex riparia , 73
Carex rostrata , 73
Carex rupestris , 75
Carex saxatilis , 73
Carex spicata , 73
Carex strigosa , 73
Carex sylvatica , 73
Carex trinervis , 74
Carex vaginata , 74
Carex vesicaria , 73
Carex viridula , 74
Carex vulpina , 73
Carex vulpinoidea , 73
Carex x grahamii , 73
Carlina vulgaris , 61
carline thistle , 61
carn yr ebol , 67
carnation sedge , 74
carn-yr-ebol porffor , 67
carn-yr-ebol y gerddi , 8
Carolina water shield , 8
carpet box , 43
Carpinus betulus , 12
carpiog y gors , 17
Carpobrotus acinaciformis , 13
Carpobrotus edulis , 13
Carpobrotus glaucescens , 13
carrot , 49
Carthamus lanatus , 61
Carthamus tinctorius , 61
cartheig , 62
caru'n ofer , 21
Carum carvi , 48
Carum verticillatum , 48
carwy , 48
carwy droellennog , 48
CARYOPHYLLACEAE , 15
cas gan fwnci , 7
casmanthe , 84
Castanea sativa , 12
castanwydd pêr , 12

castanwydden bêr , 12
castanwydden y meirch , 44
castanwydden-y-meirch goch , 44
castanwydden-y-meirch Indiaidd , 44
castor-oil-plant , 43
cat mint , 53
cat's-ear , 62
Catabrosa aquatica , 76
Catananche caerulea , 62
Catapodium marinum , 76
Catapodium rigidum , 76
caterpillar plant , 37
Caucasian beet , 14
Caucasian comfrey , 51
Caucasian crane's-bill , 46
Caucasian crosswort , 59
Caucasian fir , 6
Caucasian mullein , 55
Caucasian penny-cress , 25
Caucasian snowdrop , 82
Caucasian wingnut , 12
Caucasian-stonecrop , 29
cawnen ddu , 75
cedar-of-Lebanon , 6
cedowydd , 64
cedowydd bach , 64
cedowydd blewog , 64
cedowydd drewllyd , 64
cedowydd Gwyddelig , 64
cedowydd prennaidd , 64
cedowydd suddlon , 64
Cedrus atlantica , 6
Cedrus deodara , 6
Cedrus libani , 6
cedrwydd coch , 7
cedrwydd deodar , 6
cedrwydd Libanus , 6
cedrwydd yr Atlas , 6
cedrwydden ddeodar , 6
cedrwydden goch , 7
cedrwydden Libanus , 6
cedrwydden yr Atlas , 6
cegiden , 48
cegiden bibellaidd , 47
cegiden dail persli , 47
cegiden feinddail , 47
cegiden Mynwy , 47
cegiden y dŵr , 48
cegiden yr afon , 48
cegiden-y-dŵr fanddail , 48
cegid-y-dŵr manddail , 48
ceirch gwyllt , 77
ceirchen , 77
ceirchen goliog , 76
ceirchen wyllt , 76
ceirchen wyllt y gaeaf , 77
ceirchwellt Awstralia , 76
ceirchwellt blewog , 76
ceirchwellt Ffrainc , 77
ceirchwellt melyn , 77
ceirchwellt tal , 76
ceirchwellt y ddôl , 76
celandine saxifrage , 30
CELASTRACEAE , 43
Celastrus orbiculatus , 43
celastrws , 43
celery , 48
celery-leaved buttercup , 9
celynnen , 43
celynnen Fair , 83
celynnen Highclere , 43
celynnen y maes , 47
celynnen y môr , 47
celynnen-Fair ddi-ddrain , 83
celynnen-y-môr dal , 47
celynnen-y-môr Eidalaidd , 47
celynnen-y-môr las , 47
Cenchrus echinatus , 80
cenhinen , 82
cenhinen bengron , 82
cenhinen brinflodeuog , 82
cenhinen lydanddail , 82
cenhinen syfi , 82
cenhinen wyllt , 82
cenhinen y nadroedd , 82
cenhinen-Bedr anghymharol , 83
cenhinen-Bedr atblygol , 83
cenhinen-Bedr ddeuflodeuog , 83
cenhinen-Bedr dribrigerog , 83
cenhinen-Bedr Dyfnaint , 83
cenhinen-Bedr fach , 83
cenhinen-Bedr glystyrog , 82
cenhinen-Bedr gylchog , 83
cenhinen-Bedr Penfro , 83
cenhinen-Bedr Sbaen , 83
cenhinen-Bedr wen , 83
cenhinen-Bedr wyllt , 83
cenhinen-Bedr y beirdd , 83
Centaurea aspera , 61
Centaurea calcitrapa , 61
Centaurea cyanus , 61
Centaurea diluta , 61
Centaurea macrocephala , 61
Centaurea melitensis , 61
Centaurea montana , 61
Centaurea nigra , 61
Centaurea scabiosa , 61
Centaurea solstitialis , 61
Centaurea x moncktonni , 61
Centaurium erythraea , 49
Centaurium littorale , 49
Centaurium pulchellum , 49
Centaurium scilloides , 49
Centaurium tenuiflorum , 49
Centranthus calcitrapae , 60
Centranthus ruber , 60
centuryplant , 84
Cephalanthera damasonium , 85
Cephalanthera longifolia , 85
Cephalanthera rubra , 85
Cephalaria gigantea , 60
Cerastium alpinum , 16
Cerastium arcticum , 16
Cerastium arvense , 16
Cerastium brachypetalum , 16
Cerastium cerastoides , 16
Cerastium diffusum , 16
Cerastium fontanum , 16
Cerastium glomeratum , 16
Cerastium nigrescens , 16
Cerastium pumilum , 16
Cerastium semidecandrum , 16
Cerastium tomentosum , 16
Ceratocapnos claviculata , 11
Ceratochloa brevis , 78
Ceratochloa carinata , 78
Ceratochloa cathartica , 78
Ceratochloa marginata , 78
Ceratochloa staminea , 78
CERATOPHYLLACEAE , 8
Ceratophyllum demersum , 8
Ceratophyllum submersum , 8
cerddinen , 34
cerddinen Bryste , 35
cerddinen Caerhirfryn , 34
cerddinen dail bonfain , 34
cerddinen dwyllodrus , 34
cerddinen Dyfnaint , 35
cerddinen ffrwythau saffrwm , 35
cerddinen Glen Catacol , 34
cerddinen groesryw , 34
cerddinen Gwlad-yr-haf , 34
cerddinen Gymreig , 34
cerddinen Lloegr , 34
cerddinen lydanddail , 34
cerddinen Morgannwg , 34
cerddinen Mynwy , 34
cerddinen Sweden , 34
cerddinen wen , 34
cerddinen wen fach , 34
cerddinen Wilmott , 34
cerddinen Wyddelig , 34
cerddinen wyllt , 35
cerddinen y Darren Fach , 34
cerddinen y graig , 34
cerddinen ymledol , 34
cerddinen Ynys Arran , 34
cerria , 31
Ceterach officinarum , 3
cetmia chwysigennog , 21
Chaenomeles japonica , 34
Chaenomeles speciosa , 34
Chaenorhinum minus , 55
Chaenorhinum origanifolium , 55
Chaerophyllum aureum , 47
Chaerophyllum hirsutum , 47
Chaerophyllum temulum , 47
chaffweed , 28
chalk milkwort , 44
Chamaecyparis lawsoniana , 7
Chamaecyparis nootkatensis , 7
Chamaecyparis pisifera , 7
Chamaemelum nobile , 65
Chamerion angustifolium , 42
chamois ragwort , 66
chamomile , 65
changing forget-me-not , 52
charlock , 26
chasmanthe , 84
Chasmanthe bicolor , 84
checkerberry , 27
Cheddar pink , 17
Chelidonium majus , 10
CHENOPODIACEAE , 13
Chenopodium album , 13
Chenopodium ambrosioides , 13
Chenopodium berlandieri , 13
Chenopodium bonus-henricus , 13
Chenopodium bushianum , 13
Chenopodium capitatum , 13
Chenopodium carinatum , 13
Chenopodium chenopodioides , 13
Chenopodium cristatum , 13
Chenopodium desiccatum , 13

Chenopodium ficifolium , 13
Chenopodium giganteum , 13
Chenopodium glaucum , 13
Chenopodium hircinum , 13
Chenopodium hybridum , 13
Chenopodium multifidum , 13
Chenopodium murale , 13
Chenopodium nitrariaceum , 13
Chenopodium opulifolium , 13
Chenopodium polyspermum , 13
Chenopodium probstii , 13
Chenopodium pumilio , 13
Chenopodium rubrum , 13
Chenopodium strictum , 13
Chenopodium suecicum , 13
Chenopodium urbicum , 13
Chenopodium vulvaria , 13
cherry laurel , 33
cherry plum , 33
cherryred cotoneaster , 36
chestnut rush , 71
Chewing's fescue , 75
chick pea , 38
chick-pea milk-vetch , 37
chickweed willowherb , 42
chickweed-wintergreen , 28
chicory , 61
childing pink , 17
Chilean hard-fern , 4
Chilean myrtle , 41
Chilean yellow-sorrel , 45
Chilean-iris , 83
Chiltern gentian , 49
chimney bellflower , 58
Chimonobambusa quadrangularis , 75
China aster , 65
Chinese angelica-tree , 47
Chinese barberry , 10
Chinese bramble , 31
Chinese fountain-bamboo , 75
Chinese knotweed , 17
Chinese mallow , 20
Chinese meadow-rue , 10
Chinese mugwort , 65
Chinese mustard , 26
Chinese pokeweed , 13
Chinese quince , 34
Chinese ragwort , 66
Chinese sorbaria , 30
Chinese teaplant , 50
Chionodoxa forbesii , 81
Chionodoxa luciliae , 81
Chionodoxa sardensis , 81
Chives , 82
Chloris divaricata , 79
Chloris truncata , 79
Chloris virgata , 79
Choisya ternata , 45
Chrysanthemum coronarium , 66
Chrysanthemum segetum , 65
Chrysocoma coma-aurea , 65
Chrysocoma tenuifolia , 65
Chrysosplenium alternifolium , 30
Chrysosplenium oppositifolium , 30
chweinllys y gors , 66
chweinllys y maes , 66
chweinllys Ynys Cybi , 66
chweinllys yr ardd , 66
chwerwlys torddail , 53
chwerwlys y dŵr , 53
chwerwlys y mur , 53
chwerwlys yr eithin , 53
chwynnyn pinafal , 66
chwysigenddail bach , 58
chwysigenddail canolig , 58
chwysigenddail cyffredin , 58
chwysigenddail gwelw , 58
chwysigenddail Llychlyn , 58
chwysigenddail mawr , 58
cibogwellt gwyn , 80
cibogwellt gwyrddlas , 80
cibogwellt Japan , 79
cibogwellt mân-flodeuog , 80
cibogwellt melyn , 80
cibogwellt pendrwm , 80
cibogwellt rhydd , 79
cibogwellt troellog , 80
cibogwellt y trofannau , 80
cibogwellt ymlynol , 80
cibogwellt yr Eidal , 80
Cicendia filiformis , 49
Cicer arietinum , 38
Cicerbita alpina , 62
Cicerbita bourgaei , 62
Cicerbita macrophylla , 62
Cicerbita plumieri , 62
Cichorium endivia , 61
Cichorium intybus , 61
Cicuta virosa , 48
cider gum , 41
cilgain wen , 80
cilgain yr Alban , 80
cineraria , 66
Circaea alpina , 42
Circaea intermediate , 42
Circaea lutetiana , 42
circular-leaved cotoneaster , 35
Cirsium acaule , 61
Cirsium arvense , 61
Cirsium dissectum , 61
Cirsium eriophorum , 61
Cirsium erisithales , 61
Cirsium heterophyllum , 61
Cirsium oleraceum , 61
Cirsium palustre , 61
Cirsium tuberosum , 61
Cirsium vulgare , 61
CISTACEAE , 21
Citrullus lanatus , 22
Cladium mariscus , 73
claerlys , 28
clafrllys bach , 60
clafrllys mawr , 60
clafrllys y maes , 60
clafrllys yr ardd , 60
clammy goosefoot , 13
clarcia, 42
clari , 54
clari gludiog , 54
clari gwyllt , 54
clari prinflodeuog , 54
clari troellennog , 54
clari unflwydd , 54
clari'r maes , 54
clarkia , 42
Clarkia amoena , 42
Clarkia unguiculata , 42
clary , 54
Claytonia perfoliata , 15
Claytonia sibirica , 15
cleavers , 59
cleddlys arnofiol , 80
cleddlys bach , 80
cleddlys canghennog , 80
cleddlys di-gainc , 80
clefryn , 59
Clematis flammula , 9
Clematis montana , 9
Clematis tangutica , 9
Clematis vitalba , 9
Clematis viticella , 9
climbing corydalis , 11
Clinopodium acinos , 53
Clinopodium ascendens , 53
Clinopodium calamintha , 53
Clinopodium menthifolium , 53
Clinopodium vulgare , 53
close-headed alpine-sedge , 74
cloudberry , 31
clove pink , 17
club sedge , 74
CLUSIACEAE , 19
clust y llygoden , 63
clust yr arth , 47
clust yr ewig , 41
clust yr oen , 52
clustered barberry , 10
clustered bellflower , 58
clustered clover , 39
clustered dock , 18
clustiau eliffant , 30
clustog Fair , 19
clust-y-llygoden Alpaidd , 16
clust-y-llygoden arfor , 16
clust-y-llygoden bitw , 16
clust-y-llygoden dal , 63
clust-y-llygoden euraid , 63
clust-y-llygoden fach , 16
clust-y-llygoden groesryw , 63
clust-y-llygoden gulddail , 16
clust-y-llygoden hirflewog , 63
clust-y-llygoden lwyd , 16
clust-y-llygoden lydanddail , 16
clust-y-llygoden ogleddol , 16
clust-y-llygoden seth/syth , 16
clust-y-llygoden Shetland , 16
clust-y-llygoden siobynnog , 63
clust-y-llygoden y felin , 16
clust-y-llygoden y meysydd , 16
clust-y-llygoden y mynydd , 16
clwbfrwyn arnofiol , 72
clwbfrwyn gwrychog , 72
clwbfrwyn y coed , 72
clwbfrwyn y mawn , 72
clwbfrwynen arnofiol , 72
clwbfrwynen bengron , 72
clwbfrwynen fain , 72
clwbfrwynen wrychog , 72
clwbfrwynen y coed , 72
clwbfrwynen y mawn , 72
clwbfrwynen y mynydd , 72
clychau aur , 55
clychau cwrel , 30
clychau dulas , 81

clychau dulas cryno , 81
clychau dulas tuswog , 81
clychau dulas yr ardd , 81
clychau'r clawdd , 30
clychau'r eos , 58
clychau'r gog , 81
clychau'r tylwyth teg , 56
clychau'r-gog croesryw , 81
clychau'r-gog Eidalaidd , 81
clychau'r-gog Sbaenaidd , 81
clychlys Adria , 58
clychlys bera , 58
clychlys bwytadwy , 58
clychlys Caer-gaint , 58
clychlys Cernyw , 58
clychlys clystyrog , 58
clychlys crwydrol , 58
clychlys dail danadl , 58
clychlys dail eiddew , 59
clychlys gwelw , 58
clychlys llydanddail , 58
clychlys mawr , 58
clychlys meinddail , 58
clychlys ymledol , 58
clychlys ymlusgol , 58
clychlys yr Eidal , 58
clymog Japan , 18
clymog Rwsia , 18
clymog y berth , 18
clymwellt , 79
cnau'r-daear mawr , 47
cneuen godog , 44
cneuen y ddaear , 47
cneuen-y-ddaear fawr , 47
cnwp-fwsogl Alpaidd , 1
cnwp-fwsogl bach , 1
cnwp-fwsogl bylchog , 1
cnwp-fwsogl corn carw , 1
cnwp-fwsogl Issler , 1
cnwp-fwsogl Krauss , 1
cnwp-fwsogl mawr , 1
cnwp-fwsogl y gors , 1
coastal gum plant , 64
coastal redwood , 7
cobweb house-leek , 29
Cochlearia anglica , 25
Cochlearia danica , 25
Cochlearia megalosperma , 25
Cochlearia micacea , 25
Cochlearia officinalis , 25
Cochlearia pyrenaica , 25
cochwraidd gwyllt , 59
cochwydd Japan , 7
cochwydden Califfornia , 7
cochwydden Japan , 7
cock's-eggs , 50
cock's-foot , 76
cockspur , 79
cockspurthorn , 36
coden onglog , 37
codoglys , 48
codwarth , 50
codwarth bach , 50
codwarth coch , 50
codwarth du , 50
codwarth ffrwyth-ddeiliog , 50
codwarth garw , 50
codwarth gwyrdd , 50
codwarth tal , 50
codwarth yr ychen , 50
codwarth-yr-ychen coch , 50
codywasg garllegog , 25
codywasg trydwll , 25
codywasg y Cawcasws , 25
codywasg y maes , 25
codywasg y mwynfeydd , 25
coeden afalau , 34
coeden afalau porffor , 34
coeden afalau surion , 34
coeden almon , 33
coeden bysedd y blaidd , 40
coeden bysedd y cŵn , 55
coeden cnau adeiniog , 12
coeden cnau Ffrengig , 12
coeden ddrops , 42
coeden eirin , 33
coeden eirin bwlas , 33
coeden eirin gwlanog , 33
coeden eirin gwyllt , 33
coeden eirin werdd , 33
coeden ellyg , 34
coeden ellyg gwyllt , 34
coeden ellyg Plymouth , 34
coeden fêl , 54
coeden frech felen , 42
coeden geirios ddu , 33
coeden geirios Fuji , 33
coeden geirios goch , 33
coeden geirios Japan , 33
coeden geirios Oemler , 33
coeden geirios Pensylfania , 33
coeden geirios rym , 33
coeden geirios Sant Lucie , 33
coeden geirios yr adar , 33
coeden goeg-geirios , 33
coeden gorn carw, 45
coeden gwins , 33
coeden gwins Japan , 34
coeden gwins Tsieina , 34
coeden lawrgeirios , 33
coeden lawrgeirios Portiwgal , 33
coeden y nefoedd , 45
coeden-fêl bob yn eilddail , 54
coeden-fêl peli oren , 54
coeden-fêl Weyer , 54
coedfrwyn blewog , 71
coedfrwyn culddail , 71
coedfrwyn gwelw , 71
coedfrwyn gwyn , 71
coedfrwyn lluosben , 71
coedfrwyn mawr , 71
coedfrwyn ysbigog , 71
coedfrwynen fawr , 71
coedfrwynen flewog , 71
coedfrwynen grom , 71
coedfrwynen gulddail , 71
coedfrwynen luosben , 71
coedfrwynen welw , 71
coedfrwynen wen , 71
coedfrwynen ysbigog , 71
coedredyn Awstralia , 3
coedredynen Awstralia , 3
coeg lysiau'r-gwrid , 51
coeg-acasia , 37
coeg-gynghafan , 59
coeg-hocys Groeg , 20
coeg-hocys y paith , 21
coeg-hocysen Groeg , 20
coeg-hocysen y paith , 21
coeg-lysiau'r dryw , 32
coeg-roced Llundain , 23
Coeloglossum viride , 85
Coincya monensis , 26
Coincya wrightii , 26
Colchicum autumnale , 81
collen , 12
collen farfog , 12
collen Twrci , 12
Colorado stonecrop , 29
colts-foot , 67
columbine , 9
Colutea arborescens , 37
Colutea x media , 37
COMMELINACEAE , 70
common amaranth , 14
common bent , 77
common bird's-foot-trefoil , 37
common bistort , 17
common blue-sow-thistle , 62
common broomrape , 58
common butterwort , 58
common calamint , 53
common centaury , 49
common chickweed , 15
common club-rush , 72
common comfrey , 51
common cord-grass , 79
common cornsalad , 60
common cottongrass , 72
common couch , 78
common cow-wheat , 57
common cudweed , 64
common dog-violet , 21
common duckweed , 70
common evening-primrose , 42
common fiddleneck , 52
common field-speedwell , 56
common figwort , 55
common fleabane , 64
common fumitory , 11
common glasswort , 14
common gromwell , 51
common hemp-nettle , 53
common ivy , 47
common juniper , 7
common knapweed , 61
common mallow , 20
common marsh bedstraw , 59
common meadow-rue , 10
common Michaelmas-daisy , 64
common milkwort , 44
common millet , 79
common morning-glory , 50
common mouse-ear , 16
common nettle , 11
common orache , 14
common poppy , 10
common purslane , 15
common ragwort , 66
common ramping-fumitory , 11
common reed , 79
common restharrow , 38
common rock-rose , 21
common salt-marsh-grass , 76

common scurvygrass , 25
common sea-lavender , 19
common sedge , 74
common sorrel , 18
common spike-rush , 72
common spotted-orchid , 85
common stork's-bill , 46
common toadflax , 56
common twayblade , 85
common valerian , 60
common vetch , 38
common water-crowfoot , 9
common water-starwort , 54
common whitebeam , 34
common whitlowgrass , 25
common wintergreen , 27
compact brome , 78
compact grape-hyacinth , 81
compact rush , 71
coneflower , 67
confused bridewort , 30
confused canary-grass , 77
confused fescue , 75
confused Michaelmas-daisy , 64
congested cotoneaster , 35
Conium maculatum , 48
Conopodium majus , 47
Conringia orientalis , 25
Consolida ajacis , 8
Convallaria majalis , 81
CONVOLVULACEAE , 50
Convolvulus arvensis , 50
Conyza bonariensis , 65
Conyza canadensis , 65
Conyza sumatrensis , 65
Cooper's cotoneaster , 35
Cooper's pondweed , 69
coppery monkeyflower , 55
coprosma , 59
Coprosma repens , 59
copse-bindweed , 18
coral bells , 30
coral necklace , 16
coral spurge , 43
coralberry , 60
Corallorrhiza trifida , 85
coralroot , 24
coralroot orchid , 85
cor-amlaethai , 44
corbysen , 38
corchwyn , 29
corchwyn mwsoglog , 29
corchwyn Seland Newydd , 29
corchwyn Sili , 29
cordwellt bach , 79
cordwellt cyffredin , 79
cordwellt llyfn , 79
cordwellt Townsend , 79
cordwellt y paith , 79
Cordyline australis , 84
coredafeddog y mynydd , 64
coreithinen , 41
Coreopsis grandiflora , 67
corfambŵ , 75
corfanadl blewog , 40
corfanhadlen flewog , 40
corfedwen , 12
corfeillion gwyn , 39
corfeillionen wen , 39
corfiaren , 31
corfrwynen , 71
corgwyrosyn , 42
corhelygen , 23
corhesgen , 74
corhocysen , 20
coriander , 47
Coriandrum sativum , 47
Corispermum leptopterum , 13
corky-fruited water-dropwort , 47
corlaethlys , 43
corlafant-y-môr Penfro , 19
corn buttercup , 9
corn chamomile , 65
corn cleavers , 59
corn marigold , 65
corn mignonette , 26
corn mint , 53
corn parsley , 48
corn spurrey , 16
CORNACEAE , 42
corn-carw'r môr , 47
corncockle , 17
cornelian-cherry , 42
cornfield knotgrass , 18
cornflower , 61
corniog melyn , 10
Cornish bellflower , 58
Cornish heath , 27
Cornish moneywort , 57
Cornus alba , 42
Cornus mas , 42
Cornus sanguinea , 42
Cornus sericea , 42
Cornus suecica , 42
Coronilla scorpioides , 37
Coronilla valentina , 37
Coronopus didymus , 25
Coronopus squamatus , 25
corosod gwyn , 21
correa , 45
Correa backhousiana , 45
Corrigiola litoralis , 16
cor-rosod cyffredin , 21
cor-rosod rhuddfannog , 21
cor-rosyn cyffredin , 21
cor-rosyn gwyn , 21
cor-rosyn lledlwyd , 21
cor-rosyn rhuddfannog , 21
corsen , 79
corsen fach flewog , 77
corsen fach gulddail , 77
corsen fach x môr-hesgen , 77
corsen fach y coed , 77
corsen fach y Gogledd , 77
corsen fach yr Alban , 77
corsfrwyn du , 72
corsfrwyn gwyn , 72
corsfrwyn llym , 73
corsfrwyn rhudd , 72
corsfrwyn y morfa , 72
corsfrwynen arw , 72
corsfrwynen ddu , 72
corsfrwynen lem , 73
corsfrwynen losg , 72
corsfrwynen rudd , 72
corsfrwynen wen , 72
corsfrwynen y morfa , 72
Corsican heath , 27
Corsican hellebore , 8
Corsican mint , 54
Corsican pine , 6
Corsican speedwell , 56
Corsican toadflax , 56
Cortaderia richardii , 79
Cortaderia selloana , 79
corwlydd arfor , 16
corwlydd Boyd , 16
corwlydd clymog , 16
corwlydd gorweddol , 16
corwlydd unflwydd , 16
corwlydd y mynydd , 16
corwlydd yr Alban , 16
corwlydd yr eira , 16
corwlyddyn arfor , 16
corwlyddyn Boyd , 16
corwlyddyn clymog , 16
corwlyddyn gorweddol , 16
corwlyddyn mân-flodeuog , 16
corwlyddyn mynawydaidd , 16
corwlyddyn unflwydd , 16
corwlyddyn y mynydd , 16
corwlyddyn yr Alban , 16
corwlyddyn yr eira , 16
corydalis caledwraidd , 11
Corydalis cava , 11
Corydalis cheilanthifolia , 11
corydalis dail rhedyn , 11
corydalis gwagwraidd , 11
Corydalis solida , 11
Corylus avellana , 12
Corylus colurna , 12
Corylus maxima , 12
Corynephorus canescens , 77
Cosmos bipinnatus , 67
cosmos Mecsico , 67
costmary , 65
Cotoneaster 'Hybridus Pendulus' , 35
Cotoneaster adpressus , 35
cotoneaster aeron dulas , 35
cotoneaster aeron penagored , 35
cotoneaster aeron porffor , 35
Cotoneaster affinis , 35
Cotoneaster amoenus , 36
Cotoneaster apiculatus , 35
cotoneaster arianddail , 35
Cotoneaster ascendens , 36
cotoneaster asgwrn , 35
Cotoneaster astrophoros , 35
Cotoneaster atropurpureus , 36
Cotoneaster bacillaris , 35
cotoneaster blaenfain , 36
cotoneaster blodau porffor , 36
cotoneaster Bois , 36
Cotoneaster boisianus , 36
Cotoneaster bullatus , 36
Cotoneaster cambricus , 36
cotoneaster Cashmir , 35
Cotoneaster cashmiriensis , 35
Cotoneaster cochleatus , 35
Cotoneaster congestus , 35
Cotoneaster conspicuus , 35
cotoneaster Cooper , 35
Cotoneaster cooperi , 35
cotoneaster corraidd , 35

cotoneaster culddail , 35
cotoneaster cyfanddail , 35
cotoneaster dail bocs , 35
cotoneaster dail helyg , 35
cotoneaster Dammer , 35
Cotoneaster dammeri , 35
cotoneaster Dartford , 35
cotoneaster deilgrwn , 35
cotoneaster deilgrych , 36
cotoneaster deilgrych Rehder , 36
cotoneaster Diels , 36
Cotoneaster dielsianus , 36
Cotoneaster divaricatus , 36
cotoneaster diweddar , 35
cotoneaster dwyres , 35
cotoneaster eddïog , 35
Cotoneaster ellipticus , 35
cotoneaster esgynnol , 36
cotoneaster Fang , 36
Cotoneaster fangianus , 36
cotoneaster Franchet , 36
Cotoneaster franchetii , 36
Cotoneaster frigidus , 35
cotoneaster gloywddail , 36
cotoneaster Godalming , 35
cotoneaster gwych , 36
cotoneaster hardd , 36
cotoneaster Henry , 35
Cotoneaster henryanus , 35
cotoneaster Hisar , 35
Cotoneaster hissaricus , 35
cotoneaster Hjelmqvist , 36
Cotoneaster hjelmqvistii , 36
Cotoneaster horizontalis , 35
cotoneaster Hsing-Shan , 36
Cotoneaster hsingshangensis , 36
cotoneaster Hummel , 36
Cotoneaster hummelii , 36
cotoneaster Hylmö , 35
Cotoneaster hylmoei , 35
Cotoneaster ignotus , 35
Cotoneaster insculptus , 36
Cotoneaster integrifolius , 35
cotoneaster irddail , 36
cotoneaster Kangting , 36
Cotoneaster lacteus , 35
Cotoneaster laetevirens , 36
cotoneaster Lindley , 35
Cotoneaster linearifolius , 35
cotoneaster Llŷn , 36
Cotoneaster lucidus , 36
cotoneaster Maire , 36
Cotoneaster mairei , 36
cotoneaster manddail , 35
Cotoneaster marginatus , 35
Cotoneaster microphyllus , 35
Cotoneaster monopyrenus , 35
cotoneaster Moupin , 36
Cotoneaster moupinensis , 36
Cotoneaster mucronatus , 36
Cotoneaster nanshan , 35
Cotoneaster nitens , 36
Cotoneaster nitidus , 35
Cotoneaster obscurus , 36
Cotoneaster obtusus , 35
cotoneaster pannog , 35
Cotoneaster pannosus , 35
cotoneaster pigfain , 35
cotoneaster prinflodeuog , 36
Cotoneaster prostratus , 35
Cotoneaster pseudoambiguus , 36
Cotoneaster rehderi , 36
Cotoneaster rotundifolius , 35
Cotoneaster salicifolius , 35
cotoneaster serennog , 35
cotoneaster Sherriff , 35
Cotoneaster sherriffii , 35
cotoneaster Simons , 36
Cotoneaster simonsii , 36
Cotoneaster splendens , 36
cotoneaster Stern , 36
Cotoneaster sternianus , 36
cotoneaster Sweden , 35
cotoneaster talsyth , 35
cotoneaster Tengyueh , 36
Cotoneaster tengyuehensis , 36
cotoneaster Tibet , 35
Cotoneaster tomentellus , 35
Cotoneaster transens , 35
cotoneaster trwchus , 35
cotoneaster tywyll , 36
cotoneaster ungarreg , 35
Cotoneaster villosulus , 36
cotoneaster Vilmorin , 36
Cotoneaster vilmorinianus , 36
cotoneaster Ward , 36
Cotoneaster wardii , 36
cotoneaster Waterer , 35
cotoneaster wylofus , 35
Cotoneaster x suecicus , 35
Cotoneaster x watereri , 35
cotoneaster y Gogarth , 36
cotoneaster ymgripiol , 35
cotoneaster ymledol , 36
cotoneaster ysgythrog , 36
cotoneaster Yunnan , 35
cotoneaster Zabel , 36
Cotoneaster zabelii , 36
cotton deergrass , 72
cotton thistle , 61
cottonweed , 65
Cotula australis , 66
Cotula coronopifolia , 66
Cotula dioica , 66
Cotula squalida , 66
cow parsley , 47
cowbane , 48
cowberry , 27
cowherb , 17
cowslip , 28
crab apple , 34
cracheithinen , 40
crack-willow , 22
craf y geifr , 82
crafanc yr eryr , 9
crafanc-y-frân dail eiddew , 9
crafanc-y-frân dridarn , 9
crafanc-y-frân feinddail , 9
crafanc-y-frân Kelso , 9
crafanc-y-frân Wirtgen , 9
crafanc-y-frân wyntyllog , 9
crafanc-y-frân y dŵr , 9
crafanc-y-frân y llyn , 9
crafanc-y-frân y morfa , 9
crafanc-y-frân y nant , 9
crafanc-y-frân y New Forest , 9
crafanc-y-frân y rhostir , 9
crafanc-y-frân yr afon , 9
crafanc-yr-arth Corsica , 8
crafanc-yr-arth ddrewllyd , 8
crafanc-yr-arth werdd , 8
crafanc-yr-arth y grawys , 8
Crambe cordifolia , 26
Crambe maritima , 26
cranberry , 27
Crassula aquatica , 29
Crassula decumbens , 29
Crassula helmsii , 29
Crassula tillaea , 29
CRASSULACEAE , 29
Crataegus coccinioides , 36
Crataegus crus-galli , 36
Crataegus heterophylla , 36
Crataegus laevigata , 36
Crataegus monogyna , 36
Crataegus orientalis , 36
Crataegus pedicellata , 36
Crataegus persimilis , 36
Crataegus submollis , 36
Crataegus succulenta , 36
creeping bellflower , 58
creeping bent , 77
creeping buttercup , 9
creeping cinquefoil , 31
creeping comfrey , 51
creeping cotoneaster , 35
creeping forget-me-not , 52
creeping lady's-tresses , 85
creeping marshwort , 48
creeping raspwort , 41
creeping soft-grass , 77
creeping spearwort , 9
creeping thistle , 61
creeping willow , 23
creeping yellow-cress , 24
creeping-Jenny , 28
creiglus deurywiol , 26
creiglusen , 26
creiglusen ddeurywiol , 26
creithig bêr , 47
Crepis biennis , 63
Crepis capillaris , 63
Crepis foetida , 63
Crepis mollis , 63
Crepis nicalensis , 63
Crepis paludosa , 63
Crepis praemorsa , 63
Crepis setosa , 63
Crepis tectorum , 63
Crepis vesicaria , 63
crested buckler-fern , 4
crested cow-wheat , 57
crested dog's-tail , 76
crested field-speedwell , 56
crested goosefoot , 13
crested hair-grass , 77
Cretan tulip , 81
creulys , 66
creulys ariannaid , 66
creulys borffor , 66
creulys dail eiddew , 66
creulys dail llysiau'r lliw , 66
creulys euraid , 66
creulys gulddail , 66

creulys Gymreig , 66
creulys ludiog , 66
creulys lwyd , 66
creulys lydanddail , 66
creulys Patagonia , 66
creulys Rhydychen , 66
creulys Tsieina , 66
creulys y coed , 66
creulys y Dwyrain , 66
creulys y ffos , 66
creulys y geifr , 66
creulys y gors , 66
creulys y gwlân , 66
creulys y llewpart , 66
creulys y rhos , 66
creulys-y-llewpart Przewalskii , 66
criafolen , 34
criafolen Mehefin , 35
cribau San Ffraid , 52
cribau'r pannwr , 60
cribau'r-pannwr bach , 60
cribau'r-pannwr carpiog , 60
cribau'r-pannwr gwyllt , 60
cribau'r-pannwr melyn , 60
cribell felen , 57
cribell felen fawr , 57
cribwellt , 77
cribwellt goddfog , 77
cribwellt Môr y Canoldir , 77
crib-y-ceiliog , 84
crib-y-ceiliog fawr , 84
crib-y-ceiliog Potts , 84
Crimean comfrey , 51
crimson clover , 40
Crinum x powellii , 82
Crithmum maritimum , 47
Crocosmia masoniorum , 84
Crocosmia paniculata , 84
Crocosmia pottsii , 84
Crocosmia x crocosmiiflora , 84
Crocus ancyrensis , 84
Crocus biflorus , 84
Crocus chrysanthus , 84
Crocus kotschyanus , 84
Crocus longiflorus , 84
Crocus nudiflorus , 84
Crocus pulchellus , 84
Crocus serotinus , 84
Crocus sieberi , 84
Crocus speciosus , 84
Crocus tommasinianus , 84
Crocus vernus , 84
Crocus x stellaris , 84
croes Malta , 17
croes yr hwyr , 24
croeslys y Cawcasws , 59
cronnell , 8
cross-leaved heath , 27
crosswort , 59
crowberry , 26
Crown Daisy , 66
crown vetch , 37
Cruciata laevipes , 59
crwynllys Cymreig , 49
crwynllys cynnar , 49
crwynllys dail helyg , 49
crwynllys eddiog , 49
crwynllys utgorn , 49
crwynllys y gors , 49
crwynllys y gwanwyn , 49
crwynllys y maes , 49
crwynllys y mynydd , 49
crwynllys y sialc , 49
crwynllys yr hydref , 49
crydlys , 30
crydwellt , 76
crydwellt bach , 76
crydwellt mawr , 76
Cryptogramma crispa , 2
Cryptomeria japonica , 7
cuckoo flower , 24
Cucubalus baccifer , 17
cucumber , 22
cucumer , 22
cucumer chwystrellol , 22
Cucumis melo , 22
Cucumis sativus , 22
Cucurbita maxima , 22
Cucurbita pepo , 22
CUCURBITACEAE , 22
cultivated vetch , 38
cumin , 48
Cuminum cyminum , 48
CUPRESSACEAE , 7
Cupressus macrocarpa , 7
curled dock , 18
curled pondweed , 69
curly waterweed , 68
curved hard-grass , 76
curved sedge , 73
curved wood-rush , 71
curved-leaved Spanish-dagger , 84
Cuscuta campestris , 51
Cuscuta epithymum , 51
Cuscuta europaea , 51
CUSCUTACEAE , 51
cut-grass , 75
cut-leaved crane's-bill , 46
cut-leaved dead-nettle , 52
cut-leaved germander , 53
cut-leaved selfheal , 53
cut-leaved teasel , 60
cwcwll y mynach , 8
cwcwll-y-mynach croesryw , 8
cwcwll-y-mynach melyn , 8
cwlwm cariad , 81
cwlwm y coed , 85
cwlwm y cythraul , 50
cwmin , 48
cwpanwellt , 80
cwyros cochfrig , 42
cwyros rhisgl coch , 42
cwyros y ceirios , 42
cwyrosyn , 42
cwyrosyn cochfrig , 42
cwyrosyn rhisgl coch , 42
cwyrosyn y ceirios , 42
Cyclamen coum , 28
Cyclamen hederifolium , 28
Cyclamen repandum , 28
cyclamen-flowered daffodil , 83
cycyllog , 53
cycyllog bach , 53
cycyllog gwaywddail , 53
cycyllog Gwlad-yr-haf , 53
cydlin , 25
cydlin bach , 25
Cydonia oblonga , 33
cyfardwf , 51
cyfardwf arw , 51
cyfardwf glorog , 51
cyfardwf Hidcote , 51
cyfardwf lusg , 51
cyfardwf oddfog , 51
cyfardwf Rwsia , 51
cyfardwf wen , 51
cyfardwf y Cawcasws , 51
cyfardwf y Crimea , 51
Cymbalaria hepaticifolia , 56
Cymbalaria muralis , 56
Cymbalaria pallida , 56
Cynara cardunculus , 61
cynfas biws , 24
cynffon llygoden , 70
cynffon y gath , 80
cynffon y llygoden , 9
cynffon ysgyfarnog , 78
cynffonwellt du , 78
cynffonwellt elinog , 78
cynffonwellt melyngoch , 78
cynffonwellt oddfog , 78
cynffonwellt y maes , 78
cynffonwellt y mynydd , 78
cynffon-y-gath gulddail , 80
cyngaf bach , 61
cyngaf mawr , 61
cyngaf y coed , 61
cynghafan mwyaf , 52
Cynodon dactylon , 79
Cynodon incompletus , 79
Cynoglossum germanicum , 52
Cynoglossum officinale , 52
Cynoglottis barrelieri , 51
Cynosurus cristatus , 76
Cynosurus echinatus , 76
CYPERACEAE , 72
Cyperus eragrostis , 72
Cyperus fuscus , 72
Cyperus longus , 72
Cyperus sedge , 73
cyphel , 15
cypress spurge , 43
cypreswydd Monterey , 7
cypreswydd Nootka , 7
cypreswydden Lawson , 7
cypreswydden Leyland , 7
cypreswydden Monterey , 7
cypreswydden Nootka , 7
cypreswydden Sawara , 7
Cypripedium calceolus , 85
cyrnddail caled , 8
cyrnddail meddal , 8
cyrnogyn pengrwn , 59
cyrnogyn pigfain , 59
cyrnogyn Rhydychen , 59
cyrs bach blewog , 77
cyrs bach culddail , 77
cyrs bach y coed , 77
cyrs bach y Gogledd , 77
cyrs bach yr Alban , 77
Cyrtomium falcatum , 4
Cystopteris dickieana , 4
Cystopteris fragilis , 4
Cystopteris montana , 4

Cytisus multiflorus , 40
Cytisus nigricans , 40
Cytisus scoparius , 40
Cytisus striatus , 40
cytwf , 27
cywarch , 11
Daboecia cantabrica , 27
Dactylis glomerata , 76
Dactylis polygama , 76
Dactyloctenium radulans , 79
Dactylorhiza fuchsii , 85
Dactylorhiza incarnata , 85
Dactylorhiza lapponica , 86
Dactylorhiza maculata , 85
Dactylorhiza majalis , 86
Dactylorhiza praetermissa , 85
Dactylorhiza purpurella , 85
Dactylorhiza traunsteineri , 86
daffodil , 83
dahlia , 67
Dahlia pinnata , 67
dail arian , 31
dail tafol , 18
dail y Beiblau , 19
dail-ceiniog arnofiol , 47
dail-ceiniog blewog , 47
dail-ceiniog Seland Newydd , 47
dail-ceiniog y gors , 47
dail-y-Beiblau drewllyd , 19
dail-y-Beiblau Forrest , 19
dail-y-Beiblau Iwerddon , 19
dail-y-Beiblau tal , 19
dail-y-Beiblau Twrci , 19
daisy , 65
daisy-bush , 65
Damasonium alisma , 68
dame's-violet , 24
damson, 33
dandelion , 62
danhadlen boeth , 11
danhadlen fach , 11
Danish scurvygrass , 25
dant y llew , 62
dant y pysgodyn , 61
Danthonia decumbens , 79
dant-y-llew Alpaidd , 62
dant-y-llew bach , 62
dant-y-llew Brenner , 63
dant-y-llew gwythïennau coch , 63
dant-y-llew llydanddail , 62
dant-y-llew rhwygddail , 62
dant-y-llew tywyll , 63
dant-y-llew y rhew , 62
dant-y-llew'r gors , 63
Daphne laureola , 41
Daphne mezereum , 41
dark mullein , 55
dark red helleborine , 85
dark-leaved willow , 23
Darley Dale heath , 27
Darmera peltata , 30
darnel , 75
Dartford cotoneaster , 35
Darwin's barberry , 10
Datura ferox , 50
Datura stramonium , 50
Daucus carota , 49
Daucus glochidiatus , 49
Davall's sedge , 73
deadly nightshade , 50
deergrass , 72
deilen felfed , 21
deilen gron , 29
deilen gron Cernyw , 57
deilen yr afu , 9
deintlys , 57
deintlys porffor , 57
deintwraidd , 24
deintwraidd saith deilig , 24
Delairea odorata , 66
deltoid-leaved dewplant , 13
DENNSTAEDTIACEAE , 3
dense silky-bent , 78
dense-flowered fumitory , 11
dense-flowered mullein , 55
dense-flowered orchid , 86
deodar , 6
Deptford pink , 17
derig , 32
derw bythwyrdd , 12
derw mes coesynnog , 12
derw mes di-goes , 12
derwen Algeria , 12
derwen fythwyrdd , 12
derwen goch , 12
derwen Lucombe , 12
derwen mes coesynnog , 12
derwen mes di-goes , 12
derwen Twrci , 12
Des Etangs' St John's wort , 19
Deschampsia cespitosa , 77
Deschampsia flexuosa , 77
Deschampsia setacea , 77
Descurainia sophia , 23
deutsia , 28
deutzia , 28
Deutzia scabra , 28
devil's-bit scabious , 60
dewberry, 31
Dianthus armeria , 17
Dianthus barbatus , 17
Dianthus caryophyllus , 17
Dianthus deltoides , 17
Dianthus gallicus , 17
Dianthus gratianopolitanus , 17
Dianthus plumarius , 17
diapensia , 27
Diapensia lapponica , 27
DIAPENSIACEAE , 27
Dicentra formosa , 10
Dichondra micrantha , 50
Dickie's bladder-fern , 4
Dicksonia antartica , 3
DICKSONIACEAE , 3
Dieffenbach's hebe , 57
Diels' cotoneaster , 36
Digitalis lutea , 56
Digitalis purpurea , 56
Digitaria ciliaris , 80
Digitaria ischaemum , 80
Digitaria sanguinalis , 80
dill , 48
dinodd parhaol , 16
dinodd parhaol Maesyfed , 16
dinodd unflwydd , 16
dioecious amaranth , 15
dioecious sedge , 73
DIOSCOREACEAE, 85
Diphasiastrum alpinum , 1
Diphasiastrum complanatum , 1
Diplotaxis erucoides , 25
Diplotaxis muralis , 25
Diplotaxis tenuifolia , 25
DIPSACACAE , 60
Dipsacus fullonum , 60
Dipsacus laciniatus , 60
Dipsacus pilosus , 60
Dipsacus sativus , 60
Dipsacus strigosus , 60
Disphyma crassifolium , 13
distant sedge , 74
distichous cotoneaster , 35
dittander , 25
Dittrichia graveolens , 64
Dittrichia viscosa , 64
divided sedge , 73
dodder , 51
dog's mercury , 43
dog's-tooth-violet , 81
dog-rose , 33
dogwood , 42
Doronicum columnae , 66
Doronicum pardalianches , 66
Doronicum plantagineum , 66
Doronicum x excelsum , 66
Doronicum x willdenowii , 66
Dorset heath , 27
dotted loosestrife , 28
dotted sedge , 74
Douglas fir , 6
dovesfoot crane's-bill , 46
Downingia elegans , 59
downy birch , 12
downy currant , 29
downy hemp-nettle , 53
downy oat-grass , 76
downy safflower , 61
downy willow , 23
downy woundwort , 52
downy-fruited sedge , 74
Draba aizoides , 25
Draba incana , 25
Draba muralis , 25
Draba norvegica , 25
Dracunculus vulgaris , 70
draenen ddu , 33
draenen wen , 36
draenen wen aeron crynion , 36
draenen wen aeron gellygaidd , 36
draenen wen amryddail , 36
draenen wen flewog , 36
draenen wen fras-flodeuog , 36
draenen wen lefn , 36
draenen wen lydanddail , 36
draenen wen sbardunog , 36
draenen wen y Dwyrain , 36
dragon arum , 70
dragon's-teeth , 37
dringwr fflamgoch , 44
dringwr fflamgoch ffug , 44
dringwr fflamgoch tri phigyn , 44
drooping brome , 78
drooping saxifrage , 30
drooping star-of-Bethlehem , 81

dropwort , 31
Drosanthemum floribundum , 13
Drosera anglica , 21
Drosera intermedia , 21
Drosera rotundifolia , 21
DROSERACEAE , 21
Druce's crane's-bill , 45
Dryas octopetala , 32
drych Gwener , 58
drych-Gwener mawr , 59
DRYOPTERIDACEAE , 4
Dryopteris aemula , 4
Dryopteris affinis , 4
Dryopteris carthusiana , 4
Dryopteris cristata , 4
Dryopteris dilatata , 4
Dryopteris expansa , 4
Dryopteris filix-mas , 4
Dryopteris oreades , 4
Dryopteris remota , 4
Dryopteris submontana , 4
drysi pêr manddail , 33
drysi pêr mân-flodeuog , 33
drysïen bêr , 33
drysïen bêr fanddail , 33
drysïen bêr fân-flodeuog , 33
Duchesnea indica , 32
duck potato , 68
duegredynen arfor , 3
duegredynen bob yn eilddail , 3
duegredynen fforchog , 3
duegredynen gefngoch , 3
duegredynen goesddu , 3
duegredynen gwallt y forwyn , 3
duegredynen hirgul , 3
duegredynen werdd , 3
duegredynen Wyddelig , 3
duegredynen y muriau , 3
Duke of Argyll's teaplant , 50
dulys , 47
dulys drydoll , 47
dune fescue , 76
dune gentian , 49
dusky crane's-bill , 46
Dutch elm , 11
Dutch rose , 32
dwarf bamboo , 75
dwarf birch , 12
dwarf cherry , 33
dwarf cornel , 42
dwarf cotoneaster , 35
dwarf cudweed , 64
dwarf eelgrass , 70
dwarf elder , 59
dwarf gorse , 41
dwarf mallow , 20
dwarf marigold , 67
dwarf milkwort , 44
dwarf mountain-pine , 6
dwarf mouse-ear , 16
dwarf rush , 71
dwarf sedge , 74
dwarf spike-rush , 72
dwarf spurge , 43
dwarf thistle , 61
dwarf violet , 21
dwarf willow , 23
dyer's greenweed , 40
dyfrforon ymlusgol , 48
dyfrforonen fach , 48
dyfrforonen swp-flodeuog , 48
dyfrforonen ymlusgol , 48
dyfrllys America , 69
dyfrllys amryddail , 69
dyfrllys bach , 69
dyfrllys blaenllym , 69
dyfrllys blewynnaidd , 69
dyfrllys coch , 69
dyfrllys Cooper , 69
dyfrllys crych , 69
dyfrllys cyferbynddail , 69
dyfrllys cywasg , 69
dyfrllys dail aflym , 69
dyfrllys dail gloyw , 69
dyfrllys dail helyg , 69
dyfrllys dail llym , 69
dyfrllys disglair , 69
dyfrllys eiddil , 69
dyfrllys gosgeiddig , 69
dyfrllys gwastatgoes , 69
dyfrllys hirddail , 69
dyfrllys hirgoes , 69
dyfrllys Linton , 69
dyfrllys llydanddail , 69
dyfrllys Loddon , 69
dyfrllys meinddail , 69
dyfrllys rhubanog , 69
dyfrllys Shetland , 69
dyfrllys Sweden , 69
dyfrllys trydwll , 69
dyfrllys y gors , 69
dyfrllys y gors galchog , 69
eared osier , 23
eared willow , 23
early crocus , 84
early dog-violet , 21
early forget-me-not , 52
early gentian , 49
early goldenrod , 64
early hair-grass , 77
early marsh-orchid , 85
early meadow-grass , 76
early medick , 39
early millet , 75
early orache , 14
early pampas-grass , 79
early sand-grass , 78
early spider-orchid , 86
early star-of-Bethlehem , 81
early-purple orchid , 86
eastern balsam-poplar , 22
eastern gladiolus , 84
eastern groundsel , 66
eastern leopard's-bane , 66
eastern nit-grass , 78
eastern pellitory-of-the-wall , 12
eastern rocket , 23
eastern sowbread , 28
eastern St. Paul's wort , 67
eastern stork's-bill , 46
Ecballium elaterium , 22
Echinochloa colona , 80
Echinochloa crus-galli , 79
Echinochloa esculenta , 79
Echinochloa frumentacea , 80
Echinops bannaticus , 61
Echinops exaltatus , 61
Echinops sphaerocephalus , 61
Echium pininana , 51
Echium plantagineum , 51
Echium rosulatum , 51
Echium vulgare , 51
edafeddog America , 64
edafeddog ddrewllyd , 64
edafeddog fach , 64
edafeddog felynwen , 64
edafeddog flaengoch , 64
edafeddog gulddail , 64
edafeddog hirhoedlog , 64
edafeddog lwyd , 64
edafeddog lydanddail , 64
edafeddog y gors , 64
edafeddog y môr , 65
edafeddog y mynydd , 64
edafeddog y rhos , 64
edafeddog yr Alban , 64
eelgrass , 70
effros , 57
effros blodau mawr , 57
effros Campbell , 57
effros Cernyw , 57
effros Cymreig , 57
effros deilgrwn , 57
effros eiddil y fawnog , 57
effros Foula , 57
effros gliniog , 57
effros Heslop-Harrison , 57
effros Iwerddon , 57
effros Lloegr , 57
effros mân-flodeuog , 57
effros Marshall , 57
effros Ostenfeld , 57
effros unionsyth , 57
effros y calch , 57
effros y Gorllewin , 57
effros y mynydd , 57
effros y nant , 57
effros yr Arctig , 57
efrau , 75
efwr , 48
efwr enfawr , 48
Egeria densa , 68
eglyn bob yn eilddail , 30
eglyn cyferbynddail , 30
Egyptian clover , 40
Ehrhart's willow , 22
Ehrharta stipoides , 75
eiddew Algeria , 47
eiddew Persia , 46
eiddew yr Iwerydd , 47
eiddew, 47
eiddilwellt cynnar , 78
eidral , 53
eight-stamened waterwort , 19
eilgorosyn , 27
eilun briweg , 15
eiriaidd y gwanwyn , 82
eiriaidd yr haf , 82
eirinen Fair , 29
eirlys , 82
eirlys deilblyg , 82
eirlys Elwes , 82
eirlys Icaria , 82
eirlys y Cawcasws , 82

eirlys yr hydref , 82
eirlysiau'r Cawcasws , 82
eithinen fân , 41
eithinen Ffrengig , 41
eithinen Sbaen , 40
ELAEAGNACEAE , 41
Elaeagnus macrophylla , 41
Elaeagnus umbellata , 41
ELATINACEAE , 19
Elatine hexandra , 19
Elatine hydropiper , 19
elder , 59
elecampane , 64
Eleocharis acicularis , 72
Eleocharis austriaca , 72
Eleocharis multicaulis , 72
Eleocharis palustris , 72
Eleocharis parvula , 72
Eleocharis quinqueflora , 72
Eleocharis uniglumis , 72
Eleogiton fluitans , 72
elephant-ears , 30
Eleusine indica , 79
Eleusine multiflora , 79
Eleusine tristachya , 79
elinog , 50
elm-leaved spiraea , 30
Elodea callitrichoides , 68
Elodea canadensis , 68
Elodea nuttallii , 68
elongated sedge , 73
Elymus caninus , 78
Elymus scabrus , 78
Elytrigia atherica , 78
Elytrigia juncea , 79
Elytrigia repens , 78
EMPETRACEAE , 26
Empetrum nigrum , 26
enchanter's nightshade , 42
endive , 61
Engelmann spruce , 6
English elm , 11
English iris , 84
English sandwort , 15
English scurvygrass , 25
English stonecrop , 29
engraved cotoneaster , 36
entire-leaved cotoneaster , 35
Epilobium alsinifolium , 42
Epilobium anagallidifolium , 42
Epilobium brunnescens , 42
Epilobium ciliatum , 42
Epilobium hirsutum , 42
Epilobium komarovianum , 42
Epilobium lanceolatum , 42
Epilobium montanum , 42
Epilobium obscurum , 42
Epilobium palustre , 42
Epilobium parviflorum , 42
Epilobium pedunculare , 42
Epilobium roseum , 42
Epilobium tetragonum , 42
Epipactis atrorubens , 85
Epipactis helleborine , 85
Epipactis leptochila , 85
Epipactis palustris , 85
Epipactis phyllanthes , 85
Epipactis purpurata , 85
Epipactis youngiana , 85
Epipogium aphyllum , 85
equal-leaved knotgrass , 18
EQUISETACEAE , 1
EQUISETOPSIDA , 1
Equisetum arvense , 1
Equisetum fluviatile , 1
Equisetum hyemale , 1
Equisetum palustre , 2
Equisetum pratense , 1
Equisetum ramosissimum , 1
Equisetum robertsii , 1
Equisetum sylvaticum , 2
Equisetum telmateia , 2
Equisetum variegatum , 1
Equisetum x litorale , 1
Equisetum x moorei , 1
Equisetum x trachyodon , 1
Eragrostis cilianensis , 79
Eragrostis curvula , 79
Eragrostis minor , 79
Eragrostis parviflora , 79
Eragrostis tef , 79
Eranthis hyemalis , 8
Erepsia heteropetala , 13
erfinen , 26
erfinen rêp , 26
erfinen wyllt , 26
Erica arborea , 27
Erica ciliaris , 27
Erica cinerea , 27
Erica erigena , 27
Erica lusitanica , 27
Erica mackaiana , 27
Erica terminalis , 27
Erica tetralix , 27
Erica vagans , 27
Erica x darleyensis , 27
ERICACEAE , 26
Erigeron acer , 65
Erigeron annuus , 65
Erigeron borealis , 65
Erigeron glaucus , 65
Erigeron karvinskianus , 65
Erigeron philadelphicus , 65
Erinus alpinus , 56
ERIOCAULON , 70
Eriocaulon aquaticum , 70
Eriochloa pseudoacrotricha , 80
Eriophorum angustifolium , 72
Eriophorum gracile , 72
Eriophorum latifolium , 72
Eriophorum vaginatum , 72
Erodium botrys , 46
Erodium brachycarpum , 46
Erodium chium , 46
Erodium cicutarium , 46
Erodium crinitum , 46
Erodium cygnorum , 46
Erodium lebelii , 46
Erodium malachoides , 46
Erodium manescavii , 46
Erodium maritimum , 46
Erodium moschatum , 46
Erophila glabrescens , 25
Erophila majuscula , 25
Erophila verna , 25
Eruca vesicaria , 26
Erucastrum gallicum , 26
erwain , 31
erwain Billard , 30
erwain blewog , 30
erwain dail helyg , 30
erwain dail llwyfen , 30
erwain Douglas , 30
erwain gwridog , 30
erwain gwyn , 30
erwain Himalaiaidd , 30
erwain Japan , 30
erwain Lange , 30
erwain mawr , 31
erwain naw rhisgl , 30
erwain Rwsia , 30
erwain Van Houtte , 31
erwain y briodferch , 31
Eryngium amethystinum , 47
Eryngium campestre , 47
Eryngium giganteum , 47
Eryngium maritimum , 47
Eryngium planum , 47
Erysimum cheiranthoides , 24
Erysimum cheiri , 24
Erysimum marshallii , 24
Erythronium dens-canis , 81
escallonia , 29
Escallonia macrantha , 29
Eschscholzia californica , 10
esgalonia , 29
esgid Fair , 85
esgoblys , 48
esgoblys praff , 48
esgorlys , 8
Esthwaite waterweed , 68
estuarine sedge , 74
Ethiopian rape , 26
Eucalyptus globulus , 41
Eucalyptus gunnii , 41
Eucalyptus johnstonii , 41
Eucalyptus pulchella , 41
Eucalyptus urnigera , 41
Eucalyptus viminalis , 41
Euonymus europaeus , 43
Euonymus japonicus , 43
Euonymus latifolius , 43
Eupatorium cannabinum , 67
Euphorbia amygdaloides , 43
Euphorbia characias , 43
Euphorbia corallioides , 43
Euphorbia cyparissias , 43
Euphorbia dulcis , 43
Euphorbia esula , 43
Euphorbia exigua , 43
Euphorbia helioscopia , 43
Euphorbia hyberna , 43
Euphorbia lathyris , 43
Euphorbia maculata , 43
Euphorbia oblongata , 43
Euphorbia paralias , 43
Euphorbia peplis , 43
Euphorbia peplus , 43
Euphorbia platyphyllos , 43
Euphorbia portlandica , 43
Euphorbia pseudoesula , 43
Euphorbia serrulata , 43
Euphorbia waldsteinii , 43
Euphorbia x gayeri , 43

Euphorbia x pseudovirgata , 43
EUPHORBIACEAE , 43
Euphrasia anglica , 57
Euphrasia arctica , 57
Euphrasia cambrica , 57
Euphrasia campbelliae , 57
Euphrasia confusa , 57
Euphrasia foulaensis , 57
Euphrasia frigida , 57
Euphrasia heslop-harrisonii , 57
Euphrasia marshallii , 57
Euphrasia micrantha , 57
Euphrasia nemorosa , 57
Euphrasia ostenfeldii , 57
Euphrasia pseudokerneri , 57
Euphrasia rivularis , 57
Euphrasia rostkoviana , 57
Euphrasia rotundifolia , 57
Euphrasia salisburgensis , 57
Euphrasia scottica , 57
Euphrasia stricta , 57
Euphrasia tetraquetra , 57
Euphrasia vigursii , 57
eurinllys blewog , 20
eurinllys culddail , 20
eurinllys deilgrwn , 20
eurinllys Des Etangs , 19
eurinllys gwelw , 20
eurinllys Iwerddon , 20
eurinllys mawr , 20
eurinllys meinsyth , 20
eurinllys pedronglog , 20
eurinllys tonnog , 20
eurinllys trydwll , 19
eurinllys y gors , 20
eurinllys ymdaenol , 20
European bur-grass , 79
European larch , 6
European silver-fir , 6
European violet-willow , 23
European white-elm , 11
eurwallt , 65
eurwallt meinddail , 65
eurwiail Canada , 64
eurwiail garw, 64
eurwiail meinddail , 64
eurwialen , 64
eurwialen arw , 64
eurwialen Canada , 64
eurwialen feinddail , 64
eurwialen gynnar , 64
evergreen oak , 12
evergreen spindle , 43
ewcalyptws ffrwythau wrn , 41
ewcalyptws glas , 41
ewcalyptws Gunn , 41
ewcalyptws gwialennog , 41
ewcalyptws hardd , 41
ewcalyptws Johnston , 41
FABACEAE , 37
FAGACEAE , 12
Fagopyrum dibotrys , 18
Fagopyrum esculentum , 18
Fagus sylvatica , 12
fairy flax , 44
fairy foxglove , 56
Falcaria vulgaris , 48
Fallopia baldschuanica , 18
Fallopia convolvulus , 18
Fallopia dumetorum , 18
Fallopia japonica , 18
Fallopia sachalinensis , 18
false alkanet , 51
false apple-mint , 54
false brome , 78
false buck's-beard , 29
false cleavers , 59
false fennel , 48
false fox-sedge , 73
false grass-poly , 41
false lily-of-the-valley , 81
false Londonpride , 30
false London-rocket , 23
false lupin , 40
false oat-grass , 76
false oxlip , 28
false sedge , 73
false thorow-wax , 48
false Virginia-creeper , 44
false-acacia , 37
Fang's cotoneaster , 36
fan-leaved water-crowfoot , 9
Fargesia spathacea , 75
Fascicularia bicolor , 80
fat duckweed , 70
fat hen , 13
fatsia , 47
Fatsia japonica , 47
fat-spiked yard-grass , 79
feathery Rhodes-grass , 79
fen bedstraw , 59
fen orchid , 85
fen pondweed , 69
fen ragwort , 66
fen violet , 21
fen wood-rush , 71
fennel , 48
fennel pondweed , 69
fenugreek , 39
ferfain yr Ariannin , 52
fern-grasses , 76
fern-leaved corydalis , 11
Ferula communis , 48
Festuca altissima , 75
Festuca arenaria , 75
Festuca armoricana , 75
Festuca arundinacea , 75
Festuca brevipila , 75
Festuca filiformis , 75
Festuca gautieri , 75
Festuca gigantea , 75
Festuca heterophylla , 75
Festuca huonii , 75
Festuca lemanii , 75
Festuca longifolia , 75
Festuca ovina , 75
Festuca pratensis , 75
Festuca rubra , 75
Festuca vivipara , 75
Festuca x Lolium = X Festulolium , 75
feverfew , 65
few-flowered cotoneaster , 36
few-flowered fumitory , 11
few-flowered garlic , 82
few-flowered sedge , 75
few-flowered spike-rush , 72
ffacbysen , 38
ffacbysen arw , 37
ffacbysen bedol , 37
ffacbysen bedol brysgwyddog , 37
ffacbysen borffor , 38
ffacbysen chwerw , 37
ffacbysen fân-flodeuog , 38
ffacbysen feinddail , 38
ffacbysen felen , 38
ffacbysen flewog , 38
ffacbysen goronog , 37
ffacbysen Hwngaria , 38
ffacbysen lefn , 38
ffacbysen Narbonne , 38
ffacbysen ruddlas , 38
ffacbysen sgorpion , 37
ffacbysen sgorpion unflwydd , 37
ffacbysen y berth , 38
ffacbysen y cloddiau , 38
ffacbysen y coed , 38
ffacbysen y gwanwyn , 38
ffacbysen y tir âr , 38
ffaldwellt , 79
ffaldwellt America , 79
ffaldwellt amlflodeuog , 79
ffaselia , 51
ffatsia , 47
ffawydden , 12
ffawydden ddeheuol rauli , 12
ffawydden ddeheuol roble , 12
ffenigl , 48
ffenigl Elen Luyddog , 48
ffenigl ffug , 48
ffenigl mawr , 48
ffenigl y moch , 48
ffenigl yr hwch , 48
ffenigl-y-moch gwridog , 48
ffenigl-y-moch llaethog , 48
ffenigrig , 39
ffenigrig corniog , 39
ffenigrig glas , 39
ffeuen ddringo , 37
ffeuen Ffrengig , 37
ffeuen fwng , 37
ffeuen soia , 37
ffeuen y gerddi , 38
ffeuen y gors , 51
ffigys yr Hotentot , 13
ffigysbren , 11
ffigysen yr Hotentot , 13
ffiolredyn brau , 4
ffiolredyn Dickie , 4
ffiolredyn y mynydd , 4
ffiolredynen Dickie , 4
ffiolredynen frau , 4
ffiolredynen y mynydd , 4
ffiwsia , 42
ffiwsia Llŷn , 42
fflocsen , 51
ffrisia , 84
ffromlys bach , 46
ffromlys melyn , 46
ffromlys oren , 46
ffug , 28
ffug baladr-trwyddo-deilgrwn , 48
ffug erwain-dail-helyg , 30
ffug farf-y-bwch , 29
ffug fysedd-y-blaidd , 40

ffugalaw bach , 68
ffugalaw Canada , 68
ffugalaw crych , 68
ffugalaw De America , 68
ffugalaw gwelw , 68
ffugalaw Nuttall , 68
ffugalaw prinflodeuog , 68
ffug-farf-y-bwch dal , 30
ffug-farf-y-bwch goch , 29
ffug-hesgen , 73
ffug-oren , 28
ffug-oren flewog/blewog , 28
ffug-wyarllys , 41
ffug-ysgallen felen , 61
ffynidwydd arian , 6
ffynidwydd Douglas , 6
ffynidwydd mawr , 6
ffynidwydd urddasol , 6
ffynidwydden arian , 6
ffynidwydden Douglas , 6
ffynidwydden fawr , 6
ffynidwydden urddasol , 6
ffynidwydden y Cawcasws , 6
fibrous tussock-sedge , 73
Ficus carica , 11
fiddle dock , 18
field bindweed , 50
field brome , 78
field cow-wheat , 57
field eryngo , 47
field fleawort , 66
field forget-me-not , 52
field garlic , 82
field gentian , 49
field gromwell , 51
field horsetail , 1
field madder , 59
field maple , 45
field marigold , 67
field mouse-ear , 16
field pansy , 21
field penny-cress , 25
field pepperwort , 25
field scabious , 60
field wood-rush , 71
field wormwood , 65
field woundwort , 52
field-rose , 32
fig , 11
Figert's spurge , 43
fig-leaved goosefoot , 13
Filago gallica , 64
Filago lutescens , 64
Filago minima , 64
Filago pyramidata , 64
Filago vulgaris , 64
filbert , 12
Filipendula kamtschatica , 31
Filipendula ulmaria , 31
Filipendula vulgaris , 31
fine osier , 23
fine-leaved fumitory , 11
fine-leaved goldilocks , 65
fine-leaved sandwort , 15
fine-leaved sheep's-fescue , 75
fine-leaved vetch , 38
fine-leaved water-dropwort , 48
fingered sedge , 74
fingered speedwell , 56
fioled bêr , 21
fioled flewog , 21
fioled gyffredin , 21
fioled welw , 21
fioled y cŵn , 21
fioled y coed , 21
fioled y fignen galchog , 21
fioled y gors , 21
fioled y graig , 21
fir clubmoss , 1
firethorn , 36
flame nasturtium , 46
flat sedge , 72
flat-stalked pondweed , 69
flattened meadow-grass , 76
flax , 44
flaxfield rye-grass , 75
flea sedge , 75
fleshy yellow-sorrel , 45
flixweed , 23
floating bur-reed , 80
floating club-rush , 72
floating pennywort , 47
floating sweet-grass , 76
floating water-plantain , 68
florist's sea lavender , 19
flossflower , 67
flowering currant , 29
flowering-rush , 68
fly honeysuckle , 60
fly orchid , 86
fodder beet , 14
fodder burnet , 32
fodder pea , 38
fodder vetch , 38
Foeniculum vulgare , 48
foetid goosefoot , 13
foliage beet , 14
fool's parsley , 48
fool's-water-cress , 48
forked spleenwort , 3
Forrest's tutsan , 19
forsythia , 55
Forsythia x intermedia , 55
four-leaved allseed , 16
four-leaved pink-sorrel , 45
fox-and-cubs , 63
foxglove , 56
foxglove-tree , 55
foxtail barley , 79
foxtail bristle-grass , 80
foxtail brome , 78
Fragaria moschata , 31
Fragaria vesca , 31
Fragaria x ananassa , 31
fragrant agrimony , 32
fragrant evening-primrose , 42
fragrant orchid , 85
Franchet's cotoneaster , 36
Frangula alnus , 44
Frankenia laevis , 22
FRANKENIACEAE , 22
Fraxinus excelsior , 55
freesia , 84
Freesia x hybrida , 84
French bartsia , 57
French bean , 37
French crane's-bill , 45
French hawk's-beard , 63
French mallow , 20
French marigold , 67
French meadow-rue , 10
French oat-grass , 77
French rocket , 23
French sorrel , 18
French speedwell , 56
fringecups , 30
fringed cotoneaster , 35
fringed gentian , 49
fringed loosestrife , 28
fringed rupturewort , 16
fringed sandwort , 15
fringed water-lily , 51
Fritillaria meleagris , 81
fritillary , 81
frog orchid , 85
frog rush , 71
frogbit , 68
frosted orache , 14
fuchsia , 42
Fuchsia 'Corallina' , 42
Fuchsia magellanica , 42
Fuji cherry , 33
fuller's teasel , 60
Fumaria bastardii , 11
Fumaria capreolata , 11
Fumaria densiflora , 11
Fumaria muralis , 11
Fumaria occidentalis , 11
Fumaria officinalis , 11
Fumaria parviflora , 11
Fumaria purpurea , 11
Fumaria reuteri , 11
Fumaria vaillantii , 11
FUMARIACEAE , 10
furrowed melilot , 39
Gagea bohemica , 81
Gagea lutea , 81
Gagnepain's barberry , 10
Gaillardia x grandiflora , 67
Galanthus caucasicus , 82
Galanthus elwesii , 82
Galanthus ikariae , 82
Galanthus nivalis , 82
Galanthus plicatus , 82
Galanthus reginae-olgae , 82
Galega officinalis , 37
Galeopsis angustifolia , 53
Galeopsis bifida , 53
Galeopsis segetum , 53
Galeopsis speciosa , 53
Galeopsis tetrahit , 53
galingale , 72
galinsoga , 67
galinsoga blewog , 67
Galinsoga parviflora , 67
Galinsoga quadriradiata , 67
Galium aparine , 59
Galium boreale , 59
Galium constrictum , 59
Galium mollugo , 59
Galium odoratum , 59
Galium palustre , 59
Galium parisiense , 59
Galium pumilum , 59

Galium saxatile , 59
Galium spurium , 59
Galium sterneri , 59
Galium tricornutum , 59
Galium uliginosum , 59
Galium verum , 59
gallant-soldier , 67
garden anchusa , 51
garden angelica , 48
garden arabis , 24
garden asparagus , 83
garden candytuft , 25
garden cat-mint , 53
garden chervil , 47
garden cress , 25
Garden grape-hyacinth , 81
garden honeysuckle , 60
garden huckleberry , 50
garden lavender , 54
garden lettuce , 62
garden lobelia , 59
garden lupin , 40
garden mignonette , 26
garden orache , 14
garden pansy , 21
garden parsley , 48
garden pea , 38
garden peony , 19
garden pink-sorrel , 45
garden privet , 55
garden radish , 26
garden rocket , 26
garden Solomon's-seal , 81
garden speedwell , 56
garden stork's-bill , 46
garden strawberry , 31
garden thyme , 53
garden tree-mallow , 20
garden tulip , 81
garlic , 82
garlic mustard , 23
garlic penny-cress , 25
garlleg , 82
garlleg America , 82
garlleg blewog , 82
garlleg di-sawr , 82
garlleg melyn , 82
garlleg Napoli , 82
garlleg rhosliw , 82
garlleg trionglog , 82
garlleg y berth , 23
garlleg y maes , 82
garlleg y mêl , 82
garlleg y mynydd , 82
garlleg yr Eidal , 82
Gastridium phleoides , 78
Gastridium ventricosum , 78
Gaudinia fragilis , 77
Gaultheria mucronata , 27
Gaultheria procumbens , 27
Gaultheria shallon , 27
Gáyer's spurge , 43
Gazania rigens , 64
gellesg drewllyd , 84
gellesg meinddail , 83
gellesg pêr main , 70
gellesg Windermere , 84
gellesg y Pyreneau , 84
gellesg y weddw , 83
gellesg-Chile bach , 83
gellesgen , 83
gellesgen Algeria , 84
gellesgen bêr , 70
gellesgen bêr fain , 70
gellesgen borffor , 83
gellesgen Chile , 83
gellesgen ddrewllyd , 84
gellesgen farfog , 83
gellesgen feinddail , 83
gellesgen Japan , 84
gellesgen las , 84
gellesgen Sbaen , 84
gellesgen Twrci , 84
gellesgen Windermere , 84
gellesgen y Pyreneau , 84
gellesgen y weddw , 83
gellesgen-Chile fach , 83
gellyg yr Ariannin , 50
gellygen yr Ariannin , 50
generous poplar , 22
Genista aetnensis , 40
Genista anglica , 40
Genista hispanica , 40
Genista monspessulana , 40
Genista pilosa , 40
Genista tinctoria , 40
Gentiana asclepiadea , 49
Gentiana clusii , 49
Gentiana nivalis , 49
Gentiana pneumonanthe , 49
Gentiana verna , 49
GENTIANACEAE , 49
Gentianella amarella , 49
Gentianella anglica , 49
Gentianella campestris , 49
Gentianella ciliata , 49
Gentianella germanica , 49
Gentianella uliginosa , 49
GERANIACEAE , 45
Geranium columbinum , 46
Geranium dissectum , 46
Geranium endressii , 45
Geranium himalayense , 45
Geranium ibericum , 46
Geranium lucidum , 46
Geranium macrorrhizum , 46
Geranium maderense , 46
Geranium molle , 46
Geranium nodosum , 45
Geranium phaeum , 46
Geranium platypetalum , 46
Geranium pratense , 45
Geranium psilostemon , 45
Geranium purpureum , 46
Geranium pusillum , 46
Geranium pyrenaicum , 46
Geranium robertianum , 46
Geranium rotundifolium , 45
Geranium rubescens , 46
Geranium sanguineum , 46
Geranium submolle , 46
Geranium sylvaticum , 45
Geranium versicolor , 45
Geranium x magnificum , 46
Geranium x monacense , 46
Geranium x oxonianum , 45
germander speedwell , 56
German-ivy , 66
GESNERIACEAE , 58
geuberllys , 48
geulin y forwyn , 42
Geum macrophyllum , 32
Geum rivale , 32
Geum urbanum , 32
Geum x intermedium , 32
ghost orchid , 85
giant bellflower , 58
giant butterbur , 67
giant fennel , 48
giant fescue , 75
giant fir , 6
giant herb-robert , 46
giant hogweed , 48
giant knapweed , 61
giant knotweed , 18
giant Lombardy poplar , 22
giant meadowsweet , 31
giant montbretia , 84
giant ragweed , 67
giant scabious , 60
giant viper's-bugloss , 51
giant-rhubarb , 41
githran werddlas , 48
glabrous whitlowgrass , 25
Gladiolus communis , 84
Gladiolus illyricus , 84
glandular crane's-bill , 46
glandular globe-thistle , 61
glandular plantain , 54
glas y niwl , 8
glas yr ŷd , 61
glas yr eira , 81
glas yr heli , 28
glaswellt Bermwda , 79
glaswellt melinau gwynt , 79
glaswellt pigog Affrica , 79
glaswellt pigog Awstralia , 79
glaswellt pigog Ewrop , 79
glaswellt walabi , 79
glaswellt y gweunydd , 79
glaswellt y rhos , 79
glaswellt-Bermwda Affricanaidd , 79
glaswellt-Rhodes Affrica , 79
glaswellt-Rhodes Awstralia , 79
glas-yr-eira bach , 81
glas-yr-eira Boissier , 81
Glaucium flavum , 10
glaucous dog-rose , 33
glaucous glasswort , 14
glaucous meadow-grass , 76
glaucous Michaelmas-daisy , 64
glaucous sedge , 74
Glaux maritima , 28
Glechoma hederacea , 53
gleision-yr-eira bach , 81
gleision-yr-eira Boissier , 81
glesyn y coed , 53
glesyn-y-coed pêr , 53
glesyn-y-coed pigfain , 53
glesyn-y-gaeaf bach , 27
glesyn-y-gaeaf canolig , 27
glesyn-y-gaeaf danheddog , 27
glesyn-y-gaeaf deilgrwn , 27
glesyn-y-gaeaf unflodeuog , 27

gliniogai , 57
gliniogai bach , 57
gliniogai cribog , 57
gliniogai'r maes , 57
globe artichoke , 61
globeflower , 8
globe-thistle , 61
glory-of-the-snow , 81
gludlys Alpaidd , 17
gludlys amryliw , 17
gludlys arfor , 17
gludlys clystyrog , 17
gludlys codrwth , 17
gludlys gogwyddol , 17
gludlys gronynnog , 17
gludlys gwyn , 17
gludlys mwsoglog , 17
gludlys nos-flodeuol , 17
gludlys pendrwm , 17
gludlys Sbaen , 17
gludlys y tywod , 17
gludlys yr Eidal , 17
Glyceria declinata , 76
Glyceria fluitans , 76
Glyceria maxima , 76
Glyceria notata , 76
Glyceria x pedicellata , 76
Glycine max , 37
Gnaphalium luteoalbum , 64
Gnaphalium norvegicum , 64
Gnaphalium purpureum , 64
Gnaphalium supinum , 64
Gnaphalium sylvaticum , 64
Gnaphalium uliginosum , 64
Gnaphalium undulatum , 64
goat willow , 23
goat's rue , 37
goat's-beard , 62
Godalming cotoneaster , 35
godetia , 42
gold bach , 67
gold Ffrainc , 67
gold of pleasure , 25
gold talsyth , 67
gold y De , 67
gold y gors , 8
gold y môr , 65
golden alison , 24
golden chervil , 47
golden crocus , 84
golden dock , 19
golden dog's-tail , 76
golden ragwort , 66
golden thistle , 61
goldenrod , 64
golden-samphire , 64
goldilocks aster , 65
goldilocks buttercup , 9
Good King Henry , 13
Goodyera repens , 85
gooseberry , 29
gorfanadl eiddew , 58
gorfanadl glasgoch , 57
gorfanadl gwalchlys , 58
gorfanadl mawr , 57
gorfanadl y briwydd , 57
gorfanadl ysgall , 58
gorfanhadlen , 58
gorfanhadlen deim , 58
gorfanhadlen eiddew , 58
gorfanhadlen fawr , 57
gorfanhadlen ffa , 58
gorfanhadlen lasgoch , 57
gorfanhadlen walchlys , 58
gorfanhadlen y bengaled , 57
gorfanhadlen y briwydd , 57
gorfanhadlen ysgall , 58
gorhadog , 16
gorse , 41
gorthyfail , 47
gorthyfail blewog , 47
gorthyfail euraid , 47
gorthyfail garw , 47
gorthyfail gwrychog , 47
gorthyfail y gerddi , 47
gorudd , 57
gorudd Ffrainc , 57
gorudd melyn , 57
gorudd y mynydd , 57
graban blewog , 67
graban deiliog , 67
graban dwyasgellog , 67
graban gogwydd , 67
graban Llundain , 67
graban teiran , 67
graceful pondweed , 69
graeanllys y dŵr , 56
graeanllys-y-dŵr rhosliw , 56
grape-hyacinth , 81
grape-vine , 44
grass vetchling , 38
grass-leaved goldenrod , 64
grass-leaved orache , 14
grass-of-Parnassus , 30
grass-poly , 41
grass-wrack pondweed , 69
great barberry , 10
great brome , 78
great burnet , 32
great dodder , 51
great fen-sedge , 73
great horsetail , 2
great lettuce , 62
great millet , 80
great mullein , 55
great pignut , 47
great soft rush , 71
great sundew , 21
great willowherb , 42
great wood-rush , 71
great yellow-cress , 24
greater bird's-foot-trefoil , 37
greater bladderwort , 58
greater broomrape , 57
greater burdock , 61
greater burnet-saxifrage , 47
greater butterfly-orchid , 85
greater celandine , 10
greater chickweed , 16
greater cuckooflower , 24
greater duckweed , 70
greater forget-me-not , 51
greater herb-robert , 46
greater knapweed , 61
greater Mexican-stonecrop , 29
greater musk-mallow , 20
greater periwinkle , 49
greater plantain , 54
greater pond-sedge , 73
greater quaking-grass , 76
greater red-hot poker , 81
greater sea-kale , 26
greater sea-spurrey , 17
greater snowdrop , 82
greater spearwort , 9
greater stitchwort , 16
greater tussock-sedge , 73
greater water-parsnip , 47
greater yellow rattle , 57
Greek dock , 18
Greek mallow , 20
Greek sea-spurrey , 17
Greek squill , 81
green alkanet , 51
green amaranth , 14
green bristle-grass , 80
green field-speedwell , 56
green figwort , 55
green hellebore , 8
green hound's tongue , 52
green nightshade , 50
green snowdrop , 82
green spleenwort , 3
green-flowered helleborine , 85
greengage , 33
green-leaved willow , 23
green-ribbed sedge , 74
green-winged orchid , 86
grey alder , 12
grey cinquefoil , 31
grey club-rush , 72
grey field-speedwell , 56
grey goosefoot , 13
grey hair-grass , 77
grey mouse-ear , 16
grey poplar , 22
grey sedge , 73
grey willow , 23
grindelia , 64
Grindelia stricta , 64
griselinia , 42
Griselinia littoralis , 42
Groenlandia densa , 69
GROSSULARIACEAE , 29
ground ivy , 53
ground pine , 53
ground-elder , 47
groundsel , 66
grug , 27
grug Cernyw , 27
grug Corsica , 27
grug croesddail , 27
grug Dabeoc , 27
grug Darley Dale , 27
grug Dorset , 27
grug glas , 27
grug Iwerddon , 27
grug Mackay , 27
grug Portiwgal , 27
grug y mêl , 27
grug yr ysgub , 27
grugbren , 21
grugeilun llyfn , 22
grugwydden , 27

grugwydden Affrica , 21
guelder rose , 59
Guernsey fleabane , 65
Guernsey pigweed , 15
guizotia , 67
Guizotia abyssinica , 67
Gunnera manicata , 41
Gunnera tinctoria , 41
GUNNERACEAE , 41
gwair botymau , 79
gwair merllyn , 1
gwair merllyn bach , 1
gwair merllyn y tir , 1
gwair wylofus , 75
gwalchlys coesnoeth , 63
gwalchlys culddail , 63
gwalchlys drewllyd , 63
gwalchlys Ffrainc , 63
gwalchlys garw , 63
gwalchlys gwrychog , 63
gwalchlys gylfinog , 63
gwalchlys llyfn , 63
gwalchlys y Gogledd , 63
gwalchlys y gors , 63
gweddw alarus , 46
gweler yr isrywogaethau yn unig , 83
gwellt Beckman , 78
gwellt y gamlas , 70
gwellt y morfa , 76
gwellt y wiber , 62
gwellt-y-gamlas bach , 70
gwellt-y-gamlas culddail , 70
gwellt-y-morfa atblygedig , 76
gwellt-y-morfa Borrer , 76
gwellt-y-morfa syth , 76
gwenith , 79
gwenith barfog , 79
gwenith yr hydd , 18
gwenithwellt caled , 76
gwenithwellt y morfa , 76
gwenith-yr-hydd tal , 18
gwerddig , 28
gwern , 12
gwernen , 12
gwernen goch , 12
gwernen lwyd , 12
gwernen yr Eidal , 12
gwerwydden , 12
gweunlwyn pigog , 27
gweunlwyn sialon , 27
gweunlwyn ymlusgol , 27
gweunwellt culddail , 76
gweunwellt cynnar , 76
gweunwellt cywasgedig , 76
gweunwellt garw , 76
gweunwellt llwydlas , 76
gweunwellt llydanddail , 76
gweunwellt llyfn , 76
gweunwellt oddfog , 76
gweunwellt Sweden , 76
gweunwellt twmpathog , 76
gweunwellt unflwydd , 76
gweunwellt y coed , 76
gweunwellt y gors , 76
gweunwellt y mynydd , 76
gweunwellt ymledol , 76
gweunwellt yr Alban , 76
gwiberlys , 51
gwiberlys llac , 51
gwiberlys mawr , 51
gwiberlys porffor , 51
gwibredyn Chile , 4
gwibredynen , 4
gwibredynen Chile , 4
gwifwrnwydden , 59
gwifwrnwydden grech , 59
gwifwrnwydden y gaeaf , 59
gwifwrnwydden y gors , 59
gwinwydden , 44
gwlithlys , 21
gwlithlys hirddail , 21
gwlithlys mawr , 21
gwlydd melyn Mair , 28
gwlydd-Mair bach , 28
gwlydd-Mair y gors , 28
gwlydd-y-dom mawr , 16
gwlydd-y-dom wmbelog , 16
gwlyddyn melyn Mair , 28
gwlyddyn y dom , 15
gwlyddyn-Mair bach , 28
gwlyddyn-Mair y gors , 28
gwlyddyn-y-dom bach , 15
gwlyddyn-y-dom mawr , 16
gwlyddyn-y-dom wmbelog , 16
gwreiddiriog , 47
gwreiddiriog mawr , 47
gwrnerth , 55
gwrnerth dail gwenyn , 55
gwrnerth glas , 55
gwrnerth melyn , 55
gwrnerth y dŵr , 55
gwrnerth y Penrhyn , 55
gwrychredynen feddal , 4
gwrychredynen galed , 4
gwrychredynen y cledd , 4
gwrychredynen-y-celyn y tŷ , 4
gwrychwellt pigog , 80
gwsberen Periw , 50
gwyarllys dail isop , 41
gwybybyr chwebrigerog , 19
gwybybyr wythfrigerog , 19
gwyddfid , 60
gwyddfid Califfornia , 60
gwyddfid Henry , 60
gwyddfid Japan , 60
gwyddfid llorweddol , 60
gwyddfid syth , 60
gwyddfid trydwll , 60
gwyddfid Wilson , 60
gwyddfid y Tartar , 60
gwyddfid yr ardd , 60
gwygbysen , 38
gwylaeth y fagwyr , 62
gwylaeth y moch , 62
gwylaeth yr oen , 60
gwylaeth-yr-oen ffrwythau gwlanog , 60
gwylaeth-yr-oen ffrwythau rhychog , 60
gwylaeth-yr-oen llydanffrwyth , 60
gwylaeth-yr-oen meinffrwyth , 60
gwyrddling , 12
Gymnadenia conopsea , 85
Gymnocarpium dryopteris , 3
Gymnocarpium robertianum , 4
gypsoffila , 17
Gypsophila paniculata , 17
gypsywort , 53
hadwellt Affrica , 79
haidd bach , 79
haidd chwerhesog , 79
haidd cribog , 79
haidd dwyresog , 79
haidd elinog , 79
haidd y maes , 79
haidd y morfa , 79
haidd y mur , 79
haidd yr Antarctig , 79
haidd yr Ariannin , 79
Hainardia cylindrica , 76
hair sedge , 73
hairless blue-sow-thistle , 62
hairless leptinella , 66
hairlike pondweed , 69
hairy bamboo , 75
hairy bindweed , 50
hairy bird's-foot-trefoil , 37
hairy bitter-cress , 24
hairy buttercup , 9
hairy chervil , 47
hairy cockspurthorn , 36
hairy crocus , 84
hairy dog-rose , 33
hairy finger-grass , 80
hairy fleabane , 64
hairy fruited broom , 40
hairy garlic , 82
hairy greenweed , 40
hairy Michaelmas-daisy , 64
hairy mock-orange , 28
hairy pennywort , 47
hairy rock-cress , 24
hairy rocket , 26
hairy rupturewort , 16
hairy sedge , 73
hairy St John's-wort , 20
hairy stonecrop , 29
hairy tare , 38
hairy vetchling , 38
hairy violet , 21
hairy whitlowgrass , 25
hairy wood-rush , 71
hairy-brome , 78
hairy-fruited cornsalad , 60
hairy-pitted stork's-bill , 46
HALORAGACEAE , 41
haloragis , 41
Haloragis micrantha , 41
Hammarbya paludosa , 85
Hampshire purslane , 42
hard fescue , 75
hard-fern , 4
hard-grass , 76
hardhack , 30
hard-rush , 71
hard-shield fern , 4
hare's ear mustard , 25
hare's foot clover , 40
hare's-foot sedge , 73
hare's-tail , 78
hare's-tail cottongrass , 72
harebell , 58
Harpur-Crewe's leopard's-bane , 66
harsh downy-rose , 33
hart's-tongue , 3
hartwort , 48

hautbois strawberry , 31
hawkweed , 63
hawkweed ox-tongue , 62
hawthorn , 36
hay-scented buckler-fern , 4
hazel , 12
heart-leaf ice-plant , 13
heart-leaved willow , 23
heath bedstraw , 59
heath cudweed , 64
heath dog-violet , 21
heath groundsel , 66
heath lobelia , 59
heath milkwort , 44
heath pearlwort , 16
heath rush , 70
heath speedwell , 56
heath spotted-orchid , 85
heath wood-rush , 71
heather , 27
heath-grass , 79
Hebe barkeri , 57
Hebe brachysiphon , 57
Hebe dieffenbachii , 57
Hebe salicifolia , 57
Hebe x franciscana , 57
Hebe x lewisii , 57
heboglys , 63
heboglys , 63
heboglys arian , 63
heboglys blewog , 63
heboglys brith , 63
heboglys bychan , 63
heboglys culddail , 63
heboglys cyffredin , 64
heboglys gwelw , 63
heboglys gwlanog , 63
heboglys hardd , 63
heboglys llydanddail , 63
heboglys llysiau'r mêl , 63
heboglys mân-ddeintiog , 63
heboglys penddu , 63
heboglys porffor , 63
heboglys y bryniau , 63
heboglys y goedwig , 63
heboglys y gors , 63
heboglys y llwyni , 64
heboglys y muriau , 63
heboglys y mynydd , 63
heboglys y perthi , 63
heboglys ymylon garw, 63
Hedera algeriensis , 46
Hedera colchica , 46
Hedera helix , 47
hedge barberry , 10
hedge bedstraw , 59
hedge bindweed , 50
hedge mustard , 23
hedge ragwort , 66
hedge Veronica , 57
hedge woundwort , 52
hedgehog clover , 40
hedgerow crane's-bill , 46
Hedypnois cretica , 62
hegydd arfor , 26
heiddwellt y coed , 79
Helenium autumnale , 67
Helianthemum apenninum , 21
Helianthemum nummularium , 21
Helianthemum oelandicum , 21
Helianthus annuus , 67
Helianthus petiolaris , 67
Helianthus tuberosus , 67
Helianthus x laetiflorus , 67
Helianthus x multiflorus , 67
Helichrysum bellidioides , 64
Helictotrichon neesii , 76
Helictotrichon pratense , 76
Helictotrichon pubescens , 76
Helleborus argutifolius , 8
Helleborus foetidus , 8
Helleborus orientalis , 8
Helleborus viridis , 8
helyg , 22
helygen bannog , 23
helygen bêr , 22
helygen borffor , 23
helygen borffor Siberia , 23
helygen dail calon , 23
helygen dail llawryf , 23
helygen dail llus , 23
helygen dail olewydd , 23
helygen dail sidan , 23
helygen dail te , 23
helygen ddeilgron , 23
helygen dribrigerog , 22
helygen dywyll , 23
helygen Ehrhart , 22
helygen fach , 23
helygen Fair , 12
helygen frau , 22
helygen frau groesryw , 22
helygen frau wylofus , 22
helygen glustiog , 23
helygen gochlas , 23
helygen Holme , 23
helygen loywddail , 22
helygen lwyd , 23
helygen rwyllog , 23
helygen Sachalin , 23
helygen stipylau miniog , 23
helygen wen , 22
helygen werdd , 23
helygen wiail , 23
helygen wiail fain , 23
helygen wlanog , 23
helygen wylofus , 22
helygen y mynydd , 23
helygen-wiail brysgwyddog , 23
helygen-wiail glustiog , 23
helygen-wiail lydanddail , 23
helyglys America , 42
helyglys byrgodog , 42
helyglys dail efydd , 42
helyglys dail gwlydd , 42
helyglys gwaywddail , 42
helyglys gwelw , 42
helyglys hardd , 42
helyglys lledlwyd , 42
helyglys llydanddail , 42
helyglys pedronglog , 42
helyglys pêr , 42
helyglys Seland Newydd , 42
helyglys y Fforest Newydd , 42
helyglys y gors , 42
helyglys y mynydd , 42
helyglys yr ardd gerrig , 42
helys pigog , 14
helys unflwydd , 14
Hemerocallis fulva , 80
Hemerocallis lilioasphodelus , 80
hemlock , 48
hemlock water-dropwort , 48
hemp , 11
hemp-agrimony , 67
hen ŵr , 65
hen wraig , 65
henbane , 50
henbit dead-nettle , 53
Henry's cotoneaster , 35
Henry's honeysuckle , 60
Hepatica nobilis , 9
Heracleum mantegazzianum , 48
Heracleum sphondylium , 48
herb robert , 46
herb-Paris , 81
Herminium monorchis , 85
Hermodactylus tuberosus , 83
Herniaria ciliolata , 16
Herniaria glabra , 16
Herniaria hirsuta , 16
hesg, 73
hesgen anystwyth , 74
hesgen bendrom , 73
hesgen bendyn y Gogledd , 74
hesgen bengron , 74
hesgen benwen , 73
hesgen blodau anghyfagos , 73
hesgen blodau pell , 74
hesgen brinflodeuog , 75
hesgen Buxbaum , 74
hesgen chwysigennaidd , 73
hesgen chwysigennaidd y mynydd , 73
hesgen Davall , 73
hesgen ddeulasnod , 74
hesgen ddu'r mynydd , 74
hesgen driglasnod , 74
hesgen duswog , 74
hesgen dywysennog America , 73
hesgen dywysennog fawr , 73
hesgen dywysennog goesadeiniog , 73
hesgen eurwerdd , 74
hesgen eurwerdd lefn , 74
hesgen eurwerdd y mynydd , 74
hesgen fain , 73
hesgen fannog , 74
hesgen feddal , 74
hesgen feindwf , 73
hesgen felen , 74
hesgen felen fawr , 74
hesgen felynllwyd , 74
hesgen ffibrog , 73
hesgen flewog , 73
hesgen fyseddog , 74
hesgen grom , 73
hesgen gyffredin , 74
hesgen gynffonnog , 73
hesgen gynnar , 74
hesgen gynnar brin , 74
hesgen hir , 73
hesgen hirgron , 73
hesgen lefn , 74
hesgen linynnog , 73
hesgen lom , 74

hesgen losg , 74
hesgen lwyd , 73
hesgen lwydlas , 74
hesgen lwydlas y calch , 74
hesgen lwytgoch , 73
hesgen lygliw , 73
hesgen rafunog fach , 73
hesgen rafunog fawr , 73
hesgen ranedig , 73
hesgen Seland Newydd , 74
hesgen troed aderyn , 74
hesgen troed ysgyfarnog , 73
hesgen tywysennau blewog , 74
hesgen tywysennau main, 74
hesgen weiniog , 74
hesgen welw , 74
hesgen wrychog , 75
hesgen y chwain , 75
hesgen y coed , 73
hesgen y dŵr , 74
hesgen y graig , 75
hesgen y tywod , 73
hesgen ylfinfain , 73
hesgen yr aber , 74
hesgen ysbigog , 73
hesgen ysbigog borffor , 73
hesgen ysgar , 73
hesgen-y-coed benfain , 73
hesgen-y-dŵr fach , 73
hesgen-y-dŵr fawr , 73
hesgen-yr-heli bractau hir , 74
Hesperis matronalis , 24
Heuchera sanguinea , 30
hiasinth , 81
Hibiscus trionum , 21
Hidcote comfrey , 51
Hieracium , 63
Hieracium alpinum , 63
Hieracium argenteum , 63
Hieracium boreale , 63
Hieracium denticulatum , 63
Hieracium erinthoides , 63
Hieracium holosericeum , 63
Hieracium humile , 63
Hieracium lanatum , 63
Hieracium latobrigorum , 63
Hieracium maculatum , 63
Hieracium murorum , 63
Hieracium nigrescens , 63
Hieracium pallidum , 63
Hieracium paludosum , 63
Hieracium perpropinqueum , 63
Hieracium prenanthoides , 63
Hieracium rigens , 63
Hieracium sylvaticum , 63
Hieracium trichocaulon , 63
Hieracium umbellatum , 63
Hieracium vulgatum , 64
Hierochloe odorata , 77
Highclere holly , 43
Highland bent , 77
Highland cudweed , 64
highland saxifrage , 30
Himalayan clematis , 9
Himalayan cotoneaster , 36
Himalayan crane's-bill , 45
Himalayan honeysuckle , 60
Himalayan knotweed , 17
Himalayan sorbaria , 30
Himalayan spiraea , 30
Himantoglossum hircinum , 86
HIPPOCASTANACEAE , 44
Hippocrepis comosa , 37
Hippocrepis emerus , 37
Hippophae rhamnoides , 41
HIPPURIDACEAE , 54
Hippuris vulgaris , 54
hirddail , 48
Hirschfeldia incana , 26
Hjelmqvist's cotoneaster , 36
hoary alison , 24
hoary cinquefoil , 31
hoary cress , 25
hoary mugwort , 65
hoary mullein , 55
hoary mustard , 26
hoary plantain , 54
hoary ragwort , 66
hoary rock-rose , 21
hoary stock , 24
hoary whitlowgrass , 25
hoary willowherb , 42
hocysen , 20
hocysen bigog , 20
hocysen droellog , 20
hocysen fach , 20
hocysen fân-flodeuog , 20
hocysen fendigaid , 20
hocysen Ffrainc , 20
hocysen fwsg , 20
hocysen Queensland , 20
hocysen y morfa , 20
hocysen-fwsg fawr , 20
hocysen-y-morfa flewog , 20
hocyswydd bach , 20
hocyswydd yr ardd , 20
hocyswydden , 20
hocyswydden Awstralia , 20
hocyswydden fach , 20
hocyswydden frenhinol , 20
hocyswydden Seland Newydd , 20
hocyswydden yr ardd , 20
hocys-y-morfa blewog , 20
hog's fennel , 48
hogweed , 48
Hoheria populnea , 20
Holcus lanatus , 77
Holcus mollis , 77
hollow root , 11
holly , 43
holly fern , 4
hollyberry cotoneaster , 36
hollyhock , 20
holly-leaved naiad , 69
Holme willow , 23
Holodiscus discolor , 31
holodisgws , 31
Holosteum umbellatum , 16
holy-grass , 77
Homogyne alpina , 67
Honckenya peploides , 15
honesty , 24
honewort , 48
honey garlic , 82
honeybells , 82
honeysuckle , 60
hooked dock , 18
Hooker's hebe , 57
hoop-petticoat daffodil , 83
hop , 11
hop trefoil , 39
hopys , 11
Hordelymus europaeus , 79
Hordeum distichon , 79
Hordeum euclaston , 79
Hordeum geniculatum , 79
Hordeum jubatum , 79
Hordeum marinum , 79
Hordeum murinum , 79
Hordeum pubiflorum , 79
Hordeum pusillum , 79
Hordeum secalinum , 79
Hordeum vulgare , 79
hornbeam , 12
horned pansy , 21
horned pondweed , 69
Hornungia petraea , 25
horse-chestnut , 44
horse-nettle , 50
horse-radish , 24
horseshoe vetch , 37
Hottentot-fig , 13
Hottonia palustris , 28
hound's-tongue , 52
house holly-fern , 4
house-leek , 29
Hsing-Shan cotoneaster , 36
Hummel's cotoneaster , 36
Humulus lupulus , 11
Hungarian brome , 78
Hungarian clover , 40
Hungarian mullein , 55
Hungarian vetch , 38
Huntingdon elm , 11
Huon's fescue , 75
Huperzia selago , 1
hutchinsia , 25
hyacinth , 81
Hyacinthoides hispanica , 81
Hyacinthoides italica , 81
Hyacinthoides non-scripta , 81
Hyacinthoides non-scripta x H.hispanica , 81
Hyacinthus orientalis , 81
hybrid balsam-poplar , 22
hybrid black-poplar , 22
hybrid cinquefoil , 31
hybrid coralberry , 60
hybrid crack-willow , 22
hybrid fescue , 75
hybrid knapweed , 61
hybrid larch , 6
hybrid monk's-hood , 8
hybrid monkeyflower , 55
hybrid plume-poppy , 10
hybrid sweet-grass , 76
hybrid water lily , 8
hybrid water-cress , 24
hybrid woundwort , 52
hybrid yellow-cress , 24
hyddlys , 48
hydrangea , 28
Hydrangea macrophylla , 28
HYDRANGEACEAE , 28
Hydrilla verticillata , 68

Hydrocharis morsus-ranae , 68
HYDROCHARITACEAE , 68
Hydrocotyle moschata , 47
Hydrocotyle novae-zeelandiae , 47
Hydrocotyle ranunculoides , 47
Hydrocotyle vulgaris , 47
HYDROPHYLLACEAE , 51
Hylmö's cotoneaster , 35
HYMENOPHYLLACEAE , 2
Hymenophyllum tunbrigense , 2
Hymenophyllum wilsonii , 2
Hyoscyamus niger , 50
Hypericum androsaemum , 19
Hypericum calycinum , 19
Hypericum canadense , 20
Hypericum elodes , 20
Hypericum forrestii , 19
Hypericum hircinum , 19
Hypericum hirsutum , 20
Hypericum humifusum , 20
Hypericum linariifolium , 20
Hypericum maculatum , 20
Hypericum montanum , 20
Hypericum nummularium , 20
Hypericum perforatum , 19
Hypericum pseudohenryi , 19
Hypericum pulchrum , 20
Hypericum tetrapterum , 20
Hypericum undulatum , 20
Hypericum x desetangsii , 19
Hypericum x inodorum , 19
Hypericum xylosteifolium , 19
Hypochaeris glabra , 62
Hypochaeris maculata , 62
Hypochaeris radicata , 62
hyssop , 53
Hyssopus officinalis , 53
Iberis amara , 25
Iberis sempervirens , 25
Iberis umbellata , 25
Iceland-purslane , 18
Ilex aquifolium , 43
Ilex x altaclerensis , 43
Illecebrum verticillatum , 16
Impatiens capensis , 46
Impatiens glandulifera , 46
Impatiens noli-tangere , 46
Impatiens parviflora , 46
imperforate St John's-wort , 20
indehiscent amaranth , 15
indehiscent pigweed , 15
India-corn , 80
Indian balsam , 46
Indian fountain-bamboo , 75
Indian horse-chestnut , 44
Indian pea , 38
Indian pokeweed , 13
Indian-rhubarb , 30
intermediate bladderwort , 58
intermediate bridewort , 30
intermediate evening-primrose , 42
intermediate periwinkle , 49
intermediate polypody , 2
intermediate water-starwort , 54
intermediate wintergreen , 27
interrupted brome , 78
interrupted clubmoss , 1
Inula conyzae , 64
Inula crithmoides , 64
Inula helenium , 64
Inula oculus-christi , 64
Inula salicina , 64
Iochroma australe , 50
iorwg , 47
iorwg Algeria , 46
iorwg Persia , 46
iorwg yr Iwerydd , 47
Ipomoea hederacea , 50
Ipomoea lacunosa , 50
Ipomoea purpurea , 50
IRIDACEAE , 83
Iris ensata , 84
Iris foetidissima , 84
Iris germanica , 83
Iris latifolia , 84
Iris orientalis , 84
Iris pseudacorus , 83
Iris sibirica , 83
Iris spuria , 84
Iris unguicularis , 84
Iris versicolor , 83
Iris x robusta , 84
Iris xiphium , 84
Irish fleabane , 64
Irish fox-and-cubs , 63
Irish heath , 27
Irish lady's-tresses , 85
Irish saxifrage , 30
Irish spleenwort , 3
Irish spurge , 43
Irish St John's-wort , 20
Irish tutsan , 19
Isatis tinctoria , 23
Isle of Man cabbage , 26
ISOETACEAE , 1
Isoetes echinospora , 1
Isoetes histrix , 1
Isoetes lacustris , 1
Isolepis cernua , 72
Isolepis setacea , 72
isop , 53
Issler's clubmoss , 1
Italian alder , 12
Italian bellflower , 58
Italian bluebell , 81
Italian catchfly , 17
Italian crocus , 84
Italian eryngo , 47
Italian garlic , 82
Italian lords and ladies , 70
Italian rye-grass , 75
Italian toadflax , 56
Iva xanthiifolia , 67
ivy , 47
ivy broomrape , 58
ivy-leaved bellflower , 59
ivy-leaved crowfoot , 9
ivy-leaved duckweed , 70
ivy-leaved morning-glory , 50
ivy-leaved speedwell , 56
ivy-leaved toadflax , 56
iwca , 84
Ixia campanulata , 84
Ixia paniculata , 84
jac y neidiwr , 46
Jacob's-ladder , 51
jagged chickweed , 16
Japanese anemone , 8
Japanese angelica-tree , 47
Japanese cherry , 33
Japanese cowslip , 28
Japanese honeysuckle , 60
Japanese iris , 84
Japanese knotweed , 18
Japanese larch , 6
Japanese millet , 79
Japanese quince , 34
Japanese red-cedar , 7
Japanese rose , 32
Japanese spiraea , 30
Japanese wineberry , 31
Japanese-lantern , 50
Jasione montana , 59
jasmin coch , 55
jasmin y gaeaf , 55
jasmin yr haf , 55
Jasminum beesianum , 55
Jasminum nudiflorum , 55
Jasminum officinale , 55
Jersey buttercup , 9
Jersey cudweed , 64
Jersey lily , 82
Jersey pink , 17
Jersey toadflax , 56
Jerusalem artichoke , 67
Jerusalem sage , 53
Johnson grass , 80
Johnston's gum , 41
jointed rush , 71
joncwil croesryw , 83
Jonopsidium acaule , 25
JUGLANDACEAE , 12
Juglans regia , 12
JUNCACEAE , 70
JUNCAGINACEAE , 68
Juncus acutiflorus , 71
Juncus acutus , 71
Juncus alpinoarticulatus , 71
Juncus ambiguus , 71
Juncus articulatus , 71
Juncus balticus , 71
Juncus biglumis , 71
Juncus bufonius , 71
Juncus bulbosus , 71
Juncus capitatus , 71
Juncus castaneus , 71
Juncus compressus , 70
Juncus conglomeratus , 71
Juncus effusus , 71
Juncus filiformis , 71
Juncus foliosus , 71
Juncus gerardii , 70
Juncus inflexus , 71
Juncus maritimus , 71
Juncus pallidus , 71
Juncus planifolius , 71
Juncus pygmaeus , 71
Juncus squarrosus , 70
Juncus subnodulosus , 71
Juncus subulatus , 71
Juncus tenuis , 70
Juncus trifidus , 70
Juncus triglumis , 71
Juneberry , 35

Juniperus communis , 7
Juniperus ssp. nana , 7
Kalmia angustifolia , 27
Kalmia latifolia , 27
Kalmia polifolia , 27
Kamchatka stonecrop , 29
kangaroo fern , 2
kangaroo-apple , 50
Kangting cotoneaster , 36
karo , 28
Kashmir cotoneaster , 35
Kattegat orache , 14
keeled garlic , 82
keeled goosefoot , 13
keeled-fruited cornsalad , 60
kelch-grass , 79
kelso water-crowfoot , 9
Kerria , 31
Kerria japonica , 31
Kerry lily , 80
Kickxia elatine , 56
Kickxia spuria , 56
kidney saxifrage , 30
kidney vetch , 37
kidneyweed , 50
Killarney fern , 2
knapweed broomrape , 57
Knautia arvensis , 60
Kniphofia uvaria , 81
Kniphofia x praecox , 81
knotgrass , 18
knotroot bristle-grass , 80
knotted clover , 40
knotted crane's-bill , 45
knotted hedge-parsley , 49
knotted pearlwort , 16
Kobresia simpliciuscula , 73
Koeleria macrantha , 77
Koeleria vallesiana , 77
Koelreuteria paniculata , 44
Koenigia islandica , 18
kohuhu , 28
koromiko , 57
Kotchy's crocus , 84
Krauss's clubmoss , 1
Labrador-tea , 26
laburnum , 40
Laburnum alpinum , 40
Laburnum anagyroides , 40
Lactuca saligna , 62
Lactuca sativa , 62
Lactuca serriola , 62
Lactuca tatarica , 62
Lactuca virosa , 62
lady orchid , 86
lady's bedstraw , 59
lady's-mantle , 32
lady's-slipper , 85
lady-fern , 3
lafant , 54
lafant y môr , 19
lafant-y-môr Alderney , 19
lafant-y-môr blodau llac , 19
lafant-y-môr Cernyw , 19
lafant-y-môr Dinbych-y-pysgod , 19
lafant-y-môr gorweddol , 19
lafant-y-môr llydanddail , 19
lafant-y-môr Penfro , 19
lafant-y-môr Portland , 19
lafant-y-môr Prydeinig , 19
lafant-y-môr Rottingdean , 19
lafant-y-môr Trwyn Giltar , 19
lafant-y-môr Tyddewi , 19
lafant-y-môr y creigiau , 19
lafant-y-môr y gerddi , 19
Lagarosiphon major , 68
Lagurus ovatus , 78
lake loosestrife , 28
Lamarckia aurea , 76
lamb's-ear , 52
lambs' succory , 62
LAMIACEAE , 52
Lamiastrum galeobdolon , 52
Lamium album , 52
Lamium amplexicaule , 53
Lamium confertum , 53
Lamium hybridum , 52
Lamium maculatum , 52
Lamium purpureum , 52
Lampranthus falciformis , 13
Lampranthus roseus , 13
lanceolate spleenwort , 3
land quillwort , 1
Lange's spiraea , 30
Lapland marsh-orchid , 86
Lappula squarrosa , 52
Lapsana communis , 62
large bindweed , 50
large bitter-cress , 24
large speedwell , 56
large thyme , 53
large trefoil , 39
large Venus's-looking-glass , 59
large yellow sedge , 74
large-flowered butterwort , 58
large-flowered cockspurthorn , 36
large-flowered evening-primrose , 42
largeflowered fuchsia , 42
large-flowered hemp-nettle , 53
large-flowered pink-sorrel , 45
large-flowered tickseed , 67
large-flowered waterweed , 68
large-headed brome , 78
large-leaved avens , 32
large-leaved lime , 20
large-leaved spindle , 43
Larix decidua , 6
Larix kaempferi , 6
Larix x marschlinsii , 6
larkspur , 8
late cotoneaster , 35
late crocus , 84
late Michaelmas-daisy , 64
late spider-orchid , 86
Lathraea clandestina , 57
Lathraea squamaria , 57
Lathyrus annuus , 38
Lathyrus aphaca , 38
Lathyrus grandiflorus , 38
Lathyrus heterophyllus , 38
Lathyrus hirsutus , 38
Lathyrus latifolius , 38
Lathyrus linifolius , 38
Lathyrus niger , 38
Lathyrus nissolia , 38
Lathyrus odoratus , 38
Lathyrus palustris , 38
Lathyrus pratensis , 38
Lathyrus sativus , 38
Lathyrus sylvestris , 38
Lathyrus tuberosus , 38
Lathyrusjaponicus , 38
LAURACEAE , 7
laurel-leaved willow , 23
Laurus nobilis , 7
laurustinus , 59
Lavandula x intermedia , 54
Lavatera arborea , 20
Lavatera cretica , 20
Lavatera plebeia , 20
Lavatera thuringiaca , 20
Lavatera trimestris , 20
lavender cotton , 65
lawn lobelia , 59
Lawson's cypress , 7
lax viper's-bugloss , 51
lax-flowered sea-lavender , 19
leafless hawk's-beard , 63
leafy rush , 71
leafy spurge , 43
leafy-fruited nightshade , 50
least adder's-tongue , 2
least bur-reed , 80
least duckweed , 70
least lettuce , 62
least mallow , 20
least pepperwort , 25
least stonecrop , 29
least water-lily , 8
least yellow-sorrel , 45
Ledum palustre , 26
leek , 82
Leersia oryzoides , 75
Legousia hybrida , 58
Legousia speculum-veneris , 59
lelog , 55
Lemna gibba , 70
Lemna minor , 70
Lemna minuta , 70
Lemna trisulca , 70
LEMNACEAE , 70
lemon-scented fern , 3
Lens culinaris , 38
lenten-rose , 8
LENTIBULARIACEAE , 58
lentil , 38
Leontodon autumnalis , 62
Leontodon hispidus , 62
Leontodon saxatilis , 62
Leonurus cardiaca , 52
leopard plant , 66
leopard's-bane , 66
Lepidium bonariense , 25
Lepidium campestre , 25
Lepidium draba , 25
Lepidium graminifolium , 25
Lepidium heterophyllum , 25
Lepidium hyssopifolium , 25
Lepidium latifolium , 25
Lepidium perfoliatum , 25
Lepidium ruderale , 25
Lepidium sativum , 25
Lepidium virginicum , 25
leptinela , 66

leptinela moel , 66
leptinella , 66
Leptochloa fusca , 79
leptocloa , 79
Leptospermum lanigerum , 41
Leptospermum scoparium , 41
lesser bladderwort , 58
lesser bulrush , 80
lesser burdock , 61
lesser butterfly-orchid , 85
lesser calamint , 53
lesser canary-grass , 77
lesser Caucasian-stonecrop , 29
lesser celandine , 9
lesser centaury , 49
lesser chickweed , 15
lesser Chilean-iris , 83
lesser clubmoss , 1
lesser daffodil , 83
lesser glory-of-the-snow , 81
lesser gold of pleasure , 25
lesser hairy-brome , 78
lesser hawkbit , 62
lesser knotweed , 17
lesser London pride , 30
lesser marshwort , 48
lesser meadow-rue , 10
lesser Mexican-stonecrop , 29
lesser milk-vetch , 37
lesser New Zealand flax , 84
lesser periwinkle , 49
lesser pond-sedge , 73
lesser pondweed , 69
lesser quaking-grass , 76
lesser red-knotgrass , 18
lesser sea-fig , 13
lesser sea-spurrey , 17
lesser skullcap , 53
lesser soft-brome , 78
lesser spearwort , 9
lesser star-thistle , 61
lesser stitchwort , 16
lesser sunflower , 67
lesser swine-cress , 25
lesser trefoil , 39
lesser tussock-sedge , 73
lesser twayblade , 85
lesser water-parsnip , 47
lesser water-plantain , 68
letusen bigog , 62
letusen chwerw , 62
letusen fach , 62
letusen las , 62
letusen yr ardd , 62
Leucanthemella serotina , 66
Leucanthemum vulgare , 66
Leucanthemum x superbum , 66
Leucojum aestivum , 82
Leucojum vernum , 82
Levisticum officinale , 48
Lewis's hebe , 57
Ley's whitebeam , 34
Leycesteria formosa , 60
Leyland cypress , 7
Leymus arenarius , 79
Libertia elegans , 83
Libertia formosa , 83
Ligularia dentata , 66
Ligularia przewalskii , 66
Ligusticum scoticum , 48
Ligustrum ovalifolium , 55
Ligustrum vulgare , 55
lilac , 55
lili Ceri , 80
lili ddrewllyd , 81
lili fartagon , 81
lili Jersey , 82
lili Mai , 81
lili Periw , 83
lili undydd , 80
lili undydd oren , 80
lili'r brithyll , 81
lili'r dyffrynnoedd , 81
lili'r Pasg , 70
lili'r Penrhyn , 82
lili'r Wyddfa , 81
lili'r-ŷd felen , 84
lili'r-ŷd goch , 84
lili'r-ŷd melyn , 84
lili'r-dŵr eddïog , 51
lili'r-dŵr fach , 8
lili'r-dŵr felen , 8
lili'r-dŵr felen ddeilsyth , 8
lili'r-dŵr felen groesryw , 8
LILIACEAE , 80
lili-Affrica gynnar , 82
lilïau undydd oren , 80
lilïau'r dyffrynnoedd , 81
lilïau'r-dŵr bach , 8
lilïau'r-dŵr melyn , 8
lilïau'r-dŵr melyn croesryw , 8
lilïau-Mai Kamchatka , 81
LILIIDAE , 68
lili-Mai Kamchatka , 81
Lilium martagon , 81
Lilium pyrenaicum , 81
lily-of-the-valley , 81
lime , 20
limestone bedstraw , 59
limestone fern , 4
limestone woundwort , 52
LIMNANTHACEAE , 46
Limnanthes douglasii , 46
Limonium auriculae-ursifolium , 19
Limonium bellidifolium , 19
Limonium binervosum , 19
Limonium britannicum , 19
Limonium dodartiforme , 19
Limonium humile , 19
Limonium hyblaeum , 19
Limonium latifolium , 19
Limonium loganicum , 19
Limonium paradoxum , 19
Limonium parvum , 19
Limonium procerum , 19
Limonium recurvum , 19
Limonium transwallianum , 19
Limonium vulgare , 19
Limosella aquatica , 55
Limosella aquatica x australis , 55
Limosella australis , 55
LINACEAE , 44
Linaria arenaria , 56
Linaria dalmatica , 56
Linaria maroccana , 56
Linaria pelisseriana , 56
Linaria purpurea , 56
Linaria repens , 56
Linaria supina , 56
Linaria vulgaris , 56
Lindley's cotoneaster , 35
Linnaea borealis , 60
Linton's pondweed , 69
Linum bienne , 44
Linum catharticum , 44
Linum perenne , 44
Linum usitatissimum , 44
Liparis loeselii , 85
Listera cordata , 85
Listera ovata , 85
Lithospermum arvense , 51
Lithospermum officinale , 51
Lithospermum purpureocaeruleum , 51
little barley , 79
little mouse-ear , 16
little robin , 46
Littorella uniflora , 54
livelong saxifrage , 30
liverleaf , 9
lizard orchid , 86
llaethberllys Caer-grawnt , 48
llaethlys bach , 43
llaethlys brigog , 43
llaethlys brych , 43
llaethlys caprys , 43
llaethlys cwrelaidd , 43
llaethlys cypreswydd , 43
llaethlys deiliog , 43
llaethlys Figert , 43
llaethlys Gáyer , 43
llaethlys Iwerddon , 43
llaethlys llydanddail , 43
llaethlys Môr y Canoldir , 43
llaethlys pêr , 43
llaethlys Portland , 43
llaethlys rhuddlas , 43
llaethlys syth , 43
llaethlys Waldstein , 43
llaethlys y Balcanau , 43
llaethlys y coed , 43
llaethlys y môr , 43
llaethlys yr ysgyfarnog , 43
llaethwyg bach , 37
llaethwyg ffacbys , 37
llaethwyg licoris , 37
llaethwyg rhuddlas , 37
llaethwyg y mynydd , 37
llaethysgallen arw , 62
llaethysgallen las , 62
llaethysgallen las foel , 62
llaethysgallen las Georgia , 62
llaethysgallen las yr Alpau , 62
llaethysgallen lefn , 62
llaethysgallen y gors , 62
llaethysgallen y tir âr , 62
llafn y bladur , 80
llafnlys bach , 9
llafnlys Loch Leven , 9
llafnlys mawr , 9
llafnlys tafod y neidr , 9
llafnlys ymlusgol , 9
llafrwyn trionglog , 72
llafrwynen , 72
llafrwynen arfor , 72

llafrwynen drionglog , 72
llafrwynen finiog , 72
llarwydd croesryw , 6
llarwydden Ewrop , 6
llarwydden groesryw , 6
llarwydden Japan , 6
llau'r offeiriad , 59
llawredynen ganolig , 2
llawredynen gyffredin , 2
llawredynen Gymreig , 2
llawrwydden , 7
lleidlys , 55
lleidlys croesryw Morgannwg , 55
lleidlys Cymreig , 55
llewyg yr iâr , 50
Lleyn cotoneaster , 36
lliflys y mynydd , 61
llin , 44
llin culddail , 44
llin gorhadog , 44
llin parhaol , 44
llin Seland Newydd , 84
llin y llyffant , 56
llin y tylwyth teg , 44
llinad bach , 70
llinad crythog , 70
llinad dail eiddew , 70
llinad di-wraidd , 70
llinad mawr , 70
llinad y dŵr , 70
llindag , 51
llindag mawr , 51
llindag melyn , 51
llinesg y dŵr , 16
llin-Seland-Newydd bach , 84
llin-y-llyffant Balcanaidd , 56
llin-y-llyffant Ffrengig , 56
llin-y-llyffant gorweddol , 56
llin-y-llyffant gwelw , 56
llin-y-llyffant Moroco , 56
llin-y-llyffant porffor , 56
llin-y-llyffant y tywod , 56
lloerforonen , 47
lloer-redynen , 2
llosgddraenen , 36
llosgddraenen Asia , 36
llosgddrain Asia , 36
Lloydia serotina , 81
lluglys gludiog , 17
lluglys gwridog , 17
lluglys y mynydd , 17
llugwe fawr , 2
llus cwrel croesryw , 60
llusen , 27
llusen America , 27
llusen eira , 60
llusen goch , 27
llusen gwrel , 60
llusen gwrel groesryw , 60
llusen y gors , 27
llusen-yr-arth ddu , 27
llusen-yr-arth goch , 27
llusern bapur , 50
llus-yr-arth coch , 27
llus-yr-arth du , 27
llwfach , 48
llwfach yr Alban , 48
llwyd y cŵn , 53
llwydwellt y calch , 76
llwyfen Ewropeaidd , 11
llwyfen fanddail , 11
llwyfen Huntingdon , 11
llwyfen Lloegr , 11
llwyfen lydanddail , 11
llwyfen Plot , 11
llwyfen yr Iseldiroedd , 11
llwylys cyffredin , 25
llwylys Denmarc , 25
llwylys Pyreneau , 25
llwylys Seisnig , 25
llwylys tal , 25
llwylys y mynydd , 25
llwyn aeron tagu coch , 35
llwyn aeron tagu du , 35
llwyn caro , 28
llwyn coeg-fefus , 31
llwyn cohwhw, 28
llwyn creulys , 65
llwyn cwrens blodeuog , 29
llwyn cwrens coch , 29
llwyn cwrens duon , 29
llwyn cwrens gwlanog , 29
llwyn cwrens persawrus , 29
llwyn cwrens y mynydd , 29
llwyn gwifrau , 18
llwyn helys , 14
llwyn llygad y dydd , 65
llwyn llygwyn , 14
llwyn mafon , 31
llwyn mafon pêr , 31
llwyn mafon y Gorllewin , 31
llwyn mefus gwyllt , 31
llwyn mefus mawr , 31
llwyn mefus melyn , 32
llwyn mefus y gerddi , 31
llwyn mwyar duon , 31
llwyn mwyar gwin , 31
llwyn mwyar Logan , 31
llwyn mwyar Mair , 31
llwyn mwyar trilliw , 31
llwyn mwyar y Berwyn , 31
llwyn mwyar yr Arctig , 31
llwyn oren Mecsico , 45
llwyn paladr trwyddo , 48
llwyn pumnalen , 31
llwyn te , 41
llwyn-creulys 'Sunshine' , 66
llwyn-creulys hirddail , 66
llwyn-creulys Monro , 66
llwyn-llygad-y-dydd celynnog , 65
llwyn-llygad-y-dydd dail mangrof , 65
llwyn-llygad-y-dydd paniclaidd , 65
llwyn-llygad-y-dydd Travers , 65
llwyn-te gwlanog , 41
llydan y ffordd , 54
llygad doli , 56
llygad Ebrill , 9
llygad siriol , 57
llygad y bwgan , 10
llygad y dydd , 65
llygad y ffesant , 9
llygad-llo mawr , 66
llygad-llo melyn , 64
llygad-llo'r hydref , 66
llygad-y-dydd cynghafog , 64
llygaeren , 27
llygaeren America , 27
llygaeren fach , 27
llygaeron America , 27
llygwyn arfor , 14
llygwyn ariannaid , 14
llygwyn Awstralia , 14
llygwyn culddail , 14
llygwyn cynnar , 14
llygwyn ffrwythau coesynnog , 14
llygwyn had garw , 13
llygwyn hirgoes , 14
llygwyn Kattegat , 14
llygwyn llwydwyn , 14
llygwyn Taschereau , 14
llygwyn tryfal , 14
llygwyn y tywod , 14
llygwyn yr ardd , 14
llynclys , 59
llynwlydd corniog , 69
llynwlyddyn corniog , 69
llyriad arfor , 54
llyriad canghennog , 54
llyriad chwarennog , 54
llyriad corn carw , 54
llyriad llwyd , 54
llyriad y dŵr , 68
llyriad yr ais , 54
llyriad-y-dŵr arnofiol , 68
llyriad-y-dŵr bach , 68
llyriad-y-dŵr culddail , 68
llyriad-y-dŵr hirfain , 68
llyriad-y-dŵr sêr-ffrwythog , 68
llyriaid y dŵr , 68
llyriaid-y-dŵr arnofiol , 68
llyriaid-y-dŵr bach , 68
llyriaid-y-dŵr culddail , 68
llyriaid-y-dŵr hirfain , 68
llyrlys canghennog , 14
llyrlys cyffredin , 14
llyrlys gloyw , 14
llyrlys llwydlas , 14
llyrlys melyn , 14
llyrlys parhaol , 14
llyrlys porffor , 14
llyrlys unflodeuog , 14
llysiau Cadwgan , 60
llysiau Cristoffis , 8
llysiau cwsg , 10
llysiau gwlithog coch , 13
llysiau gwlithog crymanddail , 13
llysiau gwlithog gwelw , 13
llysiau gwlithog porffor , 13
llysiau gwlithog prysgoediog , 13
llysiau gwlithog trionglog , 13
llysiau lliw , 23
llysiau Llywelyn , 56
llysiau pen tai , 29
llysiau Solomon , 81
llysiau Steffan , 42
llysiau Taliesin , 56
llysiau'r angel , 48
llysiau'r corryn , 70
llysiau'r cryman , 28
llysiau'r cythraul , 18
llysiau'r dryw , 32
llysiau'r fuwch , 17
llysiau'r gingroen , 66
llysiau'r groes , 59

llysiau'r gwewyr , 48
llysiau'r gwrda , 13
llysiau'r gymalwst , 47
llysiau'r llewpart , 66
llysiau'r llymarch , 52
llysiau'r neidr , 17
llysiau'r pryf copyn, 70
llysiau'r sipsiwn , 53
llysiau'r wennol , 10
llysiau'r ysgyfaint , 51
llysiau'r-angel pêr , 48
llysiau'r-bystwn blewog , 25
llysiau'r-bystwn cynnar , 25
llysiau'r-bystwn lledlwyd , 25
llysiau'r-bystwn llyfn , 25
llysiau'r-bystwn melyn , 25
llysiau'r-corryn Brasil , 70
llysiau'r-dryw pêr , 32
llysiau'r-fors blewog , 16
llysiau'r-fors eddïog , 16
llysiau'r-fors llyfn , 16
llysiau'r-gwrid , 51
llysiau'r-gwrid glas mawr, 51
llysiau'r-gwrid gwyrdd , 51
llysiau'r-gwrid melyn , 51
llysiau'r-gwrid y tir âr , 51
llysiau'r-milwr coch , 41
llysiau'r-ysgyfaint coch , 51
llysiau'r-ysgyfaint difrychau , 51
llysiau'r-ysgyfaint hirddail , 51
llysiau'r-ysgyfaint Mawson , 51
llysiau-bystwn y graig , 25
llysiau-inc-coch India , 13
llysiau-inc-coch Tsieina , 13
llysiau-Llywelyn deilgrwn , 56
llysiau-Pawl America , 67
llysiau-Pawl Asia , 67
llysiau-pen-tai gwawnaidd , 29
llysiau'r-bystwn y muriau , 25
llysiau'r-llewpart dail llyriad , 66
llysiau'r-llewpart dwyreiniol , 66
llysiau'r-llewpart Harpur-Crewe , 66
llysiau'r-llewpart Willdenow , 66
llysiau'r-pryf-copyn Brasil, 70
llysiau-Solomon culddail , 81
llysiau-Solomon persawrus , 81
llysiau-Solomon yr ardd , 81
llysiau-Steffan y mynydd , 42
llysiau-Steffan yr ucheldir , 42
Lmonium normannicum , 19
Lobelia dortmanna , 59
Lobelia erinus , 59
Lobelia urens , 59
Lobularia maritima , 24
Loch Leven spearwort , 9
Loddon pondweed , 69
lodgepole pine , 6
loganberry , 31
Loiseleuria procumbens , 27
Lolium multiflorum , 75
Lolium perenne , 75
Lolium remotum , 75
Lolium rigidum , 75
Lolium temulentum , 75
Lombardy poplar , 22
London bur-marigold , 67
London plane , 11
London pride , 30
London-rocket , 23
long-bracted sedge , 74
long-headed poppy , 10
longleaf , 48
long-leaved pondweed , 69
long-spiked glasswort , 14
long-stalked crane's-bill , 46
long-stalked orache , 14
long-stalked pondweed , 69
long-stalked rape , 26
Lonicera caprifolium , 60
Lonicera henryi , 60
Lonicera involucrata , 60
Lonicera japonica , 60
Lonicera nitida , 60
Lonicera periclymenum , 60
Lonicera pileata , 60
Lonicera tartarica , 60
Lonicera x italica , 60
Lonicera xylosteum , 60
loose silky-bent , 78
lords-and-ladies , 70
Lotus angustissimus , 37
Lotus corniculatus , 37
Lotus glaber , 37
Lotus pedunculatus , 37
Lotus subbiflorus , 37
lousewort , 57
lovage , 48
love-in-a-mist , 8
love-lies-bleeding , 14
love-restoring stonecrop , 29
lucerne , 39
Lucombe oak , 12
Ludwigia palustris , 42
Luma apiculata , 41
Lunaria annua , 24
Lundy cabbage , 26
lungwort , 51
Lupinus albus , 40
Lupinus angustifolius , 40
Lupinus arboreus , 40
Lupinus nootkatensis , 40
Lupinus polyphyllus , 40
Lupinus x regalis , 40
Luronium natans , 68
Luzula arcuata , 71
Luzula campestris , 71
Luzula forsteri , 71
Luzula luzuloides , 71
Luzula multiflora , 71
Luzula pallidula , 71
Luzula pilosa , 71
Luzula spicata , 71
Luzula sylvatica , 71
Lychnis alpina , 17
Lychnis chalcedonica , 17
Lychnis coronaria , 17
Lychnis flos-cuculi , 17
Lychnis viscaria , 17
Lycium barbarum , 50
Lycium chinense , 50
Lycopersicon esculentum , 50
LYCOPODIACEAE , 1
Lycopodiella inundata , 1
Lycopodium annotinum , 1
Lycopodium clavatum , 1
Lycopus europaeus , 53
lyme-grass , 79
Lysichiton americanus , 70
Lysichiton camtschatcensis , 70
Lysimachia ciliata , 28
Lysimachia nemorum , 28
Lysimachia nummularia , 28
Lysimachia punctata , 28
Lysimachia terrestris , 28
Lysimachia thyrsiflora , 28
Lysimachia vulgaris , 28
LYTHRACEAE , 41
Lythrum hyssopifolium , 41
Lythrum junceum , 41
Lythrum portula , 41
Lythrum salicaria , 41
Macedonian pine , 7
Mackay's heath , 27
Mackay's horsetail , 1
Macleaya x kewensis , 10
madwort , 52
Mae dant y llew , 62
maenhad , 51
maenhad gwyrddlas , 51
maenhad y tir âr , 51
maeswellt Affrica , 77
maeswellt Awstralia , 77
maeswellt bach , 77
maeswellt cyffredin , 77
maeswellt garw , 77
maeswellt gwrychog , 77
maeswellt mawr , 77
maeswellt rhedegog , 77
maeswellt x barfwellt , 77
maeswellt y cŵn , 77
maeswellt y lawnt , 77
maeswellt-y-cŵn y mynydd , 77
Magellan ragwort , 66
maglys bach , 39
maglys brith , 39
maglys carpiog , 39
maglys corniog , 39
maglys cynnar , 39
maglys du , 39
maglys eddïog , 39
maglys pigog , 39
maglys rhuddlas , 39
maglys y tywod , 39
MAGNOLIIDAE , 7
MAGNOLIOPSIDA , 7
Mahonia aquifolium , 10
mahonia dail celynnog , 10
mahonia Newmarket , 10
Mahonia x decumbens , 10
Maianthemum bifolium , 81
Maianthemum kamtschaticum , 81
maiden pink , 17
maidenhair fern , 2
maidenhair spleenwort , 3
Maire cotoneaster , 36
maize , 80
Malcolmia maritima , 24
male-fern , 4
Malling toadflax , 55
Maltese star-thistle , 61
Maltese-cross , 17
Malus domestica , 34
Malus sylvestris , 34
Malus x purpurea , 34

Malva alcea , 20
Malva moschata , 20
Malva neglecta , 20
Malva nicaeensis , 20
Malva parviflora , 20
Malva pusilla , 20
Malva sylvestris , 20
Malva verticillata , 20
MALVACEAE , 20
mam miloedd , 12
mamlys , 52
man orchid , 86
mandon fach , 59
mandon las , 59
mandon las yr ŷd , 59
mandon rosliw , 59
manglen , 14
mangle-wurzel , 14
Mangrove-leaved daisy-bush , 65
mantell Fair , 32
mantell-Fair ariannaid , 32
mantell-Fair fach , 32
mantell-Fair fân-flodeuog , 32
mantell-Fair flewog , 32
mantell-Fair ganolig , 32
mantell-Fair glystyrog , 32
mantell-Fair goesfain , 32
mantell-Fair labedfain , 32
mantell-Fair ledlwyd , 32
mantell-Fair lefn , 32
mantell-Fair osgeiddig , 32
mantell-Fair Wichur , 32
mantell-Fair y bryniau , 32
mantell-Fair y gerddi , 32
mantell-Fair y mynydd , 32
mantell-Fair ysgolpiog , 32
many-flowered rose , 32
many-seeded goosefoot , 13
many-stalked spike-rush , 72
mapgoll , 32
mapgoll fawr , 32
mapgoll glan y dŵr , 32
mapgoll groesryw , 32
maple-leaved goosefoot , 13
marchalan , 64
marchddanhadlen , 50
marchrawnen fawr , 2
marchrawnen fraith , 1
marchrawnen ganghennog , 1
marchrawnen Mackay , 1
marchrawnen Moore , 1
marchrawnen Roberts , 1
marchrawnen y coed , 2
marchrawnen y cysgod , 1
marchrawnen y dŵr , 1
marchrawnen y gaeaf , 1
marchrawnen y glennydd , 1
marchrawnen y gors , 2
marchrawnen yr ardir , 1
marchredynen bêr , 4
marchredynen euraid , 4
marchredynen gennog , 4
marchredynen gribog , 4
marchredynen gul , 4
marchredynen gyffredin , 4
marchredynen lydan , 4
marchredynen y calchfaen , 4
marchredynen y Gogledd , 4
marchredynen y mynydd , 4
marchwellt , 78
marchwellt arfor , 78
marchwellt Awstralia , 78
marchwellt y coed , 78
marchwellt y twyni , 79
marchysgallen , 61
marchysgallen y gerddi , 61
marddanadl , 52
marddanhadlen ddu , 52
marddanhadlen dorddail , 52
marddanhadlen felen , 52
marddanhadlen fraith , 52
marddanhadlen goch , 52
marddanhadlen goch ddeilgron , 53
marddanhadlen wen , 52
marddanhadlen y Gogledd , 53
mare's-tail , 54
Mari lygatlas , 52
Mari waedlyd , 14
maritime pine , 6
maro , 22
marram , 77
marrow , 22
Marrubium vulgare , 53
marsh arrowgrass , 68
marsh cinquefoil , 31
marsh clubmoss , 1
marsh cudweed , 64
marsh dock , 19
marsh fern , 3
marsh fleawort , 66
marsh foxtail , 78
marsh gentian , 49
marsh hawk's-beard , 63
marsh helleborine , 85
marsh horsetail , 2
marsh lousewort , 57
marsh pea , 38
marsh pennywort , 47
marsh ragwort , 66
marsh saxifrage , 30
marsh sow-thistle , 62
marsh speedwell , 56
marsh St John's-wort , 20
marsh stitchwort , 16
marsh thistle , 61
marsh valerian , 60
marsh violet , 21
marsh willowherb , 42
marsh woundwort , 52
marsh yellow cress , 24
marsh-elder , 67
marsh-mallow , 20
marsh-marigold , 8
MARSILEACEAE , 2
martagon lily , 81
Martin's ramping-fumitory , 11
masarn Capadocia , 44
masarn dail ynn , 45
masarnen , 45
masarnen arian , 45
masarnen Capadocia , 44
masarnen dail ynn , 45
masarnen fach , 45
masarnen Norwy , 44
masterwort , 48
maswellt penwyn , 77
maswellt rhedegog , 77
mat-grass , 75
mat-grass fescue , 76
Matricaria discoidea , 66
Matricaria recutita , 66
matted sea-lavender , 19
Matteuccia struthiopteris , 3
Matthiola incana , 24
Matthiola longipetala , 24
Matthiola sinuata , 24
Mawson's lungwort , 51
Maximowicz's bamboo , 75
May lily , 81
meadow barley , 79
meadow brome , 78
meadow buttercup , 9
meadow clary , 54
meadow crane's-bill , 45
meadow fescue , 75
meadow foxtail , 78
meadow oat-grass , 76
meadow saffron , 81
meadow saxifrage , 30
meadow thistle , 61
meadow vetchling , 38
meadow-foam , 46
meadowsweet , 31
Meconopsis cambrica , 10
meddyg y bugail , 64
Medicago arabica , 39
Medicago laciniata , 39
Medicago lupulina , 39
Medicago minima , 39
Medicago polymorpha , 39
Medicago praecox , 39
Medicago sativa , 39
Medicago truncatula , 39
Mediterranean barley , 79
Mediterranean buckthorn , 44
Mediterranean hair-grass , 77
Mediterranean needle-grass , 75
Mediterranean restharrow , 39
Mediterranean rye-grass , 75
Mediterranean spurge , 43
Mediterranean stork's-bill , 46
medium-flowered winter-cress , 24
medlar , 36
mefusbren , 27
meillionen arw , 40
meillionen bendrom , 39
meillionen bigog , 40
meillionen ddeuben , 40
meillionen fefusaidd , 39
meillionen flewog , 40
meillionen fygedig , 39
meillionen gedennog , 40
meillionen glystyrog , 39
meillionen goch , 39
meillionen gulddail , 40
meillionen hopysaidd , 39
meillionen hopysaidd eiddil , 39
meillionen hopysaidd fach , 39
meillionen hopysaidd fawr , 39
meillionen Hwngaria , 40
meillionen igam-ogam , 40
meillionen rychog , 40
meillionen serennog , 40
meillionen Sweden , 39

meillionen unionsyth , 39
meillionen waetgoch , 40
meillionen welw , 40
meillionen wen , 39
meillionen wlanog , 39
meillionen wrthdro , 39
meillionen wrychog , 40
meillionen y Gorllewin , 39
meillionen y morfa , 40
meillionen ymguddiol , 40
meillionen yr Aifft , 40
meingel gwelw , 37
meingel porffor , 37
meipen , 26
meipen rêp , 26
Melampyrum arvense , 57
Melampyrum cristatum , 57
Melampyrum pratense , 57
Melampyrum sylvaticum , 57
melancholy thistle , 61
melengu , 26
melengu bêr , 26
melengu wen , 26
melengu wyllt ddi-sawr , 26
melengu'r ŷd , 26
Melica nutans , 76
Melica uniflora , 76
meligwellt pendrwm , 76
meligwellt y coed , 76
Melilotus albus , 39
Melilotus altissimus , 39
Melilotus indicus , 39
Melilotus officinalis , 39
Melilotus sulcatus , 39
Melissa officinalis , 53
Melittis melissophyllum , 53
melog y cŵn , 57
melog y waun , 57
melon , 22
melon dŵr , 22
melyn Mair , 67
melyn yr ŷd , 65
melyn yr hwyr , 42
melyn-Mair yr ŷd , 67
melynog y waun , 40
melynwy , 46
melynydd , 62
melynydd brych , 62
melynydd moel , 62
melyn-yr-ŷd coronog , 66
melyn-yr-hwyr canolig , 42
melyn-yr-hwyr mân-flodeuog , 42
melyn-yr-hwyr mawr , 42
melyn-yr-hwyr pêr , 42
melyswellt arnofiol , 76
melyswellt croesryw , 76
melyswellt llwydlas , 76
melyswellt plygedig , 76
melyswellt y gamlas , 76
memorial rose , 32
Mentha aquatica , 53
Mentha arvensis , 53
Mentha pulegium , 54
Mentha requienii , 54
Mentha spicata , 53
Mentha suaveolens , 54
Mentha x gracilis , 53
Mentha x piperita , 53
Mentha x rotundifolia , 54
Mentha x smithiana , 53
Mentha x verticillata , 53
Mentha x villosa , 53
Mentha x villosonervata , 53
MENYANTHACEAE , 51
Menyanthes trifoliata , 51
Mercurialis annua , 43
Mercurialis perennis , 43
merllys , 83
merllys gwyllt , 83
merllys yr ardd , 83
Mertensia maritima , 52
merysbren , 36
meryw'r mynydd , 7
merywen , 7
merywen y mynydd , 7
Mespilus germanica , 36
Meum athamanticum , 48
Mexican aster , 67
Mexican fleabane , 65
Mexican orange , 45
Mexican poppy , 10
Mexican tea , 13
mezereon , 41
miaren goeswen , 31
miaren oren , 31
Mibora minima , 78
Midland hawthorn , 36
milddail , 65
milddail Casnewydd , 65
milddail dal , 65
miled , 79
miled y Transvaal , 79
miled y wrach , 79
miled yr hydref , 79
miledwellt cynnar , 75
miledwellt y coed , 75
milfyw , 71
military orchid , 86
Milium effusum , 75
Milium vernale , 75
milk thistle , 61
milk-parsley , 48
milky bellflower , 58
milwr y dŵr , 68
MIMOSACEAE , 37
Mimulus guttatus , 55
Mimulus luteus , 55
Mimulus moschatus , 55
Mimulus x burnetii , 55
Mimulus x maculosus , 55
Mimulus x robertsii , 55
mind-your-own-business , 12
mintweed , 54
mintys coch , 53
mintys Corsica , 54
mintys culddail , 53
mintys danheddog , 53
mintys deilgrwn , 54
mintys gwlanog , 54
mintys lletgrwn , 53
mintys poeth , 53
mintys troellennog , 53
mintys y dŵr , 53
mintys y gath , 53
mintys yr âr , 53
mintys ysbigog , 53
mintys-y-gath yr ardd , 53
Minuartia hybrida , 15
Minuartia recurva , 15
Minuartia rubella , 15
Minuartia sedoides , 15
Minuartia stricta , 15
Minuartia verna , 15
Misopates calycinum , 56
Misopates orontium , 55
mistletoe , 43
mock-orange , 28
Modryb Leusa , 84
Moehringia trinervia , 15
Moenchia erecta , 16
Molinia caerulea , 79
Moneses uniflora , 27
monk's hood , 8
monkey orchid , 86
monkeyflower , 55
monkey-puzzle , 7
monk's rhubarb , 18
Monotropa hypopitys , 27
MONOTROPACEAE , 27
Monro's ragwort , 66
monsonia , 46
Monsonia brevirostrata , 46
montbretia , 84
Monterey cypress , 7
Monterey pine , 6
Montia fontana , 15
Montia parvifolia , 15
Montpellier broom , 40
moon carrot , 47
moonwort , 2
Moore's horsetail , 1
MORACEAE , 11
moresg America , 77
môr-ffigys onglog , 13
môr-ffigysen binc , 13
môr-ffigysen fach , 13
môr-ffigysen onglog , 13
môr-hesgen , 77
môr-hesgen America , 77
moron Awstralia , 49
moronen , 49
moronen arfor , 49
moronen Awstralia , 49
moronen y maes , 49
moronen yr ardd , 49
Morus nigra , 11
morwydden , 11
moschatel , 60
moss campion , 17
mossy sandwort , 15
mossy saxifrage , 30
mossy stonecrop , 29
moth mullein , 55
motherwort , 52
Mount Etna broom , 40
mountain avens , 32
mountain bladder-fern , 4
mountain bladder-sedge , 73
mountain bog-sedge , 74
mountain crowberry , 26
mountain currant , 29
mountain everlasting , 64
mountain male-fern , 4
mountain melick , 76

mountain pansy , 21
mountain sandwort , 15
mountain sandwort , 15
mountain scurvygrass , 25
mountain sorrel , 19
mountain willow , 23
mountain-laurel , 27
Moupin cotoneaster , 36
mouse-ear-hawkweed , 63
mousetail , 9
mousetail plant , 70
Mrs Wilson's barberry , 10
mucronate amaranth , 14
mucronate cotoneaster , 36
mudwort , 55
Muehlenbeckia complexa , 18
mugwort , 65
mung bean , 37
Munich crane's-bill , 46
murwyll arfor , 24
murwyll lledlwyd , 24
murwyll Virginia , 24
murwyll yr hwyr , 24
Muscari armeniacum , 81
Muscari botryoides , 81
Muscari comosum , 81
Muscari neglectum , 81
musk , 55
musk orchid , 85
musk stork's-bill , 46
musk thistle , 61
musk-mallow , 20
mwg-y-ddaear amrywiol , 11
mwg-y-ddaear cyffredin , 11
mwg-y-ddaear dringol , 11
mwg-y-ddaear dwysflodeuog , 11
mwg-y-ddaear glasgoch , 11
mwg-y-ddaear gorllewinol , 11
mwg-y-ddaear grymus , 11
mwg-y-ddaear gwelw , 11
mwg-y-ddaear gwyn , 11
mwg-y-ddaear mân-flodeuog , 11
mwg-y-ddaear Marthin , 11
mwg-y-ddaear melyn , 11
mwg-y-ddaear prinflodeuog , 11
mwsg , 55
mwsglys , 60
mwstard du , 26
mwstard gwyllt , 26
mwstard gwyn , 26
mwstard llwyd , 26
mwstard Tsieina , 26
Mycelis muralis , 62
mynawyd y bugail , 46
mynawydlys , 25
Myosotis alpestris , 52
Myosotis arvensis , 52
Myosotis discolor , 52
Myosotis laxa , 52
Myosotis ramosissima , 52
Myosotis scorpioides , 52
Myosotis secunda , 52
Myosotis stolonifera , 52
Myosotis sylvatica , 52
Myosoton aquaticum , 16
Myosurus minimus , 9
myrdd-ddail blodau bob yn ail , 41
myrdd-ddail troellennog , 41
myrdd-ddail ysbigog , 41
Myrica gale , 12
Myrica pensylvanica , 12
MYRICACEAE , 12
Myriophyllum alterniflorum , 41
Myriophyllum aquaticum , 41
Myriophyllum spicatum , 41
Myriophyllum verticillatum , 41
Myrrhis odorata , 47
MYRTACEAE , 41
myrtwydden Chile , 41
naiad arfor , 69
naiad ystwyth , 69
NAJADACEAE , 69
Najas flexilis , 69
Najas marina , 69
Narbonne vetch , 38
Narcissus bulbocodium , 83
Narcissus cyclamineus , 83
Narcissus minor , 83
Narcissus papyraceus , 83
Narcissus poeticus , 83
Narcissus pseudonarcissus , 83
Narcissus tazetta , 82
Narcissus triandrus , 83
Narcissus x incomparabilis , 83
Narcissus x medioluteus , 83
Narcissus x odorus , 83
Nardus stricta , 75
Narihira bamboo , 75
narrow buckler-fern , 4
narrow clover , 40
narrow small-reed , 77
narrow-fruited cornsalad , 60
narrow-fruited water-cress , 24
narrow-leaved arrowhead , 68
narrow-leaved bird's-foot-trefoil , 37
narrow-leaved bitter-cress , 24
narrow-leaved cudweed , 64
narrow-leaved eelgrass , 70
narrow-leaved everlasting-pea , 38
narrow-leaved hawk's-beard , 63
narrow-leaved helleborine , 85
narrow-leaved lungwort , 51
narrow-leaved lupin , 40
narrow-leaved marsh-orchid , 86
narrow-leaved meadow-grass , 76
narrow-leaved Michaelmas-daisy , 64
narrow-leaved pepperwort , 25
narrow-leaved ragwort , 66
narrow-leaved water-dropwort , 47
narrow-leaved water-plantain , 68
narrow-lipped helleborine , 85
Narthecium ossifragum , 80
nasturtium , 46
navelwort , 29
Nectaroscordum siculum , 82
neddwellt , 78
neddwellt y Dwyrain , 78
needle spike-rush , 72
Neopolitan garlic , 82
Neotinea maculata , 86
Neottia nidus-avis , 85
Nepal persicaria , 18
Nepeta cataria , 53
Nepeta x faassenii , 53
nertera , 59
Nertera granadensis , 59
neslia bellennog , 25
Neslia paniculata , 25
net-leaved willow , 23
nettle-leaved bellflower , 58
nettle-leaved goosefoot , 13
nettle-leaved Michaelmas-daisy , 64
nettle-leaved mullein , 55
New Forest crowfoot , 9
New Zealand bitter-cress , 24
New Zealand broadleaf , 42
New Zealand everlasting-flower , 64
New Zealand flax , 84
New Zealand holly , 65
New Zealand mallow , 20
New Zealand pennywort , 47
New Zealand pigmyweed , 29
New Zealand spinach , 13
New Zealand willowherb , 42
Newman's lady-fern , 3
Newmarket Oregon-grape , 10
Nicandra physalodes , 50
Nicotiana alata , 50
Nicotiana forgetiana , 50
Nicotiana rustica , 50
Nicotiana tabacum , 50
Nigella damascena , 8
Niger , 67
night-flowering catchfly , 17
night-scented stock , 24
ninebark , 30
nionyn , 82
nionyn Cymreig , 82
nionyn gwyllt , 82
nionyn hau , 82
nipplewort , 62
nit-grass , 78
nitre goosefoot , 13
noble fir , 6
nodding bristle-grass , 80
nodding bur-marigold , 67
nodding catchfly , 17
nodding clover , 39
nodwydd y bugail , 47
nonesuch daffodil , 83
Nootka cypress , 7
Nootka lupin , 40
Nordic bladderwort , 58
Norfolk everlasting-pea , 38
Norfolk skullcap , 53
northern bedstraw , 59
northern buckler-fern , 4
northern dead-nettle , 53
northern dock , 18
northern hawk's-beard , 63
northern knotgrass , 18
northern marsh-orchid , 85
northern rock-cress , 24
northern spike-rush , 72
northern yellow-cress , 24
Norway maple , 44
Norway spruce , 6
Norwegian mugwort , 65
Nothofagus nervosa , 12
Nothofagus obliqua , 12
Nothoscordum borbonicum , 82
Nottingham catchfly , 17
Nuphar advena , 8
Nuphar lutea , 8

Nuphar pumila , 8
Nuphar spenneriana , 8
Nuttall's waterweed , 68

Nymphaea alba , 8
NYMPHAEACEAE , 8
Nymphoides peltata , 51
oak fern , 3
oak-leaved goosefoot , 13
oat , 77
oblong woodsia , 4
oblong-leaved sundew , 21
obovate-leaved dock , 19
obscure Cotoneaster , 36
ocean spray , 31
Ochagavia carnea , 80
Odontites jaubertianus , 57
Odontites vernus , 57
Oemleria cerasiformis , 33
Oenanthe aquatica , 48
Oenanthe crocata , 48
Oenanthe fistulosa , 47
Oenanthe fluviatilis , 48
Oenanthe lachenalii , 47
Oenanthe pimpinelloides , 47
Oenanthe silaifolia , 47
Oenothera biennis , 42
Oenothera cambrica , 42
Oenothera glazioviana , 42
Oenothera stricta , 42
Oenothera x fallax , 42
oestrwydden , 12
oil-seed rape , 25
olbrain , 25
olbrain bach , 25
OLEACEAE , 55
Olearia avicenniifolia , 65
Olearia macrodonta , 65
Olearia paniculata , 65
Olearia traversii , 65
Olearia x haastii , 65
oleaster , 41
oleaster llydanddail , 41
olive willow , 23
Omphalodes verna , 52
ONAGRACEAE , 42
one-flowered glasswort , 14
one-flowered wintergreen , 27
one-glumed hard-grass , 76
one-stoned cotoneaster , 35
onion , 82
onnen , 55
Onobrychis viciifolia , 37
Onoclea sensibilis , 3
Ononis alopecuroides , 39
Ononis baetica , 39
Ononis mitissima , 39
Ononis natrix , 38
Ononis reclinata , 38
Ononis repens , 38
Ononis spinosa , 38
Onopordum acanthium , 61
Onopordum nervosum , 61
open-fruited cotoneaster , 35
OPHIOGLOSSACEAE , 2
Ophioglossum azoricum , 2
Ophioglossum lusitanicum , 2
Ophioglossum vulgatum , 2
Ophrys apifera , 86
Ophrys fuciflora , 86
Ophrys insectifera , 86
Ophrys sphegodes , 86
opium poppy , 10
opposite-leaved golden-saxifrage , 30
opposite-leaved pondweed , 69
orange balsam , 46
orange bird's-foot , 37
orange bladder-senna , 37
orange day-lily , 80
orange foxtail , 78
orange mullein , 55
Orange-ball-tree , 54
orange-peel clematis , 9
ORCHIDACEAE , 85
Orchis mascula , 86
Orchis militaris , 86
Orchis morio , 86
Orchis purpurea , 86
Orchis simia , 86
Orchis ustulata , 86
Oregon-grape , 10
Oreopteris limbosperma , 3
Oriental hawthorn , 36
oriental poppy , 10
Origanum majorana , 53
Origanum vulgare , 53
ornamental rhubarb , 18
Ornithogalum angustifolium , 81
Ornithogalum nutans , 81
Ornithogalum pyrenaicum , 81
Ornithopus compressus , 37
Ornithopus perpusillus , 37
Ornithopus pinnatus , 37
Ornithopus sativus , 37
OROBANCHACEAE, 57
Orobanche alba , 58
Orobanche artemisiae-campestris , 58
Orobanche caryophyllacea , 57
Orobanche crenata , 58
Orobanche elatior , 57
Orobanche hederae , 58
Orobanche minor , 58
Orobanche purpurea , 57
Orobanche rapum-genistae , 57
Orobanche reticulata , 58
orpine , 29
Orthilia secunda , 27
Oryzopsis miliacea , 75
Oscularia deltoides , 13
osier , 23
Osmunda regalis , 2
OSMUNDACEAE , 2
osoberry , 33
ostrich fern , 3
Otanthus maritimus , 65
oval sedge , 73
OXALIDACEAE , 45
Oxalis acetosella , 45
Oxalis articulata , 45
Oxalis corniculata , 45
Oxalis debilis , 45
Oxalis decaphylla , 45
Oxalis dillenii , 45
Oxalis exilis , 45
Oxalis incarnata , 45
Oxalis latifolia , 45
Oxalis megalorrhiza , 45
Oxalis pes-caprae , 45
Oxalis rosea , 45
Oxalis stricta , 45
Oxalis tetraphylla , 45
Oxalis valdiviensis , 45
ox-eye daisy , 66
Oxford ragwort , 66
Oxford rampion , 59
oxlip , 28
oxtongue broomrape , 58
Oxyria digyna , 19
Oxytropis campestris , 37
Oxytropis halleri , 37
oysterplant , 52
pabi Califfornia , 10
pabi coch , 10
pabi corniog melyn , 10
pabi Cymreig , 10
pabi hirben , 10
pabi Mecsico , 10
pabi penbigog , 10
pabi penwrychog , 10
pabi pluog croesryw , 10
pabi'r Atlas , 10
pabïau penwrychog , 10
pabïau pluog croesryw , 10
Pachysandra terminalis , 43
Paeonia mascula , 19
Paeonia officinalis , 19
PAEONIACEAE , 19
paladr trwyddo bach , 48
paladr trwyddo crymanddail , 48
paladr trwyddo deilgrwn , 48
paladr trwyddo eiddilddail , 48
paladr y wal , 11
paladr-y-wal dwyreiniol , 12
pale bladderwort , 58
pale bridewort , 30
pale butterwort , 58
pale cabbage , 26
pale corydalis , 11
pale dewplant , 13
pale dog-violet , 21
pale flax , 44
pale forget-me-not , 52
pale galingale , 72
pale persicaria , 18
pale pink-sorrel , 45
pale sedge , 74
pale St John's-wort , 20
pale stonecrop , 29
pale toadflax , 56
pale weasel's-snout , 56
pale willowherb , 42
pale yellow-eyed-grass , 83
palmwydd bresych , 84
palmwydden fresych , 84
pampas-grass , 79
panasen , 48
panasen wyllt , 48
panasen-y-dŵr gulddail , 47
panasen-y-dŵr lydanddail , 47
Pancratium maritimum , 83
Panicum capillare , 79
Panicum dichotomiflorum , 79
Panicum miliaceum , 79
Panicum schinzii , 79

pannas-y-dŵr culddail , 47
pannas-y-dŵr llydanddail , 47
pannog borffor , 55
pannog dail danadl , 55
pannog ddwysflodeuog , 55
pannog dywyll , 55
pannog fain , 55
pannog felen , 55
pannog Hwngaria , 55
pannog lwyd , 55
pannog oren , 55
pannog sidanaidd , 55
pannog wen , 55
pannog y Cawcasws , 55
pannog y gwyfyn , 55
Papaver argemone , 10
Papaver atlanticum , 10
Papaver dubium , 10
Papaver hybridum , 10
Papaver pseudoorientale , 10
Papaver rhoeas , 10
Papaver somniferum , 10
PAPAVERACEAE , 10
paper-white daffodil , 83
Parapholis incurva , 76
Parapholis strigosa , 76
Parentucellia viscosa , 57
Parietaria judaica , 11
Parietaria officinalis , 12
Paris quadrifolia , 81
Parnassia palustris , 30
parrot's feather , 41
parsley fern , 2
parsley water-dropwort , 47
parsley-piert , 32
parsnip , 48
Parthenocissus inserta , 44
Parthenocissus quinquefolia , 44
Parthenocissus tricuspidata , 44
Paspalum distichum , 80
pasque-flower , 9
Pastinaca sativa , 48
Patagonian brome , 78
patience dock , 18
Paulownia tomentosa , 55
pawrwellt bach , 78
pawrwellt blewog , 78
pawrwellt bylchog , 78
pawrwellt caletsyth , 78
pawrwellt Califfornia , 78
pawrwellt cryno , 78
pawrwellt cryno bach , 78
pawrwellt cyffredin , 78
pawrwellt De America , 78
pawrwellt Hwngaria , 78
pawrwellt hysb , 78
pawrwellt llyfn , 78
pawrwellt main , 78
pawrwellt mawr , 78
pawrwellt min y ffordd , 78
pawrwellt Patagonia , 78
pawrwellt pendrwm , 78
pawrwellt penfawr , 78
pawrwellt porthi , 78
pawrwellt Smith , 78
pawrwellt talsyth , 78
pawrwellt Thunberg , 78
pawrwellt y ddôl , 78
pawrwellt y maes , 78
pawrwellt-Califfornia blewog , 78
peach , 33
peach-leaved bellflower , 58
pear , 34
pear-fruited cockspurthorn , 36
pearlwort spurrey , 16
pearly everlasting , 64
Pedicularis palustris , 57
Pedicularis sylvatica , 57
pedunculate oak , 12
pedunculate sea-purslane , 14
pedunculate water-starwort , 54
pedwar-ban-byd Barker , 57
pedwar-ban-byd Dieffenbach , 57
pedwar-ban-byd helygddail , 57
pedwar-ban-byd Hooker , 57
pedwar-ban-byd Lewis , 57
pedwar-ban-byd y berth , 57
pefrwellt , 77
pefrwellt bach , 77
pefrwellt coliog , 77
pefrwellt dyrys , 77
pefrwellt goddfog , 77
pefrwellt yr adar , 77
peisgwellt barfog , 76
peisgwellt cynffon gwiwer , 76
peisgwellt unochrog , 76
peisgwellt y fagwyr , 76
peisgwellt y twyni , 76
peisrygwellt , 75
peisrygwellt croesryw , 75
peiswellt , 75
peiswellt amryddail , 75
peiswellt bywhiliog , 75
peiswellt caled , 75
peiswellt Chewing , 75
peiswellt coch , 75
peiswellt dail brwyn , 75
peiswellt glas , 75
peiswellt Huon , 75
peiswellt Leman , 75
peiswellt Llydaw , 75
peiswellt mawr , 75
peiswellt meinddail , 75
peiswellt tal , 75
peiswellt y coed , 75
peiswellt y defaid , 75
peiswellt ysbigog , 75
peithwellt , 79
peithwellt cynnar , 79
Pelargonium tomentosum , 46
pelenllys gronynnog , 2
pellitory-of-the-wall , 11
pencilled crane's-bill , 45
pendulous sedge , 73
penfachog garw , 67
penfachog pigog , 67
penfachog yr Ariannin , 67
pengaled Rwsia , 61
pengaled seraidd Malta , 61
penigan barfog , 17
penigan cyffredin , 17
penigan epilgar , 17
penigan Ffrainc , 17
penigan Gwlad yr Haf , 17
penigan pêr , 17
penigan toreithiog , 17
penigan tormaen , 17
penigan y forwyn , 17
penigan y porfeydd , 17
pennyroyal , 54
penrhudd , 53
penrhudd yr ardd , 53
Pentaglottis sempervirens , 51
peony , 19
peppermint , 53
peppermint-scented geranium , 46
pepper-saxifrage , 48
peradyl bach , 62
peradyl cennog , 62
peradyl garw , 62
peradyl yr hydref , 62
perennial candytuft , 25
perennial centaury , 49
perennial cornflower , 61
perennial cup-grass , 80
perennial flax , 44
perennial glasswort , 14
perennial knawel , 16
perennial pigweed , 15
perennial ragweed , 67
perennial rocket , 23
perennial rye-grass , 75
perennial sow-thistle , 62
perennial sunflower , 67
perennial wall-rocket , 25
perennial yellow-woundwort , 52
perfagl fach , 49
perfagl fawr , 49
perfagl serennog , 49
perfoliate alexanders , 47
perfoliate honeysuckle , 60
perfoliate penny-cress , 25
perfoliate pepperwort , 25
perfoliate pondweed , 69
perforate St John's-wort , 19
Pericallis hybrida , 66
perllys y cerrig , 48
perllys yr ŷd , 48
Persian ivy , 46
Persicaria alpina , 17
Persicaria amphibia , 18
Persicaria amplexicaulis , 18
Persicaria bistorta , 17
Persicaria campanulata , 17
Persicaria hydropiper , 18
Persicaria lapathifolia , 18
Persicaria maculosa , 18
Persicaria minor , 18
Persicaria mitis , 18
Persicaria mollis , 17
Persicaria nepalensis , 18
Persicaria pensylvanica , 18
Persicaria sagittata , 18
Persicaria vivipara , 18
Persicaria wallichii , 17
Persicaria weyrichii , 17
persli , 48
Peruvian lily , 83
perwellt barfog , 77
perwellt santaidd , 77
perwellt y gwanwyn , 77
Petasites albus , 67
Petasites fragrans , 67
Petasites hybridus , 67

Petasites japonicus , 67
Petrorhagia nanteuilii , 17
Petrorhagia prolifera , 17
Petrorhagia saxifraga , 17
Petroselinum crispum , 48
Petroselinum segetum , 48
petty spurge , 43
petty whin , 40
petunia , 50
Petunia x hybrida , 50
petwnia , 50
Peucedanum officinale , 48
Peucedanum ostruthium , 48
Peucedanum palustre , 48
phacelia , 51
Phacelia tanacetifolia , 51
Phalaris aquatica , 77
Phalaris arundinacea , 77
Phalaris brachystachys , 77
Phalaris canariensis , 77
Phalaris minor , 77
Phalaris paradoxa , 77
Phaseolus coccineus , 37
Phaseolus vulgaris , 37
pheasant's-eye , 9
pheasant's-eye daffodil , 83
Phegopteris connectilis , 3
Philadelphus coronarius , 28
Philadelphus x virginalis , 28
Phleum alpinum , 78
Phleum arenarium , 78
Phleum bertolonii , 78
Phleum phleoides , 78
Phleum pratense , 78
Phlomis fruticosa , 53
Phlomis russeliana , 53
phlox , 51
Phlox paniculata , 51
Phormium cookianum , 84
Phormium tenax , 84
Photinia davidiana , 35
Phragmites australis , 79
Phuopsis stylosa , 59
Phygelius capensis , 55
Phyllitis scolopendrium , 3
Phyllodoce caerulea , 27
Phymatosorus diversifolius , 2
Physalis alkekengi , 50
Physalis ixocarpa , 50
Physalis peruviana , 50
Physocarpus opulifolius , 30
Physospermum cornubiense , 48
Phyteuma orbiculare , 59
Phyteuma scheuchzeri , 59
Phyteuma spicatum , 59
Phytolacca acinosa , 13
Phytolacca polyandra , 13
PHYTOLACCACEAE , 13
pibennog , 70
piblys , 23
Picea abies , 6
Picea engelmannii , 6
Picea glauca , 6
Picea omorika , 6
Picea sitchensis , 6
pick-a-back plant , 30
pickerelweed , 80
picrelys , 80
Picris echioides , 62
Picris hieracioides , 62
pidyn y gog , 70
pidyn-y-gog Americanaidd , 70
pidyn-y-gog Asiaidd , 70
pidyn-y-gog Eidalaidd , 70
pidyn-y-gog porffor , 70
pidyn-y-gog y gors , 70
pig y crëyr , 46
pig yr aran , 46
pigmy rush , 71
pigmyweed , 29
pignut , 47
pig-y-crëyr arfor , 46
pig-y-crëyr dail hocys , 46
pig-y-crëyr dair llabed , 46
pig-y-crëyr ddwyreiniol , 46
pig-y-crëyr fer-ffrwythog , 46
pig-y-crëyr fwsg , 46
pig-y-crëyr ludiog , 46
pig-y-crëyr Manescau , 46
pig-y-crëyr orllewinol , 46
pig-y-crëyr sypiog , 46
pig-yr-aran Alderney , 46
pig-yr-aran borffor , 46
pig-yr-aran chwarennol , 46
pig-yr-aran Druce , 45
pig-yr-aran fân-flodeuog , 46
pig-yr-aran Ffrainc , 45
pig-yr-aran glymog , 45
pig-yr-aran grynddail , 45
pig-yr-aran Himalaiaidd , 45
pig-yr-aran hirgoes , 46
pig-yr-aran larpiog , 46
pig-yr-aran loywddail , 46
pig-yr-aran lygatddu , 45
pig-yr-aran Munich , 46
pig-yr-aran resog , 45
pig-yr-aran ruddgoch , 46
pig-yr-aran wreiddfawr , 46
pig-yr-aran y Cawcasws , 46
pig-yr-aran y coed , 45
pig-yr-aran y gwrych , 46
pig-yr-aran y weirglodd , 45
pill sedge , 74
pillwort , 2
Pilosella aurantiaca , 63
Pilosella caespitosa , 63
Pilosella flagellaris , 63
Pilosella officinarum , 63
Pilosella peleteriana , 63
Pilosella praealta , 63
Pilosella x floribunda , 63
Pilularia globulifera , 2
Pimpinella major , 47
Pimpinella saxifraga , 47
pin cherry , 33
PINACEAE , 6
pineapple weed , 66
Pinguicula alpina , 58
Pinguicula grandiflora , 58
Pinguicula lusitanica , 58
Pinguicula vulgaris , 58
pink , 17
pink purslane , 15
pink shepherd's purse , 25
pink water-speedwell , 56
pink woodruff , 59
pink-sorrel , 45
pinkweed , 18
pinnate coralroot , 24
PINOPSIDA , 6
Pinus contorta , 6
Pinus mugo , 6
Pinus nigra: , 6
Pinus peuce , 7
Pinus pinaster , 6
Pinus ponderosa , 6
Pinus radiata , 6
Pinus ssp. laricio , 6
Pinus ssp. nigra , 6
Pinus strobus , 6
Pinus sylvestris , 6
Pinus wallichiana , 7
pinwydden arfor , 6
pinwydden Awstria , 6
pinwydden Bhwtan , 7
pinwydden Corsica , 6
pinwydden gamfrig , 6
pinwydden gochfrig , 6
pinwydden Macedonia , 7
pinwydden Monterey , 6
pinwydden wen , 6
pinwydden y mynydd , 6
pinwydden yr Alban , 6
pipewort , 70
pirri-pirri , 32
pirri-pirri efydd , 32
pirri-pirri llyfn , 32
pirri-pirri pigog , 32
pirri-pirri-bur , 32
piserlys , 21
pisgwydd dail bach , 20
pisgwydd dail mawr , 20
pisgwydden , 20
pisgwydden dail bach , 20
pisgwydden dail mawr , 20
Pisum sativum , 38
piswydd bythwyrdd , 43
piswydd deilfawr , 43
piswydden , 43
piswydden ddeilfawr , 43
piswydden fythwyrdd , 43
pitcherplant , 21
pitseed goosefoot , 13
PITTOSPORACEAE , 28
Pittosporum crassifolium , 28
Pittosporum tenuifolium , 28
Plagiobothrys scouleri , 52
plain harlequin flower , 84
plain treasure flower , 64
PLANTAGINACEAE , 54
Plantago afra , 54
Plantago arenaria , 54
Plantago coronopus , 54
Plantago lanceolata , 54
Plantago major , 54
Plantago maritima , 54
Plantago media , 54
plantain-leaved leopard's-bane , 66
planwydd Llundain , 11
planwydden Llundain , 11
PLATANACEAE , 11
Platanthera bifolia , 85
Platanthera chlorantha , 85
Platanus x hispanica , 11

pleated snowdrop , 82
Pleioblastus chino , 75
Pleioblastus pygmaeus , 75
Pleioblastus simonii , 75
plicate sweet-grass , 76
Plot's elm , 11
ploughman's-spikenard , 64
plu'r gweunydd , 72
plu'r gweunydd eiddil , 72
plu'r gweunydd llydanddail , 72
plu'r gweunydd unben , 72
plucen felen , 37
pluddail y dŵr , 28
pluen parot , 41
plufwellt America , 75
plufwellt Môr y Canoldir , 75
plum , 33
PLUMBAGINACEAE , 19
Plymouth pear , 34
Plymouth thistle , 61
Poa alpina , 76
Poa angustifolia , 76
Poa annua , 76
Poa bulbosa , 76
Poa chaixii , 76
Poa compressa , 76
Poa flabellata , 76
Poa flexuosa , 76
Poa glauca , 76
Poa humilis , 76
Poa infirma , 76
Poa nemoralis , 76
Poa palustris , 76
Poa pratensis , 76
Poa trivialis , 76
Poa x jemtlandica , 76
POACEAE , 75
POLEMONIACEAE , 51
Polemonium caeruleum , 51
Polycarpon tetraphyllum , 16
Polygala amarella , 44
Polygala calcarea , 44
Polygala serpyllifolia , 44
Polygala vulgaris , 44
POLYGALACEAE , 44
POLYGONACEAE , 17
Polygonatum multiflorum , 81
Polygonatum odoratum , 81
Polygonatum verticillatum , 81
Polygonatum x hybridum , 81
Polygonum arenarium , 18
Polygonum arenastrum , 18
Polygonum aviculare , 18
Polygonum boreale , 18
Polygonum maritimum , 18
Polygonum oxyspermum , 18
Polygonum patulum , 18
Polygonum rurivagum , 18
POLYPODIACEAE , 2
Polypodium cambricum , 2
Polypodium interjectum , 2
Polypodium vulgare , 2
polypody , 2
Polypogon monspeliensis , 78
Polypogon viridis , 78
Polystichum aculeatum , 4
Polystichum lonchitis , 4
Polystichum munitum , 4
Polystichum setiferum , 4
pond water-crowfoot , 9
Pontederia cordata , 80
PONTEDERIACEAE , 80
Pontic blue-sow-thistle , 62
poplys "Gigantea" , 22
poplys balm Gilead , 22
poplys du , 22
poplys Lombardi , 22
poplysen "Balsam Spire" , 22
poplysen balm Gilead , 22
poplysen Berlin , 22
poplysen ddu , 22
poplysen ddu groesryw , 22
poplysen ddu groesryw'r Eidal , 22
poplysen enfawr , 22
poplysen falmaidd y Dwyrain , 22
poplysen falmaidd y Gorllewin , 22
poplysen hael , 22
poplysen Lombardi , 22
poplysen lwyd , 22
poplysen wen , 22
Populus 'Balsam Spire' , 22
Populus 'Gigantea' , 22
Populus alba , 22
Populus balsamifera , 22
Populus nigra , 22
Populus nigra 'Italica' , 22
Populus tremula , 22
Populus trichocarpa , 22
Populus x berolinensis , 22
Populus x canadensis , 22
Populus x canadensis cylt.Serotina , 22
Populus x canescens , 22
Populus x generosa , 22
Populus x jackii , 22
porpin , 15
porpin Gwlad yr Iâ , 18
porpin manddail , 15
porpin pinc , 15
porpin y ffynnon , 15
porpin y gwanwyn , 15
Portland spurge , 43
Portugal laurel , 33
Portuguese heath , 27
Portuguese squill , 81
Portulaca oleracea , 15
PORTULACACEAE , 15
pot marigold , 67
pot marjoram , 53
Potamogeton acutifolius , 69
Potamogeton alpinus , 69
Potamogeton berchtoldii , 69
Potamogeton coloratus , 69
Potamogeton compressus , 69
Potamogeton crispus , 69
Potamogeton epihydrus , 69
Potamogeton filiformis , 69
Potamogeton friesii , 69
Potamogeton gramineus , 69
Potamogeton lucens , 69
Potamogeton natans , 69
Potamogeton nodosus , 69
Potamogeton obtusifolius , 69
Potamogeton pectinatus , 69
Potamogeton perfoliatus , 69
Potamogeton polygonifolius , 69
Potamogeton praelongus , 69
Potamogeton pusillus , 69
Potamogeton rutilus , 69
Potamogeton trichoides , 69
Potamogeton x cooperi , 69
Potamogeton x lintonii , 69
Potamogeton x nitens , 69
Potamogeton x olivaceus , 69
Potamogeton x salicifolius , 69
Potamogeton x sparganiifolius , 69
Potamogeton x suecicus , 69
Potamogeton x zizii , 69
POTAMOGETONACEAE , 69
potato , 50
Potentilla anglica , 31
Potentilla anserina , 31
Potentilla argentea , 31
Potentilla crantzii , 31
Potentilla erecta , 31
Potentilla fruticosa , 31
Potentilla inclinata , 31
Potentilla intermedia , 31
Potentilla neumanniana , 31
Potentilla norvegica , 31
Potentilla palustris , 31
Potentilla recta , 31
Potentilla reptans , 31
Potentilla rivalis , 31
Potentilla rupestris , 31
Potentilla sterilis , 31
Potentilla x mixta , 31
Pott's montbretia , 84
Powell's amaranth , 14
Powell's Cape-lily , 82
prairie cord-grass , 79
prairie mallow , 21
prairie rose , 32
Pratia angulata , 59
pren bocs , 43
pren bocs carped , 43
pren melyn , 10
pren melyn clystyrog , 10
pren melyn culddail , 10
pren melyn dail bocs , 10
pren melyn Darwin , 10
pren melyn Gagnepain , 10
pren melyn mawr , 10
pren melyn Thunberg , 10
pren melyn Tsieina , 10
pren melyn Wilson , 10
pren y ddannoedd , 29
prickly heath , 27
prickly lettuce , 62
prickly mallow , 20
prickly poppy , 10
prickly saltwort , 14
prickly sedge , 73
prickly sow-thistle , 62
pride-of-India , 44
primrose , 28
primrose-peerless , 83
Primula auricula , 28
Primula elatior , 28
Primula farinosa , 28
Primula florindae , 28
Primula japonica , 28
Primula scotica , 28
Primula sikkimensis , 28
Primula veris , 28

Primula vulgaris , 28
Primula x polyantha , 28
PRIMULACEAE , 28
prince's-feather , 15
Probst's goosefoot , 13
procer poeth , 81
procer poeth mawr , 81
procumbent cotoneaster , 35
procumbent pearlwort , 16
procumbent yellow-sorrel , 45
proliferous pink , 17
prostrate pigweed , 15
prostrate toadflax , 56
Prunella laciniata , 53
Prunella vulgaris , 53
Prunus avium , 33
Prunus cerasifera , 33
Prunus cerasus , 33
Prunus domestica , 33
Prunus dulcis , 33
Prunus incisa , 33
Prunus laurocerasus , 33
Prunus lusitanica , 33
Prunus mahaleb , 33
Prunus padus , 33
Prunus pensylvanica , 33
Prunus persica , 33
Prunus serotina , 33
Prunus serrulata , 33
Prunus spinosa , 33
Przewalskii's leopard-plant , 66
Pseudofumaria alba , 11
Pseudofumaria lutea , 11
Pseudorchis albida , 85
Pseudosasa japonica , 75
Pseudotsuga menziesii , 6
Psoralea americana , 37
PTERIDACEAE , 2
Pteridium aquilinum , 3
Pteris cretica , 2
Pterocarya fraxinifolia , 12
PTEROPSIDA , 2
Puccinellia distans , 76
Puccinellia fasciculata , 76
Puccinellia maritima , 76
Puccinellia rupestris , 76
Pulicaria dysenterica , 64
Pulicaria vulgaris , 64
Pulmonaria 'Mawson's Blue' , 51
Pulmonaria longifolia , 51
Pulmonaria obscura , 51
Pulmonaria officinalis , 51
Pulmonaria rubra , 51
Pulsatilla vulgaris , 9
pumnalen ariannaid , 31
pumnalen dalsyth , 31
pumnalen groesryw , 31
pumnalen lwyd , 31
pumnalen Norwy , 31
pumnalen orweddol , 31
pumnalen Rwsia , 31
pumnalen y gors , 31
pumnalen y graig , 31
pumnalen y gwanwyn , 31
pumnalen y mynydd , 31
pumnalen y nant , 31
pumnalen ymlusgol , 31
pumpkin , 22
puprennau melys , 50
pupryn melys , 50
pupur y fagwyr , 29
pupurlys Affrica , 25
pupurlys amryddail , 25
pupurlys bach , 25
pupurlys culddail , 25
pupurlys liwyd , 25
pupurlys llydanddail , 25
pupurlys tal , 25
pupurlys trydwll , 25
pupurlys y maes , 25
pupurlys yr ardd , 25
pupurlys yr Ariannin , 25
pupysen , 38
purple amaranth , 14
purple clematis , 9
purple coltsfoot , 67
purple crab , 34
purple crane's-bill , 46
purple dewplant , 13
purple glasswort , 14
purple gromwell , 51
purple iris , 83
purple loosestrife , 41
purple milk-vetch , 37
purple moor-grass , 79
purple mullein , 55
purple oxytropis , 37
purple potato , 50
purple ragwort , 66
purple ramping-fumitory , 11
purple saxifrage , 30
purple small-reed , 77
purple spurge , 43
purple stem cat's-tail , 78
purple toadflax , 56
purple toothwort , 57
purple vetch , 38
purple viper's-bugloss , 51
purple willow , 23
purpleberry cotoneaster , 35
purple-flowered cotoneaster , 36
purple-flowered raspberry , 31
pwmpen , 22
pwrs y bugail , 25
pwrs-y-bugail gwridog , 25
Pyracantha coccinea , 36
Pyracantha rogersiana , 36
pyramidal bugle , 53
pyramidal orchid , 85
Pyrenean columbine , 10
Pyrenean lily , 81
Pyrenean saxifrage , 30
Pyrenean scurvygrass , 25
Pyrenean squill , 81
Pyrenean valerian , 60
Pyrenean violet , 58
Pyrola media , 27
Pyrola minor , 27
Pyrola rotundifolia , 27
PYROLACEAE , 27
Pyrus communis , 34
Pyrus cordata , 34
Pyrus pyraster , 34
pysen bêr , 38
pysen gramennog , 37
pysen yr ardd , 38
pysen-y-ceirw , 37
pysen-y-ceirw eiddil , 37
pysen-y-ceirw fawr , 37
pysen-y-ceirw flewog , 37
pysen-y-ceirw gulddail , 37
pysgodyn , 35
quaking-grass , 76
Queen Olga's snowdrop , 82
Queensland hemp , 20
Quercus canariensis , 12
Quercus cerris , 12
Quercus ilex , 12
Quercus petraea , 12
Quercus robur , 12
Quercus rubra , 12
Quercus x crenata , 12
quillwort , 1
quince , 33
Radiola linoides , 44
radish , 26
ragged-robin , 17
ragweed , 67
ramonda , 58
Ramonda myconi , 58
rampion bellflower , 58
ramsons , 82
Rannoch-rush , 68
RANUNCULACEAE , 8
Ranunculus aconitifolius , 9
Ranunculus acris , 9
Ranunculus aquatilis , 9
Ranunculus arvensis , 9
Ranunculus auricomus , 9
Ranunculus baudotii , 9
Ranunculus bulbosus , 9
Ranunculus circinatus , 9
Ranunculus ficaria , 9
Ranunculus flammula , 9
Ranunculus fluitans , 9
Ranunculus hederaceus , 9
Ranunculus lingua , 9
Ranunculus marginatus , 9
Ranunculus muricatus , 9
Ranunculus novae-forestae , 9
Ranunculus omiophyllus , 9
Ranunculus ophioglossifolius , 9
Ranunculus paludosus , 9
Ranunculus parviflorus , 9
Ranunculus peltatus , 9
Ranunculus penicillatus , 9
Ranunculus repens , 9
Ranunculus reptans , 9
Ranunculus sardous , 9
Ranunculus sceleratus , 9
Ranunculus trichophyllus , 9
Ranunculus tripartitus , 9
Ranunculus x bachii , 9
Ranunculus x kelchoensis , 9
Ranunculus x levenensis , 9
rape , 25
Raphanus raphanistrum , 26
Raphanus sativus , 26
Rapistrum perenne , 26
Rapistrum rugosum , 26
rare spring-sedge , 74
raspberry , 31
rat's-tail fescue , 76
rauli , 12

Ray's knotgrass , 18
rayed tansy , 65
recurved sandwort , 15
red alder , 12
red bartsia , 57
red bistort , 18
red buffalo-bur , 50
red campion , 17
red chokeberry , 35
red clover , 39
red corn-lily , 84
red currant , 29
red dead-nettle , 52
red false-buck's-beard , 29
red fescue , 75
red goosefoot , 13
red helleborine , 85
red hemp-nettle , 53
red horse-chestnut , 44
red jasmine , 55
red lungwort , 51
red nightshade , 50
red oak , 12
red pondweed , 69
red rose , 32
red star-thistle , 61
red tobacco , 50
red valerian , 60
red-berried elder , 59
red-hot poker , 81
red-knotgrass , 18
red-leaved rose , 33
red-osier dogwood , 42
redshank , 18
red-tipped cudweed , 64
reed canary-grass , 77
reed sweet-grass , 76
reflexed salt-marsh-grass , 76
reflexed stonecrop , 29
reinecia , 81
Reineckea , 81
Reineckea carnea , 81
reis miled , 75
reis y gwter , 75
remote sedge , 73
rêp , 25
rêp Ethiopia , 26
rêp had olew , 25
rêp hirgoes , 26
rescue brome , 78
Reseda alba , 26
Reseda lutea , 26
Reseda luteola , 26
Reseda odorata , 26
Reseda phyteuma , 26
RESEDACEAE , 26
reticulate thistle , 61
reversed clover , 39
rhafnwydd bythwyrdd , 44
rhafnwydd y môr , 41
rhafnwydden , 44
rhafnwydden fythwyrdd , 44
rhafnwydden y môr , 41
RHAMNACEAE , 44
Rhamnus alaternus , 44
Rhamnus cathartica , 44
rhawn y gaseg , 54
rhedyn , 2
rhedynach teneuwe Tunbridge , 2
rhedynach teneuwe Wilson , 2
rhedynen bêr y mynydd , 3
rhedynen bersli , 2
rhedynen Cilarne , 2
rhedynen Creta , 2
rhedynen dridarn , 3
rhedynen estrys , 3
rhedynen Fair , 3
rhedynen gangarŵ , 2
rhedynen gelyn , 4
rhedynen gorniog , 3
rhedynen gyfrdwy , 2
rhedynen leiniog , 3
rhedynen ungoes , 3
rhedynen y calchfaen , 4
rhedynen y dŵr , 5
rhedynen y gors , 3
rhedynen-Fair Alpaidd , 3
rhedynen-Fair Newman , 3
rhedynen-Woodsia Alpaidd , 4
rhedynen-Woodsia hirgul , 4
rheonllys mawr , 41
rheonllys mawr Brasil , 41
Rheum palmatum , 18
Rheum x hybridum , 18
rhewlysiau , 13
Rhinanthus angustifolius , 57
Rhinanthus minor , 57
rhiwbob , 18
rhiwbob addurniadol , 18
rhiwbob yr India , 30
rhododendron , 26
rhododendron felen , 27
Rhododendron luteum , 27
Rhododendron ponticum , 26
rhododendron wyllt , 26
rhodostachys , 80
rhodostacis , 80
rhodostacis Tresco , 80
rhonwellt , 78
rhonwellt coesddu , 78
rhonwellt euraid , 76
rhonwellt penfain , 78
rhonwellt y ci , 76
rhonwellt y mynydd , 78
rhonwellt y tywyn , 78
rhonwellt-y-ci pigog , 76
rhosmari , 54
rhosyn 'Hollandica' , 32
rhosyn amlflodeuog , 32
rhosyn blewog , 33
rhosyn bwrned , 32
rhosyn byrgolofnig , 33
rhosyn coch Caerhirfryn , 32
rhosyn deilgrwn , 33
rhosyn glaswawr , 33
rhosyn gwlanog , 33
rhosyn gwyllt , 33
rhosyn gwyllt gwyn , 32
rhosyn gwyn Efrog , 32
rhosyn Japan , 32
rhosyn llwydwyrdd , 33
rhosyn Lucie , 32
rhosyn rhuddlas , 33
rhosyn Saron , 19
rhosyn Sherard , 33
rhosyn Virginia , 32
rhosyn y nefoedd , 17
rhosyn y paith , 32
rhosyn-y-mynydd gwyllt , 19
rhosyn-y-mynydd y gerddi , 19
rhuban y dŵr , 68
rhubarb , 18
rhuddygl , 26
rhuddygl arfor , 26
rhuddygl gwyllt , 26
rhuddygl poeth , 24
rhuddygl y gerddi , 26
Rhus typhina , 45
rhuw , 45
rhwyddlwyn America , 56
rhwyddlwyn Breckland , 56
rhwyddlwyn byseddog , 56
rhwyddlwyn Corsica , 56
rhwyddlwyn culddail y gors , 56
rhwyddlwyn dail eiddew , 56
rhwyddlwyn dail teim , 56
rhwyddlwyn Ffrainc , 56
rhwyddlwyn hirddail , 56
rhwyddlwyn main , 56
rhwyddlwyn mawr , 56
rhwyddlwyn meddygol , 56
rhwyddlwyn pigfain , 57
rhwyddlwyn y coed , 56
rhwyddlwyn y fagwyr , 56
rhwyddlwyn y graig , 56
rhwyddlwyn y gwanwyn , 56
rhwyddlwyn y maes , 56
rhwyddlwyn y mynydd , 56
rhwyddlwyn-y-maes cribog , 56
rhwyddlwyn-y-maes gwyrdd , 56
rhwyddlwyn-y-maes llwyd , 56
rhyg , 79
rhygwellt Môr y Canoldir , 75
rhygwellt parhaol , 75
rhygwellt y llindir , 75
rhygwellt yr Eidal , 75
Rhynchospora alba , 72
Rhynchospora fusca , 72
ribbed melilot , 39
ribbon fern , 2
ribbon gum , 41
ribbon-leaved pondweed , 69
ribbon-leaved water-plantain , 68
Ribes alpinum , 29
Ribes nigrum , 29
Ribes odoratum , 29
Ribes rubrum , 29
Ribes sanguineum , 29
Ribes spicatum , 29
Ribes uva-crispa , 29
ribwort plantain , 54
Ricinus communis , 43
Ridolfia segetum , 48
rigid buckler-fern , 4
rigid hornwort , 8
ripgut brome , 78
river water-crowfoot , 9
river water-dropwort , 48
rivet wheat , 79
robin's plantain , 65
Robinia pseudoacacia , 37
roble , 12
roced clust ysgyfarnog , 25
roced dal , 23

roced Ffrainc , 23
roced flewog , 26
roced fythol , 23
roced Llundain , 23
roced Rwsia , 23
roced wen , 25
roced y berth , 23
roced y Dwyrain , 23
roced yr ardd , 26
roced-y-muriau meinddail , 25
roced-y-muriau'r tywod , 25
rock cinquefoil , 31
rock crane's-bill , 46
rock samphire , 47
rock sea-lavender , 19
rock sea-spurrey , 17
rock sedge , 75
rock soapwort , 17
rock speedwell , 56
rock stonecrop , 29
rock whitlowgrass , 25
rockery willowherb , 42
rodgersia , 30
Rodgersia podophylla , 30
Romulea columnae , 84
root beet , 14
rootless duckweed , 70
Rorippa amphibia , 24
Rorippa austriaca , 24
Rorippa islandica , 24
Rorippa microphylla , 24
Rorippa nasturtium-aquaticum , 24
Rorippa palustris , 24
Rorippa sylvestris , 24
Rorippa x anceps , 24
Rorippa x armoracioides , 24
Rorippa x erythrocaulis , 24
Rorippa x sterilis , 24
Rosa 'Hollandica' , 32
Rosa agrestis , 33
Rosa arvensis , 32
Rosa caesia , 33
Rosa canina , 33
Rosa ferruginea , 33
Rosa gallica , 32
Rosa luciae , 32
Rosa micrantha , 33
Rosa mollis , 33
Rosa multiflora , 32
Rosa obtusifolia , 33
Rosa pimpinellifolia , 32
Rosa rubiginosa , 33
Rosa rugosa , 32
Rosa setigera , 32
Rosa sherardii , 33
Rosa stylosa , 33
Rosa tomentosa , 33
Rosa virginiana , 32
Rosa x alba , 32
ROSACEAE , 30
rose campion , 17
rose clover , 40
rosebay willowherb , 42
rosemary , 54
rose-of-heaven , 17
Rose-of-Sharon , 19
roseroot , 29
Rosmarinus officinalis , 54
Rostraria cristata , 77
rosy cress , 24
rosy dewplant , 13
rosy garlic , 82
Rottingdean sea-lavender , 19
rough bent , 77
rough bristle-grass , 80
rough chervil , 47
rough clover , 40
rough cocklebur , 67
rough comfrey , 51
rough dog's-tail , 76
rough hawk's-beard , 63
rough hawkbit , 62
rough horsetail , 1
rough marsh-mallow , 20
rough meadow-grass , 76
rough poppy , 10
rough star-thistle , 61
rough-fruited buttercup , 9
rough-stemmed goldenrod , 64
round-fruited cockspurthorn , 36
round-fruited rush , 70
round-headed club-rush , 72
round-headed leek , 82
round-headed rampion , 59
round-leaved cotoneaster , 35
round-leaved crane's-bill , 45
round-leaved crowfoot , 9
round-leaved dog-rose , 33
round-leaved fluellen , 56
round-leaved mint , 54
round-leaved saxifrage , 30
round-leaved St John's-wort , 20
round-leaved sundew , 21
round-leaved wintergreen , 27
rowan , 34
royal fern , 2
royal mallow , 20
Rubia peregrina , 59
RUBIACEAE , 59
Rubus arcticus , 31
Rubus caesius, 31
Rubus chamaemorus , 31
Rubus cockburnianus , 31
Rubus fruticosus , 31
Rubus idaeus , 31
Rubus loganobaccus , 31
Rubus odoratus , 31
Rubus parviflorus , 31
Rubus phoenicolasius , 31
Rubus saxatilis , 31
Rubus spectabilis , 31
Rubus tricolor , 31
Rudbeckia hirta , 67
Rudbeckia laciniata , 67
rue , 45
rue-leaved saxifrage , 30
rum cherry , 33
Rumex acetosa , 18
Rumex acetosella , 18
Rumex aquaticus , 18
Rumex brownii , 18
Rumex confertus , 18
Rumex conglomeratus , 18
Rumex crispus , 18
Rumex cristatus , 18
Rumex dentatus , 19
Rumex frutescens , 18
Rumex hydrolapathum , 18
Rumex longifolius , 18
Rumex maritimus , 19
Rumex obovatus , 19
Rumex obtusifolius , 18
Rumex palustris , 19
Rumex patientia , 18
Rumex pseudoalpinus , 18
Rumex pulcher , 18
Rumex rupestris , 18
Rumex salicifolius , 18
Rumex sanguineus , 18
Rumex scutatus , 18
runner bean , 37
Ruppia cirrhosa , 69
Ruppia maritima , 69
RUPPIACEAE , 69
Ruschia caroli , 13
Ruscus aculeatus , 83
Ruscus hypoglossum , 83
rush-leaved fescue , 75
Russell lupin , 40
russet sedge , 73
Russian cinquefoil , 31
Russian comfrey , 51
Russian dock , 18
Russian knapweed , 61
Russian mustard , 23
Russian spiraea , 30
Russian vine , 18
rustyback , 3
Ruta graveolens , 45
RUTACEAE , 45
ruw'r geifr , 37
rwden , 25
rye , 79
rye brome , 78
Rytidosperma racemosum , 79
Sachalin willow , 23
saethbennig y gors , 68
saethbennig y morfa , 69
saethlys , 68
saethlys Canada , 68
saethlys culddail , 68
saethlys llydanddail , 68
saets , 54
saets Caersalem , 53
saets Twrci , 53
safflower , 61
safflwr , 61
safflwr gwlanog , 61
saffrwm Ancara , 84
saffrwm ariannaid , 84
saffrwm blewog , 84
saffrwm cynnar , 84
saffrwm diweddar , 84
saffrwm euraid , 84
saffrwm Kotchy , 84
saffrwm melyn , 84
saffrwm Sieber , 84
saffrwm y ddôl , 81
saffrwm y gwanwyn , 84
saffrwm y twyni , 84
saffrwm yr Eidal , 84
saffrwm yr hydref , 84
saffrwm ysblennydd , 84
safri fach , 53

sage , 54
Sagina apetala , 16
Sagina boydii , 16
Sagina maritima , 16
Sagina nivalis , 16
Sagina nodosa , 16
Sagina procumbens , 16
Sagina saginoides , 16
Sagina subulata , 16
Sagina x micrantha , 16
Sagina x normaniana , 16
Sagittaria latifolia , 68
Sagittaria rigida , 68
Sagittaria sagittifolia , 68
Sagittaria subulata , 68
sainfoin , 37
salad burnet , 32
SALICACEAE , 22
Salicornia dolichostachya , 14
Salicornia europaea , 14
Salicornia fragilis , 14
Salicornia nitens , 14
Salicornia obscura , 14
Salicornia pusilla , 14
Salicornia ramosissima , 14
Salix acutifolia , 23
Salix alba , 22
Salix arbuscula , 23
Salix aurita , 23
Salix caprea , 23
Salix cinerea , 23
Salix daphnoides , 23
Salix elaeagnos , 23
Salix eriocephala , 23
Salix fragilis , 22
Salix herbacea , 23
Salix lanata , 23
Salix lapponum , 23
Salix myrsinifolia , 23
Salix myrsinites , 23
Salix pentandra , 22
Salix phylicifolia , 23
Salix purpurea , 23
Salix repens , 23
Salix reticulata , 23
Salix triandra , 22
Salix udensis , 23
Salix viminalis , 23
Salix x calodendron , 23
Salix x ehrhartiana , 22
Salix x forbyana , 23
Salix x fruticosa , 23
Salix x laurina , 23
Salix x meyeriana , 22
Salix x mollissima , 23
Salix x pendulina , 22
Salix x rubens , 22
Salix x rubra , 23
Salix x sepulcralis , 22
Salix x sericans , 23
Salix x smithiana , 23
Salix x stipularis , 23
Sally-my-handsome , 13
salmonberry , 31
Salpichroa origanifolia , 50
salsify , 62
Salsola kali , 14
salt-marsh flat sedge , 72
salt-marsh goosefoot , 13
salt-marsh-rush , 70
Salvia glutinosa , 54
Salvia officinalis , 54
Salvia pratensis , 54
Salvia reflexa , 54
Salvia sclarea , 54
Salvia verbenaca , 54
Salvia verticillata , 54
Salvia viridis , 54
Salzmann's restharrow , 39
Sambucus canadensis , 59
Sambucus ebulus , 59
Sambucus nigra , 59
Sambucus racemosa , 59
Samolus valerandi , 28
sand cat's-tail , 78
sand catchfly , 17
sand couch , 79
sand crocus , 84
sand leek , 82
sand lucerne , 39
sand rock-cress , 24
sand sedge , 73
sand spurrey , 17
sand toadflax , 56
Sanguisorba canadensis , 32
Sanguisorba minor , 32
Sanguisorba officinalis , 32
sanicle , 47
Sanicula europaea , 47
SANTALACEAE , 42
Santolina chamaecyparissus , 65
SAPINDACEAE , 44
Saponaria ocymoides , 17
Saponaria officinalis , 17
Sarcocornia perennis , 14
Sarracenia purpurea , 21
SARRACENIACEAE , 21
Sasa palmata , 75
Sasa veitchii , 75
Sasaella ramosa , 75
Satureja montana , 53
Saussurea alpina , 61
Sawara cypress , 7
saw-wort , 61
Saxifraga aizoides , 30
Saxifraga cernua , 30
Saxifraga cespitosa , 30
Saxifraga cuneifolia , 30
Saxifraga cymbalaria , 30
Saxifraga granulata , 30
Saxifraga hirculus , 30
Saxifraga hirsuta , 30
Saxifraga hypnoides , 30
Saxifraga nivalis , 30
Saxifraga oppositifolia , 30
Saxifraga paniculata , 30
Saxifraga rivularis , 30
Saxifraga rosacea , 30
Saxifraga rotundifolia , 30
Saxifraga spathularis , 30
Saxifraga stellaris , 30
Saxifraga stolonifera , 30
Saxifraga tridactylites , 30
Saxifraga umbrosa , 30
Saxifraga x geum , 30
Saxifraga x polita , 30
Saxifraga x urbium , 30
SAXIFRAGACEAE , 29
sbaracsis , 84
sbriwsen Engelmann , 6
sbriwsen Norwy , 6
sbriwsen Serbia , 6
sbriwsen Sitca , 6
sbriwsen wen , 6
sbriwsen-hemlog y Gorllewin , 6
Scabiosa atropurpurea , 60
Scabiosa columbaria , 60
scaly buckler-fern , 4
scaly hawkbit , 62
scaly male-fern , 4
Scandinavian small-reed , 77
Scandix pecten-veneris , 47
scarce fiddleneck , 52
Scarce Londonpride , 30
scarlet pimpernel , 28
scented goosefoot , 13
scented mayweed , 66
scentless mayweed , 66
Scheuchzeria palustris , 68
SCHEUCHZERIACEAE , 68
Schismus barbatus , 79
Schkuhria pinnata , 67
Schoenoplectus lacustris , 72
Schoenoplectus pungens , 72
Schoenoplectus tabernaemontani , 72
Schoenoplectus triqueter , 72
Schoenus ferrugineus , 72
Schoenus nigricans , 72
Scilla autumnalis , 81
Scilla bifolia , 81
Scilla bithynica , 81
Scilla liliohyacinthus , 81
Scilla messeniaca , 81
Scilla peruviana , 81
Scilla siberica , 81
Scilla verna , 81
Scilly pigmyweed , 29
Scirpoides holoschoenus , 72
Scirpus sylvaticus , 72
Scleranthus annuus , 16
Scleranthus perennis , 16
Scolymus hispanicus , 61
scorched alpine-sedge , 74
scorpion senna , 37
Scorpiurus muricatus , 37
Scorzonera humilis , 62
Scot's lovage , 48
Scots pine , 6
Scottish asphodel , 80
Scottish dock , 18
Scottish laburnum , 40
Scottish monkeyflower , 55
Scottish pearlwort , 16
Scottish primrose , 28
Scottish small-reed , 77
Scrophularia auriculata , 55
Scrophularia nodosa , 55
Scrophularia scorodonia , 55
Scrophularia umbrosa , 55
Scrophularia vernalis , 55
SCROPHULARIACEAE , 55
scurfy bean , 37
Scutellaria altissima , 53
Scutellaria galericulata , 53

Scutellaria hastifolia , 53
Scutellaria minor , 53
sea arrowgrass , 69
sea aster , 65
sea barley , 79
sea beet , 14
sea bindweed , 50
sea buckthorn , 41
sea campion , 17
sea carrot , 49
sea clover , 40
sea club-rush , 72
sea couch , 78
sea daffodil , 83
sea fern-grass , 76
sea holly , 47
sea knotgrass , 18
sea mayweed , 66
sea milkwort , 28
sea mouse-ear , 16
sea pea , 38
sea pearlwort , 16
sea plantain , 54
sea radish , 26
sea rocket , 26
sea rush , 71
sea sandwort , 15
sea spleenwort , 3
sea spurge , 43
sea stock , 24
sea stork's-bill , 46
sea wormwood , 65
sea-heath , 22
sea-kale , 26
sea-purslane , 14
seaside centaury , 49
seaside daisy , 65
sebonllys , 17
sebonllys y graig , 17
Secale cereale , 79
Securigera varia , 37
Sedum acre , 29
Sedum album , 29
Sedum anacampseros , 29
Sedum anglicum , 29
Sedum confusum , 29
Sedum dasyphyllum , 29
Sedum forsterianum , 29
Sedum hispanicum , 29
Sedum kamtschaticum , 29
Sedum lydium , 29
Sedum nicaeense , 29
Sedum praealtum , 29
Sedum rosea , 29
Sedum rupestre , 29
Sedum sexangulare , 29
Sedum spathulifolium , 29
Sedum spectabile , 29
Sedum spurium , 29
Sedum stoloniferum , 29
Sedum telephium , 29
Sedum villosum , 29
Selaginella kraussiana , 1
Selaginella selaginoides , 1
SELAGINELLACEAE , 1
seleri , 48
seleri gwyllt , 48
selfheal , 53
Selinum carvifolia , 48
Semiarundinaria fastuosa , 75
Sempervivum arachnoideum , 29
Sempervivum tectorum , 29
Senecio aquaticus , 66
Senecio cambrensis , 66
Senecio cineraria , 66
Senecio doria , 66
Senecio doronicum , 66
Senecio erucifolius , 66
Senecio fluviatilis , 66
Senecio glastifolius , 66
Senecio grandiflorus , 66
Senecio inaequidens , 66
Senecio jacobaea , 66
Senecio ovatus , 66
Senecio paludosus , 66
Senecio pterophorus , 66
Senecio smithii , 66
Senecio squalidus , 66
Senecio sylvaticus , 66
Senecio vernalis , 66
Senecio viscosus , 66
Senecio vulgaris , 66
senna codog , 37
senna codog oren , 37
sensitive fern , 3
Sequoia sempervirens , 7
Sequoiadendron giganteum , 7
seradela , 37
seradella , 37
Serbian spruce , 6
serchwellt , 79
serchwellt bach , 79
serchwellt drewllyd , 79
serchwellt mân-flodeuog , 79
serchwellt teff , 79
seren Fethlehem , 81
seren Groeg , 81
seren Portiwgal , 81
seren Siberia , 81
seren Tsieina , 65
seren Twrci , 81
seren y gwanwyn , 81
seren y morfa , 65
seren y mynydd , 81
seren y Pyreneau , 81
seren yr hydref , 81
seren-Fethlehem felen , 81
seren-Fethlehem gynnar , 81
seren-Fethlehem hirfain , 81
seren-Fethlehem unochrog , 81
serenllys bach , 16
serenllys llwydlas , 16
serenllys mawr , 16
serenllys y coed , 15
serenllys y gors , 16
serenllys-y-coed Cymreig , 15
sêr-flodyn y gwanwyn , 82
sêr-hesgen , 73
Seriphidium maritimum , 65
serrated wintergreen , 27
Serratula tinctoria , 61
service-tree , 34
Seseli libanotis , 47
Sesleria caerulea , 76
sessile oak , 12
Setaria adhaerens , 80
Setaria faberi , 80
Setaria italica , 80
Setaria parviflora , 80
Setaria pumila , 80
Setaria verticillata , 80
Setaria viridis , 80
sgismws , 79
sgorpiollys y coed , 52
sgorpionllys amryliw , 52
sgorpionllys byrddail , 52
sgorpionllys cynnar , 52
sgorpionllys gwrychog , 52
sgorpionllys gwyn , 52
sgorpionllys siobynnog , 52
sgorpionllys y gors , 52
sgorpionllys y maes , 52
sgorpionllys y mynydd , 52
sgorpionllys ymlusgol , 52
shady horsetail , 1
shaggy mouse-ear-hawkweed , 63
shaggy-soldier , 67
shallon , 27
shallot , 82
Shama millet , 80
sharp club-rush , 72
sharp rush , 71
sharp-flowered rush , 71
sharp-flowered signal-grass , 80
sharp-leaved fluellen , 56
sharp-leaved pondweed , 69
sharp-stipuled willow , 23
sharp-toothed mint , 53
Shasta daisy , 66
sheathed sedge , 74
sheep's bit , 59
sheep's sorrel , 18
sheep's-fescue , 75
sheep-laurel , 27
shepherd's cress , 25
shepherd's needle , 47
shepherd's purse , 25
Sherard's downy-rose , 33
Sherardia arvensis , 59
Sherriff's cotoneaster , 35
Shetland mouse-ear , 16
Shetland mouse-ear-hawkweed , 63
Shetland pondweed , 69
shibwnsyn , 82
shining crane's-bill , 46
shining pondweed , 69
shiny cotoneaster , 36
shiny glasswort , 14
shiny-leaved willow , 22
shoddy ragwort , 66
shore dock , 18
shore horsetail , 1
shoreweed , 54
short-felted cotoneaster , 35
short-fruited dysentery herb , 46
short-fruited willowherb , 42
short-leaved water-starwort , 54
short-styled field-rose , 33
short-tepalled pigweed , 15
showy cotoneaster , 36
shrub goldilocks , 65
shrub ragwort , 66
shrubby cinquefoil , 31
shrubby dewplant , 13

shrubby hare's-ear , 48
shrubby orache , 14
shrubby osier , 23
shrubby scorpion-vetch , 37
shrubby sea-blite , 14
Siani lusg , 28
sibaldia , 31
Sibbaldia , 31
Sibbaldia procumbens , 31
Siberian iris , 83
Siberian squill , 81
Siberian violet-willow , 23
Siberian wallflower , 24
sibolsyn , 82
Sibthorpia europaea , 57
Sicilian chamomile , 65
sickle medick , 39
sickle-fruited fenugreek , 39
sickle-leaved dewplant , 13
sickle-leaved hare's-ear , 48
Sida rhombifolia , 20
Sida spinosa , 20
Sidalcea candida , 21
Sidalcea malviflora , 20
sidanwellt , 78
sidanwellt trwchus , 78
Sieber's crocus , 84
Sigesbeckia orientalis , 67
Sigesbeckia serrata , 67
Sikkim cowslip , 28
Silaum silaus , 48
Silene acaulis , 17
Silene armeria , 17
Silene coeli-rosa , 17
Silene conica , 17
Silene dioica , 17
Silene gallica , 17
Silene italica , 17
Silene latifolia , 17
Silene noctiflora , 17
Silene nutans , 17
Silene otites , 17
Silene pendula , 17
Silene quadrifida , 17
Silene uniflora , 17
Silene vulgaris , 17
silky-leaved osier , 23
silver birch , 12
silver hair-grass , 77
silver lady's-mantle , 32
silver maple , 45
silver ragwort , 66
silverleaf cotoneaster , 35
silver-spiked sedge , 74
silverweed , 31
silvery crocus , 84
Silybum marianum , 61
SIMAROUBACEAE , 45
Simethis planifolia , 80
Simon's bamboo , 75
Sinacalia tangutica , 66
Sinapis alba , 26
Sinapis arvensis , 26
sisirinciwm glas Gwyddelig , 83
sisirinciwm melyn , 83
sisirinciwm melyn gwythiennog , 83
sisirinciwm melyn mawr , 83
sisirinciwm y mynydd , 83
Sison amomum , 48
Sisymbrium altissimum , 23
Sisymbrium erysimoides , 23
Sisymbrium irio , 23
Sisymbrium loeselii , 23
Sisymbrium officinale , 23
Sisymbrium orientale , 23
Sisymbrium strictissimum , 23
Sisymbrium volgense , 23
Sisyrinchium bermudiana , 83
Sisyrinchium californicum , 83
Sisyrinchium laxum , 83
Sisyrinchium montanum , 83
Sisyrinchium striatum , 83
Sitka spruce , 6
Sium latifolium , 47
siwmac , 45
six-rowed barley , 79
six-stamened waterwort , 19
skullcap , 53
slender bedstraw , 59
slender bird's-foot trefoil , 37
slender borage , 52
slender centaury , 49
slender club-rush , 72
slender cock's-foot , 76
slender cottongrass , 72
slender hare's-ear , 48
slender marsh-bedstraw , 59
slender mugwort , 65
slender naiad , 69
slender oat , 76
slender parsley-piert , 32
slender rush , 70
slender salsify , 62
slender sedge , 73
slender soft-brome , 78
slender speedwell , 56
slender spike-rush , 72
slender St John's-wort , 20
Slender sweet-flag , 70
slender tare , 38
slender thistle , 61
slender trefoil , 39
slender tufted-sedge , 74
slender vervain , 52
slender-leaved pondweed , 69
slimleaf goosefoot , 13
slipperwort , 55
small adder's-tongue , 2
small alison , 24
small balsam , 46
small bent , 77
small cord-grass , 79
small cow-wheat , 57
small cranberry , 27
small cudweed , 64
small fleabane , 64
small hare's-ear , 48
small leaved elm , 11
small love-grass , 79
small mallow , 20
small melilot , 39
small nettle , 11
small nightshade , 50
small pondweed , 69
small restharrow , 38
small scabious , 60
small sweet-grass , 76
small teasel , 60
small toadflax , 55
small water-pepper , 18
smaller cat's-tail , 78
smaller tree-mallow , 20
small-flowered buttercup , 9
small-flowered catchfly , 17
small-flowered crane's-bill , 46
small-flowered evening-primrose , 42
small-flowered sweet-briar , 33
small-flowered winter-cress , 24
small-leaved blinks , 15
small-leaved cotoneaster , 35
small-leaved lime , 20
small-leaved sweet-briar , 33
small-white orchid , 85
smear wort , 8
smilo-grass , 75
Smith's brome , 78
Smith's pepperwort , 25
smooth brome , 78
smooth cat's-ear , 62
smooth cord-grass , 79
smooth finger-grass , 80
smooth hawk's-beard , 63
smooth meadow-grass , 76
smooth rupturewort , 16
smooth sow-thistle , 62
smooth tare , 38
smooth-stalked sedge , 74
Smyrnium olusatrum , 47
Smyrnium perfoliatum , 47
snake's-head iris , 83
snapdragon , 55
sneezeweed , 67
sneezewort , 65
snow pearlwort , 16
snowberry , 60
Snowdon lily , 81
snowdrop , 82
snow-in-summer , 16
soapwort , 17
soft downy-rose , 33
soft hornwort , 8
soft knotweed , 17
soft stork's-bill , 46
soft-brome , 78
soft-leaved sedge , 74
soft-rush , 71
soft-shield fern , 4
SOLANACEAE , 50
Solanum carolinense , 50
Solanum chenopodioides , 50
Solanum dulcamara , 50
Solanum laciniatum , 50
Solanum nigrum , 50
Solanum physalifolium , 50
Solanum rostratum , 50
Solanum sarachoides , 50
Solanum scabrum , 50
Solanum sisymbriifolium , 50
Solanum triflorum , 50
Solanum tuberosum , 50
Solanum vernei , 50
Solanum villosum , 50
Soleirolia soleirolii , 12
Solidago canadensis , 64

Solidago gigantea , 64
Solidago graminifolia , 64
Solidago rugosa , 64
Solidago virgaurea , 64
Solomon's-seal , 81
Somerset hair-grass , 77
Somerset rush , 71
Somerset skullcap , 53
Sonchus arvensis , 62
Sonchus asper , 62
Sonchus oleraceus , 62
Sonchus palustris , 62
sorbaria , 30
sorbaria Himalaiaidd , 30
Sorbaria kirilowii , 30
Sorbaria sorbifolia , 30
Sorbaria tomentosa , 30
sorbaria Tsieina , 30
Sorbus anglica , 34
Sorbus aria , 34
Sorbus arranensis , 34
Sorbus aucuparia , 34
Sorbus bristoliensis , 35
Sorbus croceocarpa , 35
Sorbus decipiens , 34
Sorbus devoniensis , 35
Sorbus domestica , 34
Sorbus eminens , 34
Sorbus hibernica , 34
Sorbus hybrida , 34
Sorbus intermedia , 34
Sorbus intermedia , 34
Sorbus lancastriensis , 34
Sorbus latifolia , 34
Sorbus latifolia , 35
Sorbus leptophylla , 34
Sorbus leyana , 34
Sorbus minima , 34
Sorbus porrigentiformis , 34
Sorbus pseudofennica , 34
Sorbus rupicola , 34
Sorbus subcuneata , 34
Sorbus torminalis , 35
Sorbus vexans , 34
Sorbus wilmottiana , 34
Sorghum bicolor , 80
Sorghum halepense , 80
sorgwm , 80
sorgwm porthiant , 80
South American waterweed , 68
southern blue-gum , 41
southern brome , 78
southern marigold , 67
southern marsh-orchid , 85
southern polypody , 2
southern wood-rush , 71
southern yarrow , 65
southernwood , 65
sowbread , 28
soyabean , 37
soyabean goosefoot , 13
Spanish bluebell , 81
Spanish broom , 40
Spanish catchfly , 17
Spanish daffodil , 83
Spanish gorse , 40
Spanish iris , 84
Spanish stonecrop , 29
Spanish-needles , 67
Sparaxis grandiflora , 84
SPARGANIACEAE , 80
Sparganium angustifolium , 80
Sparganium emersum , 80
Sparganium erectum , 80
Sparganium natans , 80
Spartina alterniflora , 79
Spartina anglica , 79
Spartina maritima , 79
Spartina pectinata , 79
Spartina x townsendii , 79
Spartium junceum , 40
spatter-dock , 8
spear thistle , 61
spear-leaved orache , 14
spear-leaved willowherb , 42
spearmint , 53
Spergula arvensis , 16
Spergula morisonii , 16
Spergularia bocconei , 17
Spergularia marina , 17
Spergularia media , 17
Spergularia rubra , 17
Spergularia rupicola , 17
SPERMATOPHYTA , 6
spiderwort , 70
spignel , 48
spiked rampion , 59
spiked sedge , 73
spiked speedwell , 57
spiked star-of-Bethlehem , 81
spiked water milfoil , 41
spiked wood-rush , 71
spiky fescue , 75
spinach , 14
Spinacia oleracea , 14
spindle , 43
spineless acaena , 32
spineless butcher's-broom , 83
spiny bear's-breech , 58
spiny cocklebur , 67
spiny restharrow , 38
spiny sandbur , 80
Spiraea alba , 30
Spiraea arguta , 31
Spiraea canescens , 30
Spiraea chamaedryfolia , 30
Spiraea douglasii , 30
Spiraea japonica , 30
Spiraea media , 30
Spiraea salicifolia , 30
Spiraea tomentosa , 30
Spiraea x billardii , 30
Spiraea x brachybotrys , 30
Spiraea x pseudosalicifolia , 30
Spiraea x rosalba , 30
Spiraea x vanhouttei , 31
spiral tasselweed , 69
Spiranthes aestivalis , 85
Spiranthes romanzoffiana , 85
Spiranthes spiralis , 85
Spirodela polyrhiza , 70
Sporobolus africanus , 79
spotted cat's-ear , 62
spotted dead-nettle , 52
spotted laurel , 42
spotted medick , 39
spotted rock-rose , 21
spotted spurge , 43
spreading bellflower , 58
spreading cotoneaster , 36
spreading hedge-parsley , 49
spreading meadow-grass , 76
spreading oleaster , 41
spring cinquefoil , 31
spring crocus , 84
spring gentian , 49
spring onion , 82
spring quillwort , 1
spring sandwort , 15
spring snowflake , 82
spring sowbread , 28
spring speedwell , 56
spring squill , 81
spring starflower , 82
spring vetch , 38
springbeauty , 15
spring-sedge , 74
spurge laurel , 41
square-stalked St John's-wort , 20
square-stalked willowherb , 42
square-stemmed bamboo , 75
squinancywort , 59
squirreltail fescue , 76
squirting cucumber , 22
St Dabeoc's heath , 27
St Martin's buttercup , 9
St Patrick's-cabbage , 30
St. Lucie cherry , 33
Stachys alpina , 52
Stachys annua , 52
Stachys arvensis , 52
Stachys byzantina , 52
Stachys germanica , 52
Stachys officinalis , 52
Stachys palustris , 52
Stachys recta , 52
Stachys sylvatica , 52
Stachys x ambigua , 52
staff vine , 43
stag's-horn clubmoss , 1
stag's-horn sumach , 45
Staphylea pinnata , 44
STAPHYLEACEAE , 44
star sedge , 73
starfruit , 68
star-of-Bethlehem , 81
starry clover , 40
starry cotoneaster , 35
starry saxifrage , 30
starved wood-sedge , 74
starwort mouse-ear , 16
steeple-bush , 30
Stellaria graminea , 16
Stellaria holostea , 16
Stellaria media , 15
Stellaria neglecta , 16
Stellaria nemorum , 15
Stellaria pallida , 15
Stellaria palustris , 16
Stellaria uliginosa , 16
steppe cabbage , 26
Stern's cotoneaster , 36
sternbergia cyffredin , 82
Sternbergia lutea , 82

sticky catchfly , 17
sticky clary , 54
sticky groundsel , 66
sticky mouse-ear , 16
sticky stork's-bill , 46
stiff brome , 78
stiff salt-marsh-grass , 76
stiff sedge , 74
stink-grass , 79
stinking chamomile , 65
stinking fleabane , 64
stinking goosefoot , 13
stinking hawk's-beard , 63
stinking hellebore , 8
stinking iris , 84
stinking tutsan , 19
Stipa capensis , 75
Stipa neesiana , 75
stone bramble , 31
stone parsley , 48
stranfaesia , 35
stranvaesia , 35
strapwort , 16
Stratiotes aloides , 68
straw foxglove , 56
strawberry clover , 39
strawberry saxifrage , 30
strawberry tree , 27
strawberry-blite , 13
stream water-crowfoot , 9
string sedge , 73
striped goosefoot , 13
strong-spined medick , 39
Suaeda maritima , 14
Suaeda vera , 14
subterranean clover , 40
Subularia aquatica , 25
Succisa pratensis , 60
suffocated clover , 39
Suffolk lungwort , 51
sugar beet , 14
sulphur cinquefoil , 31
sulphur clover , 40
summer jasmine , 55
summer lady's-tresses , 85
summer snowflake , 82
summer-cypress , 13
sun spurge , 43
sunflower , 67
suran bedair deilen , 45
suran Chile , 45
suran ddeg deilen , 45
suran felen Bermuda , 45
suran felen fach , 45
suran felen Sussex , 45
suran felen unionsyth , 45
suran felen wreiddfawr , 45
suran Ffrainc , 18
suran oddfog , 45
suran orweddol , 45
suran rosliw , 45
suran ruddgoch , 45
suran ruddgoch yr ardd , 45
suran welw , 45
suran y cŵn , 18
suran y coed , 45
suran y mynydd , 19
suran yr ŷd , 18
Sussex yellow-sorrel , 45
swamp meadow-grass , 76
swamp wallaby-grass , 76
swede , 25
Swedish cotoneaster , 35
Swedish goosefoot , 13
Swedish meadow-grass , 76
Swedish pondweed , 69
Swedish service-tree , 34
Swedish whitebeam , 34
swedsen , 26
sweet alison , 24
sweet briar , 33
sweet chestnut , 12
sweet cicely , 47
sweet pea , 38
sweet pepper , 50
sweet scabious , 60
sweet spurge , 43
sweet tobacco , 50
sweet vernal-grass , 77
sweet violet , 21
sweet-flag , 70
sweet-William , 17
sweet-William catchfly , 17
swine-cress , 25
swllt dyn tlawd , 24
sycamore , 45
Symphoricarpos albus , 60
Symphoricarpos orbiculatus , 60
Symphoricarpos x chenaultii , 60
Symphytum 'Hidcote Blue' , 51
Symphytum asperum , 51
Symphytum bulbosum , 51
Symphytum caucasicum , 51
Symphytum grandiflorum , 51
Symphytum officinale , 51
Symphytum orientale , 51
Symphytum tauricum , 51
Symphytum tuberosum , 51
Symphytum x uplandicum , 51
Syringa vulgaris , 55
tafod y bytheiad , 52
tafod y gors , 58
tafod y llew , 62
tafod y neidr , 2
tafod yr hydd , 3
tafod yr ych , 51
tafod-y-bytheiad gwyrdd-ddail , 52
tafod-y-gors gwelw , 58
tafod-y-gors mawr , 58
tafod-y-gors yr Alpau , 58
tafod-y-llew gwrychog , 62
tafod-y-neidr bach , 2
tafod-yr-ych bach , 52
tafol danheddog , 19
tafol gwrthwyffurf , 19
tafol y mynach , 18
tafol yr Alban , 18
tafol yr Ariannin , 18
tafolen dail helyg , 18
tafolen ddanheddog , 19
tafolen fachog , 18
tafolen Fair , 18
tafolen felen , 19
tafolen ganolfain , 18
tafolen grech , 18
tafolen Groeg , 18
tafolen oddefus , 18
tafolen Rwsia , 18
tafolen wrthwyffurf , 19
tafolen y coed , 18
tafolen y dŵr , 18
tafolen y Gogledd , 18
tafolen y gors , 19
tafolen y mynach , 18
tafolen y traeth , 18
tafolen yr Alban , 18
tafolen yr Ariannin , 18
tagaradr , 38
tagaradr Andalucia , 39
tagaradr bach , 38
tagaradr melyn , 38
tagaradr Môr y Canoldir , 38
tagaradr pigog , 38
tagaradr Salzmann , 39
Tagetes erecta , 67
Tagetes minuta , 67
Tagetes patula , 67
taglys arfor , 50
taglys blewog , 50
taglys mawr , 50
taglys y perthi , 50
tall bog-sedge , 74
tall buckwheat , 18
tall eryngo , 47
tall false-buck's-beard , 30
tall fescue , 75
tall fleabane , 65
tall melilot , 39
tall mint , 53
tall mouse-ear-hawkweed , 63
tall nightshade , 50
tall pepperwort , 25
tall ramping-fumitory , 11
tall rocket , 23
tall scurvygrass , 25
tall tutsan , 19
tall yarrow , 65
tamaid y cythraul , 60
TAMARICACEAE , 21
tamarisk , 21
Tamarix africana , 21
Tamarix gallica , 21
Tamus communis , 85
Tanacetum balsamita , 65
Tanacetum macrophyllum , 65
Tanacetum parthenium , 65
Tanacetum vulgare , 65
tansi , 65
tansi Mair , 65
tansi petalog , 65
tansy , 65
tapegrass , 68
taragon , 65
Taraxacum , 62
Taraxacum dissectum , 62
Taraxacum erythrosperma , 62
Taraxacum fontanum , 62
Taraxacum glaciale , 62
Taraxacum nigricans , 63
Taraxacum pacheri , 63
Taraxacum palustre , 63
Taraxacum spectabile , 63
tarian-y-dŵr Carolina , 8
tarragon , 65

Tartarian honeysuckle , 60
Taschereau's orache , 14
Tasmanian-fuchsia , 45
Tassel hyacinth , 81
tasteless stonecrop , 29
tasteless water-pepper , 18
taten , 50
taten frech , 50
tato, 50
tattered medick , 39
tatw, 50
tatws, 50
tawny sedge , 74
TAXACEAE , 7
TAXODIACEAE , 7
Taxus baccata , 7
te Labrador , 26
te Mecsico , 13
tea-leaved willow , 23
Teesdale sandwort , 15
Teesdale violet , 21
Teesdalia nudicaulis , 25
teff , 79
tegeirian bach gwyn , 85
tegeirian bach y gors , 85
tegeirian bera , 85
tegeirian brych , 85
tegeirian brych y rhos , 85
tegeirian coch y gwanwyn , 86
tegeirian dwysflodeuog , 86
tegeirian gwraidd cwrel , 85
tegeirian llosg , 86
tegeirian llydanwyrdd , 85
tegeirian llydanwyrdd bach , 85
tegeirian mân-flodeuog , 85
tegeirian nyth aderyn , 85
tegeirian pêr , 85
tegeirian y broga , 85
tegeirian y clêr , 86
tegeirian y fadfall , 86
tegeirian y fign galchog , 85
tegeirian y gŵr , 86
tegeirian y Lapdir , 86
tegeirian y milwr , 86
tegeirian y mwnci , 86
tegeirian y waun , 86
tegeirian y wenynen , 86
tegeirian ysblennydd , 86
tegeirian-y-corryn cynnar , 86
tegeirian-y-corryn diweddar , 86
tegeirian-y-gors culddail , 86
tegeirian-y-gors cynnar , 85
tegeirian-y-gors deheuol , 85
tegeirian-y-gors gogleddol , 85
tegeirian-y-gors llydanddail , 86
tegeirian-y-gors llydanddail Cymreig , 86
tegeirian-y-pryf-copyn cynnar , 86
tegwch y bore , 50
tegwch-y-bore dail eiddew , 50
tegwch-y-bore gwyn , 50
teim Breckland , 53
teim gwyllt , 53
teim gwyllt mawr , 53
teim y gerddi , 53
Telekia speciosa , 64
Tellima grandiflora , 30
Tenby daffodil , 83
Tengyueh cotoneaster , 36
ten-leaved pink-sorrel , 45
Tephroseris integrifolia , 66
Tephroseris palustris , 66
ternate-leaved cinquefoil , 31
Tetragonia tetragonioides , 13
Tetragonolobus maritimus , 37
Teucrium botrys , 53
Teucrium chamaedrys , 53
Teucrium scordium , 53
Teucrium scorodonia , 53
thale cress , 23
Thalictrum alpinum , 10
Thalictrum aquilegiifolium , 10
Thalictrum delavayi , 10
Thalictrum flavum , 10
Thalictrum minus , 10
Thames yellow cress , 24
THELYPTERIDACEAE , 3
Thelypteris palustris , 3
Thermopsis montana , 40
Thesium humifusum , 42
thick-leaved stonecrop , 29
thimbleberry , 31
thin-leaved sunflower , 67
thin-spiked wood-sedge , 73
thistle broomrape , 58
Thlaspi alliaceum , 25
Thlaspi arvense , 25
Thlaspi caerulescens , 25
Thlaspi macrophyllum , 25
Thlaspi perfoliatum , 25
thorn-apple , 50
thorow-wax , 48
thread rush , 71
thread-leaved water-crowfoot , 9
three-cornered garlic , 82
three-flowered rush , 71
three-leaved rush , 70
three-lobed crowfoot , 9
three-lobed stork's-bill , 46
three-nerved sandwort , 15
three-nerved sedge , 74
thrift , 19
throatwort , 59
Thuja plicata , 7
Thunberg's barberry , 10
Thunberg's brome , 78
Thunberg's pigweed , 15
thyme broomrape , 58
thyme leaved speedwell , 56
THYMELAEACEAE , 41
thyme-leaved cotoneaster , 35
thyme-leaved sandwort , 15
Thymus polytrichus , 53
Thymus pulegioides , 53
Thymus serpyllum , 53
Thymus vulgaris , 53
Tibetan cotoneaster , 35
Tibetan cowslip , 28
Tilia cordata , 20
Tilia platyphyllos , 20
Tilia x europaea , 20
TILIACEAE , 20
timothy , 78
tiwlip Creta , 81
tiwlip gwyllt , 81
tiwlip yr ardd , 81
toad rush , 71
toadflax-leaved St John's-wort , 20
tobacco , 50
Tofieldia pusilla , 80
Tolmiea menziesii , 30
tomatillo , 50
tomatilo , 50
tomato , 50
toothed medick , 39
toothpick-plant , 48
toothwort , 57
Tordylium maximum , 48
tor-grass , 78
Torilis arvensis , 49
Torilis japonica , 48
Torilis nodosa , 49
tormaen arenddail , 30
tormaen blewog , 30
tormaen deilgrwn , 30
tormaen Iwerddon , 30
tormaen llwy-ddeiliog , 30
tormaen llydandroed , 30
tormaen melyn y gors , 30
tormaen melyn y mynydd , 30
tormaen Padrig , 30
tormaen paniglog , 30
tormaen pendrwm , 30
tormaen porffor , 30
tormaen serennog , 30
tormaen siobynnog , 30
tormaen tribys , 30
tormaen y gweunydd , 30
tormaen y nentydd , 30
tormaen y Pyreneau , 30
tormaen ymgripiol , 30
tormaen yr eira , 30
tormentil , 31
touch-me-not balsam , 46
tower cress , 24
tower mustard , 24
Townsend's cord-grass , 79
Trachelium caeruleum , 59
Trachyspermum ammi , 48
Trachystemon orientalis , 52
Tradescantia fluminensis , 70
Tradescantia virginiana , 70
Tragopogon hybridus , 62
Tragopogon porrifolius , 62
Tragopogon pratensis , 62
Tragus australianus , 79
Tragus berteronianus , 79
Tragus racemosus , 79
trailing azalea , 27
trailing bellflower , 58
trailing snapdragon , 56
trailing St John's-wort , 20
trailing tormentil , 31
Transvaal millet , 79
traveller's-joy , 9
treacle-mustard , 24
treasure flower , 64
tree bedstraw , 59
tree cotoneaster , 35
tree groundsel , 65
tree heath , 27
tree lupin , 40
tree mallow , 20
tree spinach , 13
tree-of-heaven , 45

trefoil cress , 24
Tresco rhodostachys , 80
tresgl y moch , 31
tresi aur , 40
tresi aur Alpaidd , 40
trewyn , 28
trewyn America , 28
trewyn brych , 28
trewyn eddïog , 28
trewyn swp-flodeuog , 28
triagl arfog , 24
triaglog , 60
triaglog goch , 60
triaglog unflwydd , 60
triaglog y gors , 60
triaglog y Pyreneau , 60
triangular club-rush , 72
Trichomanes speciosum , 2
Trichophorum alpinum , 72
Trichophorum cespitosum , 72
Trientalis europaea , 28
trifid bur-marigold , 67
Trifolium alexandrinum , 40
Trifolium angustifolium , 40
Trifolium arvense , 40
Trifolium aureum , 39
Trifolium bocconei , 40
Trifolium campestre , 39
Trifolium cernuum , 39
Trifolium dubium , 39
Trifolium echinatum , 40
Trifolium fragiferum , 39
Trifolium glomeratum , 39
Trifolium hirtum , 40
Trifolium hybridum , 39
Trifolium incarnatum , 40
Trifolium lappaceum , 40
Trifolium medium , 40
Trifolium micranthum , 39
Trifolium occidentale , 39
Trifolium ochroleucon , 40
Trifolium ornithopodioides , 39
Trifolium pannonicum , 40
Trifolium pratense , 39
Trifolium repens , 39
Trifolium resupinatum , 39
Trifolium scabrum , 40
Trifolium squamosum , 40
Trifolium stellatum , 40
Trifolium striatum , 40
Trifolium strictum , 39
Trifolium subterraneum , 40
Trifolium suffocatum , 39
Trifolium tomentosum , 39
Triglochin maritimum , 69
Triglochin palustre , 68
Trigonella caerulea , 39
Trigonella corniculata , 39
Trigonella foenum-graecum , 39
trilliw , 21
trilliw ar ddeg , 28
trilliw corniog , 21
trilliw mân-flodeuog , 21
trilliw y mynydd , 21
trilliw'r gerddi , 21
trilliw'r tir âr , 21
Trinia glauca , 48
Tripleurospermum inodorum , 66
Tripleurospermum maritimum , 66
Trisetum flavescens , 77
Tristagma uniflorum , 82
Triticum aestivum , 79
Triticum turgidum , 79
troed y ceiliog , 76
troed y dryw , 32
troed y golomen , 9
troed y gywen , 41
troed yr aderyn , 37
troed yr arth , 58
troed yr ehedydd , 8
troed-y-cyw clymog , 49
troed-y-cyw talsyth , 48
troed-y-cyw ymdaenol , 49
troed-y-dryw main , 32
troed-y-golomen Pyreneaidd , 10
troed-yr-ŵydd amlhadog , 13
troed-yr-ŵydd arfor , 13
troed-yr-ŵydd Awstralia , 13
troed-yr-ŵydd Berlandier , 13
troed-yr-ŵydd coch , 13
troed-yr-ŵydd cribog , 13
troed-yr-ŵydd dail danadl , 13
troed-yr-ŵydd dail derw , 13
troed-yr-ŵydd dail ffigys , 13
troed-yr-ŵydd dail masarn , 13
troed-yr-ŵydd drewllyd , 13
troed-yr-ŵydd drewllyd , 13
troed-yr-ŵydd drycsawrus, 13
troed-yr-ŵydd ffa soia , 13
troed-yr-ŵydd gwritgoch , 13
troed-yr-ŵydd gwrymiog , 13
troed-yr-ŵydd gwyn , 13
troed-yr-ŵydd llwyd , 13
troed-yr-ŵydd mawr , 13
troed-yr-ŵydd meinddail , 13
troed-yr-ŵydd nitr , 13
troed-yr-ŵydd Probst , 13
troed-yr-ŵydd sawrus , 13
troed-yr-ŵydd stribedog , 13
troed-yr-ŵydd Sweden , 13
troed-yr-ŵydd talsyth , 13
troed-yr-ŵydd ysgubellog , 13
troed-yr-aderyn melyn , 37
troed-yr-aderyn oren , 37
troed-yr-arth pigog , 58
troellig arfor bach , 17
troellig arfor coch , 17
troellig arfor Groegaidd , 17
troellig arfor mawr , 17
troellig arfor y clogwyn , 17
troellig Wyddelig , 85
troellig ymgripiol , 85
troellig yr ŷd , 16
troellig yr haf , 85
troellig yr hydref , 85
troellig-yr-ŷd llyfn , 16
trogenllys , 43
Trollius europaeus , 8
TROPAEOLACEAE , 46
Tropaeolum majus , 46
Tropaeolum speciosum , 46
tropical finger-grass , 80
true fox-sedge , 73
trumpet gentian , 49
trwyn y llo , 55
trwyn-y-llo bach , 55
trwyn-y-llo Caint , 55
trwyn-y-llo dail eiddew , 56
trwyn-y-llo gwelw , 56
trwyn-y-llo ymlusgol , 56
trwyn-y-llo-dail-eiddew Corsica , 56
trwyn-y-llo-dail-eiddew yr Eidal , 56
Tsuga heterophylla , 6
Tuberaria guttata , 21
tuberous comfrey , 51
tuberous hawks-beard , 62
tuberous pea , 38
tuberous thistle , 61
tubular corn-lily , 84
tubular water-dropwort , 47
tufted forget-me-not , 52
tufted hair-grass , 77
tufted loosestrife , 28
tufted saxifrage , 30
tufted sedge , 74
tufted vetch , 38
Tulipa gesneriana , 81
Tulipa saxatilis , 81
Tulipa sylvestris , 81
Tunbridge filmy-fern , 2
tunic-flower , 17
turkey oak , 12
Turkish hazel , 12
Turkish iris , 84
Turkish sage , 53
Turkish squill , 81
Turkish tutsan , 19
turnip , 26
turnip rape , 26
tussac-grass , 76
Tussilago farfara , 67
tusw arfor , 69
tusw troellog , 69
tutsan , 19
twiggy mullein , 55
twiggy spurge , 43
twinflower , 60
twin-headed clover , 40
two-flowered everlasting-pea , 38
two-flowered rush , 71
two-rowed barley , 79
two-spined acaena , 32
Typha angustifolia , 80
Typha latifolia , 80
TYPHACEAE , 80
tywodlys arfor , 15
tywodlys atro , 15
tywodlys bach coch , 15
tywodlys dail teim , 15
tywodlys eddïog , 15
tywodlys Lloegr , 15
tywodlys meindwf , 15
tywodlys mwsoglog , 15
tywodlys teirnerf , 15
tywodlys unionsyth , 15
tywodlys y Gogledd , 15
tywodlys y gwanwyn , 15
tywodlys y mynydd , 15
uchelwydd , 43
Ulex europaeus , 41
Ulex gallii , 41
Ulex minor , 41
ULMACEAE , 11
Ulmus glabra , 11

Ulmus laevis , 11
Ulmus minor , 11
Ulmus plotii , 11
Ulmus procera , 11
Ulmus x hollandica , 11
Ulmus x vegeta , 11
Umbilicus rupestris , 29
unbranched bur-reed , 80
upland enchanter's nightshade , 42
upright brome , 78
upright chickweed , 16
upright clover , 39
upright goosefoot , 13
upright hedge-parsley , 48
upright spurge , 43
upright yellow-sorrel , 45
urn-fruited gum , 41
Urochloa panicoides , 80
Urtica dioica , 11
Urtica urens , 11
URTICACEAE , 11
utgyrn yr angylion , 50
Utricularia australis , 58
Utricularia intermedia , 58
Utricularia minor , 58
Utricularia ochroleuca , 58
Utricularia stygia , 58
Utricularia vulgaris , 58
Vaccaria hispanica , 17
Vaccinium corymbosum , 27
Vaccinium macrocarpon , 27
Vaccinium microcarpum , 27
Vaccinium myrtillus , 27
Vaccinium oxycoccos , 27
Vaccinium uliginosum , 27
Vaccinium vitis-idaea , 27
Valeriana dioica , 60
Valeriana officinalis , 60
Valeriana pyrenaica , 60
VALERIANACEAE , 60
Valerianella carinata , 60
Valerianella dentata , 60
Valerianella eriocarpa , 60
Valerianella locusta , 60
Valerianella rimosa , 60
Vallisneria spiralis , 68
Van Houtte's spiraea , 31
variegated horsetail , 1
various-leaved fescue , 75
various-leaved hawthorn , 36
various-leaved pondweed , 69
various-leaved water-starwort , 54
veined yellow-eyed-grass , 83
Veitch's bamboo , 75
velvet bent , 77
velvetleaf , 21
Venus's-looking-glass , 58
Verbascum blattaria , 55
Verbascum bombyciferum , 55
Verbascum chaixii , 55
Verbascum densiflorum , 55
Verbascum lychnitis , 55
Verbascum nigrum , 55
Verbascum phlomoides , 55
Verbascum phoeniceum , 55
Verbascum pulverulentum , 55
Verbascum pyramidatum , 55
Verbascum speciosum , 55
Verbascum thapsus , 55
Verbascum virgatum , 55
Verbena bonariensis , 52
Verbena officinalis , 52
Verbena rigida , 52
VERBENACEAE , 52
Veronica acinifolia , 56
Veronica agrestis , 56
Veronica alpina , 56
Veronica anagallis-aquatica , 56
Veronica arvensis , 56
Veronica austriaca , 56
Veronica beccabunga , 56
Veronica catenata , 56
Veronica chamaedrys , 56
Veronica crista-galli , 56
Veronica filiformis , 56
Veronica fruticans , 56
Veronica hederifolia , 56
Veronica longifolia , 56
Veronica montana , 56
Veronica officinalis , 56
Veronica peregrina , 56
Veronica persica , 56
Veronica polita , 56
Veronica praecox , 56
Veronica repens , 56
Veronica scutellata , 56
Veronica serpyllifolia , 56
Veronica spicata , 57
Veronica triphyllos , 56
Veronica verna , 56
vervain , 52
Viburnum lantana , 59
Viburnum opulus , 59
Viburnum rhytidophyllum , 59
Viburnum tinus , 59
Vicia benghalensis , 38
Vicia bithynica , 38
Vicia cracca , 38
Vicia faba , 38
Vicia hirsuta , 38
Vicia lathyroides , 38
Vicia lutea , 38
Vicia narbonensis , 38
Vicia orobus , 37
Vicia pannonica , 38
Vicia parviflora , 38
Vicia sativa , 38
Vicia sepium , 38
Vicia sylvatica , 38
Vicia tenuifolia , 38
Vicia tetrasperma , 38
Vicia villosa , 38
Vigna radiata , 37
Vilmorin's cotoneaster , 36
Vinca difformis , 49
Vinca major , 49
Vinca minor , 49
Viola arvensis , 21
Viola canina , 21
Viola cornuta , 21
Viola hirta , 21
Viola kitaibeliana , 21
Viola lactea , 21
Viola lutea , 21
Viola odorata , 21
Viola palustris , 21
Viola persicifolia , 21
Viola reichenbachiana , 21
Viola riviniana , 21
Viola rupestris , 21
Viola tricolor , 21
Viola x wittrockiana , 21
VIOLACEAE , 21
violet cress , 25
violet helleborine , 85
viper's-bugloss , 51
viper's-grass , 62
virgin's-bower , 9
Virginia stock , 24
Virginia-creeper , 44
Virginian rose , 32
VISCACEAE , 43
Viscum album , 43
VITACEAE , 44
Vitis vinifera , 44
viviparous sheep's-fescue , 75
Vulpia bromoides , 76
Vulpia ciliata , 76
Vulpia fasciculata , 76
Vulpia myuros , 76
Vulpia unilateralis , 76
Wahlenbergia hederacea , 59
Waldsteinii spurge , 43
wall barley , 79
wall bedstraw , 59
wall cotoneaster , 35
wall germander , 53
wall lettuce , 62
wall speedwell , 56
wall whitlowgrass , 25
wallaby-grass , 79
wallflower , 24
wallflower cabbage , 26
wall-rue , 3
walnut , 12
Walthamstow yellow-cress , 24
wandering Jew , 70
Ward's cotoneaster , 36
warty-cabbage , 24
water avens , 32
water bent , 78
water chickweed , 16
water dock , 18
water fern , 5
water figwort , 55
water finger-grass , 80
water forget-me-not , 52
water germander , 53
water horsetail , 1
water lobelia , 59
water melon , 22
water mint , 53
water plantain , 68
water purslane , 41
water sedge , 74
water-cress , 24
Waterer's cotoneaster , 35
water-pepper , 18
water-soldier , 68
water-violet , 28
watsonia , 84
Watsonia borbonica , 84
wavy bitter-cress , 24
wavy hair-grass , 77

wavy meadow-grass , 76
wavy St John's-wort , 20
wayfaring tree , 59
weasel's-snout , 55
weeping cotoneaster , 35
weeping crack-willow , 22
weeping love-grass , 79
weeping willow , 22
weeping-grass , 75
weigela , 60
Weigela florida , 60
weld , 26
welingtonia , 7
Wellingtonia , 7
Welsh groundsel , 66
Welsh mudwort , 55
Welsh onion , 82
Welsh poppy , 10
welted thistle , 61
wermod y môr , 65
western balsam poplar , 22
western brome , 78
western clover , 39
western gorse , 41
western hemlock-spruce , 6
western marsh-orchid , 86
western ramping-fumitory , 11
western red-cedar , 7
western St. Paul's wort , 67
western stork's-bill , 46
western sword-fern , 4
western yellow-pine , 6
Weyer's butterfly-bush , 54
Weymouth pine , 6
white asphodel , 80
white beak-sedge , 72
white broom , 40
white bryony , 22
white burnet , 32
white butterbur , 67
white campion , 17
white clover , 39
white comfrey , 51
white dead-nettle , 52
white dogwood , 42
white forget-me-not , 52
white helleborine , 85
white horehound , 53
white lupin , 40
white melilot , 39
white mignonette , 26
white millet , 80
white morning-glory , 50
white mullein , 55
white mustard , 26
white peppermint-gum , 41
white pigweed , 15
white poplar , 22
white ramping-fumitory , 11
white rock-rose , 21
white rose , 32
white sedge , 73
white spruce , 6
white stonecrop , 29
white wall-rocket , 25
white water-lily , 8
white willow , 22
white wood-rush , 71
white-stemmed bramble , 31
whorled caraway , 48
whorled clary , 54
whorled milfoil , 41
whorled mint , 53
whorled Solomon's-seal , 81
whorl-grass , 76
whortle-leaved willow , 23
wild angelica , 48
wild asparagus , 83
wild basil , 53
wild candytuft , 25
wild carrot , 49
wild celery , 48
wild cherry , 33
wild clary , 54
wild cotoneaster , 36
wild gladiolus , 84
wild leek , 82
wild liquorice , 37
wild madder , 59
wild marjoram , 53
wild mignonette , 26
wild onion , 82
wild pansy , 21
wild parsnip , 48
wild pear , 34
wild plum , 33
wild privet , 55
wild radish , 26
wild service-tree , 35
wild strawberry , 31
wild teasel , 60
wild thyme , 53
wild tobacco , 50
wild tulip , 81
wild turnip , 26
wild-oat , 76
Willdenow's leopard's-bane , 66
willow gentian , 49
willow-leaved cotoneaster , 35
willow-leaved dock , 18
willow-leaved pondweed , 69
Wilson's filmy-fern , 2
Wilson's honeysuckle , 60
Windermere iris , 84
windmill-grass , 79
winter aconite , 8
winter cress , 24
winter daffodil , 82
winter heliotrope , 67
winter jasmine , 55
winter savory , 53
winter wild-oat , 77
winwns gwyllt , 82
winwnsyn , 82
winwnsyn Cymreig , 82
winwnsyn hau , 82
wire plant , 18
Wirtgen's water-crowfoot , 9
witch-grass , 79
woad , 23
woad-leaved ragwort , 66
wolf's-bane , 8
Wolffia arrhiza , 70
wood anemone , 8
wood avens , 32
wood barley , 79
wood bitter-vetch , 37
wood burdock , 61
wood calamint , 53
wood club-rush , 72
wood crane's-bill , 45
wood dock , 18
wood fescue , 75
wood forget-me-not , 52
wood horsetail , 2
wood meadow-grass , 76
wood melick , 76
wood millet , 75
wood ragwort , 66
wood sage , 53
wood small-reed , 77
wood speedwell , 56
wood spurge , 43
wood stitchwort , 15
wood vetch , 38
woodruff , 59
wood-sedge , 73
Woodsia alpina , 4
Woodsia ilvensis , 4
WOODSIACEAE , 3
wood-sorrel , 45
woody fleabane , 64
woolly clover , 39
woolly tea-tree , 41
woolly thistle , 61
woolly willow , 23
wormwood , 65
wrinkled viburnum , 59
wych elm , 11
x Cupressocyparis leylandii , 7
X Festulolium loliaceum , 75
Xanthium ambrosioides , 67
Xanthium spinosum , 67
Xanthium strumarium , 67
y benboeth , 53
y benboeth amryliw , 53
y benboeth goch , 53
y benboeth gulddail , 53
y benboeth hollt , 53
y bengaled , 61
y bengaled arw , 61
y bengaled benfawr , 61
y bengaled fawr , 61
y bengaled felen , 61
y bengaled groesryw , 61
y bengaled seraidd , 61
y bengaled seraidd fach , 61
y benlas luosflwydd , 61
y canclwm , 18
y canclwm coch , 18
y canclwm coch bach , 18
y canclwm manddail , 18
y dinboeth , 18
y dinboeth ddi-flas , 18
y dinboeth fach , 18
y feddyges dorddail , 53
y feddyges las , 53
y feidiog ddi-sawr , 65
y feidiog fain , 65
y feidiog lwyd , 65
y feidiog unflwydd , 65
y feidiog wen , 65
y ferfain , 52
y ferfain fain , 52

y galdrist felynwerdd , 85
y galdrist finfain , 85
y galdrist goch , 85
y galdrist gulddail , 85
y galdrist lydanddail , 85
y galdrist rithiol , 85
y galdrist ruddgoch , 85
y galdrist ruddlas , 85
y galdrist wen , 85
y ganrhi barhaol , 49
y ganrhi felen , 49
y ganrhi felen eiddil , 49
y ganrhi goch , 49
y ganrhi goch arfor , 49
y ganrhi goch fach , 49
y ganrhi goch fain , 49
y ganwraidd Alpaidd , 17
y ganwraidd fach , 17
y ganwraidd goch , 18
y ganwraidd goesgoch , 18
y ganwraidd Himalaiaidd , 17
y ganwraidd rosliw , 18
y ganwraidd wlanog , 17
y glymog ddu , 18
y glymog droellennog , 16
y glymog fawr , 18
y godog , 37
y goesgoch , 46
y goesgoch fach , 46
y goesgoch fawr , 46
y goesgoch fwyaf , 46
y gorglymog , 16
y grogedau , 31
y gynffon las , 54
y llygad-llo mwyaf , 66
y pawrwellt blewog lleiaf , 78
y tafod-y-neidr lleiaf , 2
y trwyn-y-llo lleiaf , 55
y wenynog , 53
y wermod lwyd , 65
y wermod wen , 65
yard-grass , 79
yarrow , 65
yarrow broomrape , 57
yellow alkanet , 51
yellow anemone , 8
yellow archangel , 52
yellow bartsia , 57
yellow bird's-nest , 27
yellow bristle-grass , 80
yellow centaury , 49
yellow chamomile , 65
yellow corydalis , 11
yellow crocus , 84
yellow day-lily , 80
yellow dodder , 51
yellow figwort , 55
yellow fox-and-cubs , 63
yellow garlic , 82
yellow glasswort , 14
yellow horned-poppy , 10
yellow iris , 83
yellow loosestrife , 28
yellow oat-grass , 77
yellow ox-eye , 64
yellow oxytropis , 37
yellow pimpernel , 28
yellow rattle , 57
yellow restharrow , 38
yellow rhodea , 27
yellow saxifrage , 30
yellow sedge , 74
yellow serradella , 37
yellow star-of-Bethlehem , 81
yellow star-thistle , 61
yellow thistle , 61
yellow vetch , 38
yellow vetchling , 38
yellow water-lily , 8
yellow whitlowgrass , 25
yellow-eyed-grass , 83
yellow-flowered strawberry , 32
yellow-flowered teasel , 60
yellow-wort , 49
yew , 7
Yorkshire fog , 77
Young's helleborine , 85
yr alan mwyaf , 67
yr esgorlys lleiaf , 8
yr wydro blodau mân , 39
yr wydro dal , 39
yr wydro resog , 39
yr wydro rychog , 39
yr wydro wen , 39
ysbeinwydd hardd , 50
ysbeinwydden hardd , 50
ysbeinwydden Tsieina , 50
ysbigfrwyn coch , 72
ysbigfrwynen , 72
ysbigfrwynen fach , 72
ysbigfrwynen fain , 72
ysbigfrwynen gadeiriog , 72
ysbigfrwynen goch , 72
ysbigfrwynen un cibyn , 72
ysbigfrwynen y Gogledd , 72
ysbigfrwynen y morfa , 72
ysbigoglys , 14
ysbigoglys Seland Newydd , 13
ysgallen bendrom , 61
ysgallen bengron , 61
ysgallen bengron chwarennog , 61
ysgallen bengron las , 61
ysgallen dail bresych , 61
ysgallen ddigoes , 61
ysgallen Fair , 61
ysgallen felen , 61
ysgallen flodfain , 61
ysgallen fwyth , 61
ysgallen glorog , 61
ysgallen gotwm , 61
ysgallen grech , 61
ysgallen Plymouth , 61
ysgallen Siarl , 61
ysgallen wlanog , 61
ysgallen wythiennog , 61
ysgallen y ddôl , 61
ysgallen y gors , 61
ysgallen y maes , 61
ysgaw aeron coch , 59
ysgawen , 59
ysgawen aeron coch , 59
ysgawen America , 59
ysgawen Fair , 59
ysgedd arfor , 26
ysgedd arfor fawr , 26
ysgellog , 61
ysgellog glas , 62
ysgellog y meirch , 61
ysgol Jacob , 51
ysnoden Fair , 72
ysnoden-Fair lwytgoch , 72
ysnoden-Fair welw , 72
ystrewlys , 65
yswydden , 55
yswydden yr ardd , 55
ytbysen arfor , 38
ytbysen ddu , 38
ytbysen feinddail , 38
ytbysen felen , 38
ytbysen flewog , 38
ytbysen fythol fawr-flodeuog , 38
ytbysen fythol gulddail , 38
ytbysen fythol lydanddail , 38
ytbysen gnapiog , 38
ytbysen India , 38
ytbysen Norfolk , 38
ytbysen tir âr , 38
ytbysen y coed , 38
ytbysen y ddôl , 38
ytbysen y gors , 38
Yucca recurvifolia , 84
Yunnan cotoneaster , 35
Yushania anceps , 75
ywen , 7
Zannichellia palustris , 69
ZANNICHELLIACEAE , 69
Zantedeschia aethiopica , 70
Zea mays , 80
zigzag clover , 40
Zostera angustifolia , 70
Zostera marina , 70
Zostera noltei , 70
ZOSTERACEAE , 70